THÉATRE
DE LA FOIRE

AVEC

UN ESSAI HISTORIQUE SUR LES SPECTACLES FORAINS

PAR

M. EUGÈNE D'AURIAC

ARLEQUIN, ROI DE SERENDIB.
LA CEINTURE DE VÉNUS.
LE TEMPLE DU DESTIN.
ARLEQUIN TRAITANT.
LES AMOURS DE NANTERRE.

LA FORÊT DE DODONE.
LE RÉMOULEUR D'AMOUR.
LES COMÉDIENS CORSAIRES.
LES AMOURS DÉGUISÉS.
ACHMET ET ALMANZINE.

PARIS
GARNIER FRÈRES, LIBRAIRES-ÉDITEURS
6, RUE DES SAINTS-PÈRES, 6

THÉATRE
DE
LA FOIRE

PARIS. — TYPOGRAPHIE MOTTEROZ

RUE DU DRAGON, 31.

THÉATRE
DE
LA FOIRE

RECUEIL DE PIÈCES
Représentées aux foires Saint-Germain et Saint-Laurent

PRÉCÉDÉ D'UN ESSAI HISTORIQUE
SUR LES SPECTACLES FORAINS

PAR

EUGÈNE D'AURIAC

PARIS
GARNIER FRÈRES, LIBRAIRES-ÉDITEURS
6, RUE DES SAINTS-PÈRES, 6.

1878

ÉTUDE HISTORIQUE

SUR LES

SPECTACLES FORAINS

Il ne saurait nous appartenir d'écrire ici l'histoire complète des spectacles forains qui firent si longtemps la joie de nos pères. La tâche serait trop lourde, et le sujet demande des développements que nous ne pourrions lui donner à cette place. On nous permettra cependant de résumer en quelques pages les principaux points de cette curieuse histoire, et de rappeler certains faits essentiels nécessaires pour l'intelligence des pièces qui composent ce recueil.

Le choix des pièces formant notre *Théâtre de la Foire* a été fait de manière à montrer quels furent les divers moyens employés par les acteurs pour se faire comprendre du public, malgré des difficultés et des obstacles sans cesse renaissants. Nous tenons aussi à bien constater que ces farces, ces scènes le plus souvent improvisées, ces pièces informes et quelquefois ridicules, ont donné naissance au vaudeville et à l'opéra comique. Le premier représente l'esprit français avec sa gaieté et son originalité ; le second est ce genre mixte qui tient de la comédie par l'intrigue et les personnages, et de l'opéra par le chant dont il est mêlé.

Dans les pages qui vont suivre, on verra que ces deux sortes de spectacles ont eu, comme la comédie française, leur temps de barbarie, leur enfance et leurs jours de gloire. Peut-être serait-on fondé à supposer que l'apparition de l'opérette doit amener la décadence des genres de spectacle qui l'ont précédée. Cependant nous aimons à croire que l'on reviendra à l'opéra comique ; le génie musical et la gaieté de la nation française ramèneront certainement un genre qui a fait si longtemps le charme de nos théâtres.

Mais avant de parler des spectacles forains, il n'est peut-être pas sans importance de faire connaître les lieux où les acteurs donnaient leurs représentations, en concurrence avec les théâtres privilégiés.

I

Un historien de Paris, Piganiol de la Force, s'exprimait ainsi dans la seconde moitié du dix-huitième siècle : « Il se tient tous les ans quatre foires à Paris : celle du Temple, celle aux jambons, celle de Saint-Germain et celle de Saint-Laurent. » Or, cette énumération n'est pas complète. Piganiol a oublié de mentionner la foire de *Saint-Clair* et la foire *Saint-Ovide*.

Disons un mot de chacune de ces foires, avant de parler des troupes d'acteurs qui se formèrent à diverses époques pour donner des représentations et qui attirèrent presque constamment la foule.

La *foire aux jambons* ou *au lard*, dont on ignore l'origine, se tenait le mardi saint seulement, et elle devait se limiter au parvis Notre-Dame. Plus tard, elle se répandit dans toutes les rues qui aboutissaient à cette place, et occupa ainsi tout le tour de la cathédrale. On l'ouvrit alors le jeudi saint, et on la nomma la *foire du Jeudi absolu*. — On y vendait surtout de la charcuterie amenée des environs ou des provinces voisines ; mais, comme les marchands ne trouvaient pas qu'elle durât assez longtemps, ils obtinrent qu'elle fût prolongée le vendredi et le samedi saints.

Cette foire appartenait à l'archevêché et au chapitre de Notre-Dame.

La *foire du Temple* formait l'un des revenus du grand-prieur de France ; l'ouverture s'en faisait dans la cour du Temple, le 28 octobre, jour de saint Simon et saint Jude. On y trouvait de la mercerie ; mais on allait surtout s'y approvisionner de manchons et de fourrures pour la saison d'hiver. Les femmes de la campagne y apportaient des nèfles, et le commerce de ces fruits était d'autant plus considérable que les valets se faisaient un malin plaisir de les jeter aux nouveaux venus, au milieu des huées de la foule et avec des moqueries ou des injures. Cet usage, qui amenait souvent des rixes et des scènes scandaleuses, était tellement connu des Parisiens, que l'on avait coutume d'envoyer au Temple ceux que l'on voulait tourner en ridicule, en leur disant : « Va-t'en au Temple quérir des nèfles ! » On disait également aux gens dont la parole était douteuse : « Que me donneras-tu ? Des nèfles ! »

La *foire Saint-Ovide* fut d'abord établie sur la place Vendôme, puis de là transférée sur la place

Louis XV. Toutes les boutiques y étaient rangées circulairement et ornées d'une décoration uniforme, avec une galerie dans le pourtour, sous laquelle on se promenait à l'abri.

Cette foire durait un mois, à partir du 14 août, et elle était célèbre par le grand nombre de boutiquiers qui venaient y débiter leurs marchandises. On y voyait aussi des danseurs de corde et des bateleurs.

Voici l'histoire de l'établissement de cette foire.

On sait qu'en 1662, le 22 août, l'ambassadeur français à Rome, Charles, duc de Créqui, fut insulté par les troupes corses au service de la cour pontificale. A la nouvelle de cet attentat, commis contre son représentant, Louis XIV se montra justement indigné et demanda une satisfaction proportionnée à la grandeur de l'offense. Le pape voulut quelque temps encore braver le roi; mais, enfin, il dut céder et consentir à diverses conditions humiliantes pour lui, entre autres à ce qu'une pyramide fût élevée vis-à-vis l'ancien corps de garde des Corses, avec une inscription portant que la nation corse était à jamais déclarée incapable de servir dans Rome et dans tout l'État ecclésiastique.

Le duc de Créqui était revenu à Rome pour être témoin de la réparation accordée au roi de France, et Alexandre VII, voulant alors témoigner à l'ambassadeur son affection personnelle, lui fit présent du corps de saint Ovide, qu'il avait fait tirer des Catacombes. Le duc accepta avec reconnaissance le don du souverain pontife, et s'empressa de le transmettre, en 1665, aux religieuses Capucines de la place Vendôme, qui solennisèrent la fête du saint, le 31 août.

Fières de posséder cette sainte relique, les religieuses l'exposèrent à la vénération des fidèles, pendant l'octave de la fête, et un concours extraordinaire de peuple s'empressa de visiter l'église. L'année suivante, ce concours attira quelques marchands de jouets, de pain d'épice et de pâtisserie; puis vinrent les trafiquants de chapelets et autres objets religieux; puis encore des lingers, des merciers, des bijoutiers; enfin, quand la foire Saint-Ovide fut reconnue et autorisée à vivre un mois, à partir de la veille de l'Assomption, des traiteurs établirent des tentes sous lesquelles les gens de la campagne, qui venaient faire leurs dévotions à saint Ovide, trouvaient à boire et à manger.

Cet état de choses dura jusqu'au jour où un entrepreneur vint donner une certaine régularité à la foire, en 1764. Il fit construire, pour les boutiques des marchands, des loges de charpente qu'il rangea symétriquement autour de la place, tandis que la statue était entourée d'autres loges destinées aux danseurs de corde, aux joueurs de marionnettes, aux cafés et aux traiteurs. Cet entrepreneur renouvela ainsi son établissement jusqu'en 1771, où la foire Saint-Ovide fut transférée sur la place Louis XV, aujourd'hui place de la Concorde. Malheureusement, un incendie considérable détruisit toutes les baraques, boutiques et salles de spectacle dans la nuit du 22 au 23 septembre 1777, et les gens qui y étaient établis éprouvèrent des pertes considérables.

On vit alors se produire pour la première fois un acte de bienfaisance qui a souvent été imité depuis. Nicolet, le directeur du théâtre des Grands danseurs, Audinot, directeur de l'Ambigu-Comique, et, après ceux-ci, d'autres directeurs de théâtre donnèrent des représentations au profit des incendiés.

Mais on ne put, malgré tout, faire revivre la foire Saint-Ovide. Cette foire, qu'une relique avait fait naître et que le feu détruisit, fut supprimée par un arrêt du Conseil.

On ne connaît rien de positif sur l'époque de l'établissement de la foire *Saint-Clair*, si ce n'est qu'elle doit aussi son origine à une relique.

Vers le milieu du quatorzième siècle, l'abbaye de Saint-Victor reçut, dit-on, quelques reliques du corps de saint Clair, évêque. Elle jugea à propos de les exposer à la vénération des fidèles, et des indulgences furent accordés à ceux qui les visiteraient pendant l'octave de la fête du saint. Chaque année donc, à partir du 18 juillet, jour où l'on solennisait la Saint-Clair, le peuple accourait en foule vers l'abbaye, et des marchands venaient y vendre leurs boîtes, leurs poupées, leurs gâteaux et leurs bijoux. Peu à peu, l'espace compris entre l'abbaye et l'hôpital de la Pitié ne suffit plus à ces industriels. Leurs boutiques, leurs étalages s'étendirent le long des rues Saint-Victor, Copeau, de Seine et du Jardin-du-Roi : enfin ils gagnèrent même les rues des Fossés-Saint-Victor et des Fossés-Saint-Bernard.

C'est ainsi que se forma, sans aucune autorisation connue, la foire Saint-Clair, consacrée seulement par l'usage, et qui pourtant n'a cessé d'exister qu'à la fin du siècle dernier.

Arrivons à une foire dont tout le monde connaît l'importance, et qui fut pendant fort longtemps très-fréquentée par les Parisiens : nous voulons parler de la *foire Saint-Laurent*.

Louis VI, dit le Gros, avait accordé aux prieur et religieux de Saint-Lazare une foire dont l'institution fut confirmée par Louis le Jeune. Philippe-Auguste s'en empara, la transféra au lieu dit Champeaux, où furent plus tard établies les Halles ; mais, pour dédommager les religieux, il leur fit don d'une rente de 30 livres parisis, qu'il ne tarda pas à reprendre, en leur concédant une autre foire qui prit le nom de foire Saint-Laurent.

Elle se tenait le long du chemin de Saint-Denis, et ne durait primitivement qu'un jour, le 10 août, jour de la fête du saint. A peine le soleil était-il couché, vers sept heures et demie, que les sergents du Châtelet se précipitaient sur les loges qu'ils faisaient vider et enlever au plus vite, sans crainte de recourir aux moyens les plus violents pour faire déguerpir les marchands.

En 1344 et 1345, Philippe de Valois crut faire beaucoup en permettant aux frères et sœurs de l'hôpital Saint-Lazare de tenir la foire jusqu'à une heure avancée de la nuit ; mais cela ne suffisait pas aux religieux. Ils réclamèrent et obtinrent que la durée de la foire serait de huit jours francs. Au quinzième siècle, elle fut encore prolongée et ne se tenait plus au mois d'août. Nous savons en effet, par une ordonnance du 3 août 1465, rendue par Louis XI, pour l'abolition des droits fiscaux, que cette foire durait dix-sept jours, « après la fête de la Toussaint. »

Ainsi placée à une époque avancée de l'année, la foire Saint-Laurent pouvait difficilement prospérer. Elle subit même diverses interruptions qui purent faire supposer qu'elle n'existait plus. Les prêtres de la Mission, successeurs de la maison de Saint-Lazare, essayèrent alors de la faire revivre, et ils recoururent à l'autorité du roi qui, au mois d'octobre 1661, confirma le don de la foire fait à ces prêtres et leur permit de la transférer « en un lieu et place quelconque de leur demeure. » En conséquence, ils consacrèrent à cette destination un champ de six arpents environ qu'ils firent établir convenablement ; ils y tracèrent des rues bordées de beaux marronniers et construisirent de nombreuses boutiques qui furent facilement louées, car les marchandises exposées en vente à la foire étaient exemptes de tous droits.

Un écrivain du dix-septième siècle, Colletet, qui publia, en 1666, un poëme en vers burlesques intitulé : *le Tracas de Paris,* nous fait un tableau peu flatteur de ces foires, où l'on voyait des marchands de jouets, de pâtisseries, de limonades, d'ustensiles de ménage et d'étoffes ; et où les filous, les escrocs, et les filles de mauvaise vie se mêlaient au peuple dans les cabarets et les théâtres de marionnettes. Mais tout en donnant la préférence à la foire Saint-Germain sur la foire Saint-Laurent, il dit :

> Celle-ci pourtant a sa grâce,
> Elle est dans une belle place,
> Et ses bâtiments bien rangés
> Sont également partagés.
> Le temps qui nous l'a destinée
> Est le plus beau temps de l'année.

Louis XIV, en effet, ne s'était pas borné à autoriser le rétablissement de la foire. Il avait fait plus ; il avait décidé qu'elle durerait trois mois entiers et dans la plus belle saison, depuis le 28 juin jusqu'au 29 septembre.

La foire Saint-Laurent était établie dans le haut de la rue du Faubourg-Saint-Denis, presque en face des bâtiments appartenant aux prêtres de la Mission.

Elle occupait tout l'espace compris entre les rues du Faubourg-Saint-Denis et du Faubourg-Saint-Martin, ayant au sud le couvent des filles de la Charité et l'église Saint-Laurent, et au nord une caserne pour les gardes-françaises, avec des jardins qui s'étendaient jusqu'à l'hôpital du Saint-Nom de Jésus.

L'ouverture de cette foire se faisait régulièrement tous les ans, le 28 juin, veille de Saint-Pierre, par le lieutenant général de police, et elle durait jusqu'à la Saint-Michel. On y jouissait des mêmes spectacles qu'à la foire Saint-Germain ; mais on y trouvait aussi beaucoup trop souvent des gens disposés à se livrer à tous les excès de la débauche. C'est pourquoi Colletet disait :

> C'est le lieu de la goinfrerie,
> Le lieu de la galanterie,
> Où le temps se peut bien passer,
> Si l'on veut argent débourser.

Quand la ville de Paris fit embellir les boulevards du Nord, et qu'elle permit à tous les bateleurs et acteurs des spectacles forains de s'y établir et d'y donner leurs représentations, la foire Saint-Laurent fut entièrement abandonnée. Ce fut au grand regret d'un certain public, mais aussi à la satisfaction de la plupart des habitants qui n'avaient plus, pendant trois mois, le bruit de la foule et le spectacle des rixes et des désordres d'une population ivre, trop souvent en lutte avec les archers chargés de l'exécution des ordonnances du lieutenant civil.

La foire Saint-Laurent était, il faut le dire, la foire du peuple, des ouvriers parisiens qui venaient y oublier leurs fatigues et quelquefois leurs misères. Celle qui se tenait, au contraire, sur la rive gauche de la Seine, était surtout la foire des désœuvrés, des domestiques, des valets, des élèves de l'Université. Elle était parfois aussi fréquentée la nuit par les grands seigneurs, et il n'était pas rare d'y rencontrer des gens de la cour ; on la nommait la *foire Saint-Germain*. Colletet, que nous avons eu déjà l'occasion de citer, la compare à la foire Saint-Laurent et dit :

> Rien n'égale, pour le certain,
> Ici celle de Saint-Germain.
> Elle est beaucoup plus précieuse,
> Elle est beaucoup plus spacieuse ;
> Et chaque boutique ou maison
> Est couverte en toute saison.

Un mot sur l'origine de cette foire.

Depuis un temps immémorial, l'abbaye de Saint-Germain des Prés jouissait du droit de foire. D'où lui venait-il ? Quel était le temps de la durée de la foire, et à quelle époque s'ouvrait-elle ? Ce sont là autant de questions auxquelles il serait difficile de répondre.

Le premier acte dans lequel il en soit fait mention est une charte de l'an 1176, par laquelle l'abbé Hugues et ses religieux cèdent la moitié des revenus de la foire au roi Louis le Jeune. Cette charte ne nous dit pas où elle se tenait, mais elle nous apprend qu'elle commençait quinze jours après Pâques et qu'elle durait trois semaines.

Un siècle plus tard, en 1278, deux écoliers ayant été tués au Pré aux Clercs par des domestiques de l'abbaye, l'Université, qui jouissait alors d'une autorité sans bornes, obtint de Philippe le Hardi un arrêt dont la sévérité offre peu d'exemples. Les religieux de Saint-Germain furent condamnés à payer des sommes importantes aux familles et à fonder deux chapelles de 20 livres parisis de rente chacune. Pour racheter cette rente, ils durent céder au roi le reste de leurs droits sur la foire, que Philippe le Hardi transféra aux halles, ou plutôt qu'il supprima.

Plus tard, quand l'abbaye eut subi des pertes considérables dans ses revenus, par suite des guerres essuyées sous les règnes de Charles VI et de Charles VII, Geoffroy Floreau, qui fut le dernier abbé régulier, demanda à Louis XI la permission d'établir dans le faubourg une foire au profit de l'abbaye de Saint-Germain, et cette autorisation lui fut accordée par lettres patentes signées au mois de mars 1482.

En vertu de ces lettres, la foire devait commencer le 1er octobre et durer huit jours ; mais, sur les réclamations des religieux de Saint-Denis, qui prétendaient que cette nouvelle institution faisait du tort à leur foire du Lendit, la foire fut transférée au lendemain de la Saint-Martin (13 novembre).

Ceci avait lieu au mois d'octobre 1484 ; mais bientôt après les choses furent encore une fois changées.

Un instant, Charles VIII autorisa la tenue de cette foire en deux temps, savoir le lendemain de la Saint-Mathias, 24 février, et le 13 novembre. C'est ce qui a fait dire que l'abbaye de Saint-Germain possédait deux foires. Mais, à la prière des religieux, le roi de France ne tarda pas à remettre la foire à son ancienne date, et il en fixa définitivement l'époque et la durée. L'ouverture devait en être faite le 3 février, au lendemain de la Chandeleur, qui est le premier jour vacant après l'octave de la Saint-Vincent, patron titulaire de l'abbaye de Saint-Germain, et elle devait durer jusqu'au carême. Cependant, on la prolongea bientôt jusqu'à la Passion, puis jusqu'au dimanche des Rameaux, c'est-à-dire jusqu'à la semaine sainte.

La foire Saint-Germain se tenait dans le voisinage de Saint-Sulpice, à l'extrémité de la rue de Tournon. C'était une foire franche. Non-seulement les marchands, mais encore ceux qui n'étaient pas maîtres, pouvaient y vendre sans crainte d'être inquiétés par les jurés de la ville. Il est à remarquer toutefois qu'il n'était pas permis d'y vendre des livres ni des armes. Outre les boutiques des marchands, dont le nombre était considérable, il y avait au préau de la foire Saint-Germain diverses salles de spectacles, où les acteurs jouaient leur répertoire.

Cette foire, qui attirait une foule énorme, devenait souvent le théâtre de grands désordres. Fermée pendant les troubles de la Ligue, elle fut rouverte sous Henri IV, et Pierre de l'Estoile raconte qu'en 1605 « se commirent à Paris des meurtres et excès inouïs procédans des débauches de la foire dans laquelle les pages, laquais, escoliers et soldats des gardes firent des insolences non accoutumées, se battant dedans et dehors, comme en petites batailles rangées ».

Il existe une estampe médiocre du dix-septième siècle, représentant la foire Saint-Germain avec ses divisions par rues qui se croisent. On y voit les places où se tiennent les divers marchands ; mais ce qu'il y avait de particulièrement remarquable pour cette espèce de petite ville, c'est qu'elle était recouverte tout entière par une toiture qui passait pour un chef-d'œuvre. C'était un objet d'admiration dont on devait la construction au cardinal-abbé Guillaume V Briçonnet, qui l'avait fait élever en 1511. Malheureusement, un incendie consuma la foire dans la nuit du 16 au 17 mars 1762, et ces belles constructions si justement admirées furent détruites. On les remplaça l'année suivante par de nouvelles baraques ou boutiques élevées sur l'ancien territoire, divisé en huit rues qui se coupaient à angle droit. Mais les marchands de modes, de jouets, de sucreries ; les bijoutiers, les cafés, les cabarets, les maisons de jeu et même les spectacles forains n'attiraient plus la foule comme autrefois. La foire Saint-Germain avait perdu tout son prestige, toute sa splendeur primitive. Piganiol exprime, à ce propos, son chagrin en ces termes :

« C'étoit, dit-il, un des plus singuliers et des plus brillants spectacles que Paris pût offrir aux habitants et aux étrangers. Tout ce qu'il y avoit de personnes de considération, de la première noblesse, souvent des princes et des princesses, venoient s'y rendre tous les soirs ; et les rues de la foire étoient si pleines que l'on pouvoit à peine s'y promener. Ce qui faisoit principalement l'éclat surprenant de ce spectacle, c'étoit l'illumination de toutes les boutiques, dont ces rues étoient bordées, et où l'on jouait aux dés les nippes, les bijoux et toutes les nouveautés qui y étoient étalées. Les cafés n'étoient pas moins brillants par le grand nombre de ceux qui venoient y boire toutes sortes de vins de liqueurs. Ce singulier spectacle est entièrement aboli depuis plusieurs années, et c'est celui que les étrangers et les citoyens regrettent avec plus de raison ».

Dès l'année 1786, la foire Saint-Germain avait cessé d'exister. Mais, jusqu'à ses derniers jours, elle avait conservé quatre salles de spectacle, connues sous les noms suivants : les Variétés amusantes, l'Ambigu-Comique, les Grands Danseurs et les Associés. Les acteurs de ces divers théâtres jouaient tantôt dans leurs salles des boulevards, et tantôt dans celles de la foire.

Il est certain que la création de ce vaste bazar, qui fut connu sous le nom de Galeries du Palais-Royal, porta un coup funeste à la foire Saint-Germain et à toutes les autres. Cependant nous ne saurions partager les regrets de Piganiol. La turbulence et la confusion des fêtes foraines ne convenaient déjà plus, vers la fin du siècle, à la masse de la population. On commençait à s'éloigner de ces lieux de débauche où affluaient les escrocs, les joueurs de profession, les mauvais sujets de tous les états et les femmes de mauvaise vie. Aujourd'hui plus que jamais, la gravité de notre époque veut de l'ordre et de la décence jusque dans ses distractions. Les plaisirs n'y perdent rien et la morale y gagne.

L'emplacement de l'ancienne foire Saint-Germain est actuellement occupé par un grand marché. Il n'est peut-être pas sans intérêt d'en connaître l'origine.

Au mois de mai 1398, Charles VI avait donné à son oncle Jean, duc de Berry, tout ce qui restait de l'ancien hôtel de Navarre, masures et jardins. Un an plus tard, le 2 avril 1399, ce prince céda tout ce territoire aux religieux de Saint-Germain en amortissement d'une rente de 9 livres, 9 sols, 4 deniers, qu'il devait pour son hôtel de Nesle. C'est sur ce vaste emplacement, considérablement réduit plus tard, que fut établie la foire et qu'on a élevé de nos jours le marché Saint-Germain.

On aura remarqué sans doute que les foires dont nous venons de parler avaient toutes été concédées à des religieux pour lesquels elles constituaient un excellent revenu. Cet état de choses avait frappé les écrivains du siècle dernier. Piganiol de la Force s'en était ému, et Sauval, qui nous a laissé une bonne *Histoire des antiquités de la ville de Paris,* disait en 1724 :

« De toutes les foires que nous avons à Paris, il n'y en a pas une qui n'appartienne à des ecclésiastiques, et qui ne soit tenue près de quelque église ; et même, à la réserve de celle de Saint-Germain, toutes se sont tenues et se tiennent encore des jours de fête, non pas de quelque fête simple ou d'apôtre, mais le jour de la Nativité de la Vierge, et même les trois derniers jours de la semaine sainte, sans songer que c'est les profaner par un trafic honteux, entre autres d'oignons, d'andouilles, de jambons, de lard ; et cela par ordre de nos rois et à la prière du chapitre de Notre-Dame et des religieux de Saint-Germain et de Saint-Denys en France, en vertu de plusieurs bulles des papes ».

Qu'il nous soit permis d'ajouter à ces considérations de l'historien que ces grandes réunions avaient été instituées dans l'intérêt du commerce, mais que, détournées de leur but, elles avaient fini par être seulement exploitées au profit du plaisir, du désordre et de la licence. C'était donc à ce dernier point de vue surtout qu'il était scandaleux de voir l'Église en exploiter le privilége.

II

Voyons maintenant comment se forma le théâtre de la foire et quelle fut sa destinée.

Tout le monde sait que les bateleurs succédèrent aux histrions sous la première race de nos rois. Vinrent ensuite les troubadours et les trouvères qui représentaient des scènes accompagnées par les jongleurs en chantant avec leurs instruments. Puis enfin, sous le prétexte de célébrer la fête des saints, on représenta des farces jusque dans les églises et, sous le nom de la fête des fous, on se livra aux bouffonneries les plus sacriléges, en même temps qu'on chantait les chansons les plus obscènes.

A leur retour des lieux saints, certains pèlerins se mirent à réciter publiquement dans les carrefours des cantiques sacrés. De riches particuliers, qui savaient allier le plaisir à la dévotion, attirèrent d'abord ces pèlerins chez eux, tandis que d'autres s'associaient pour leur faire construire un théâtre sur lequel ils venaient réciter ou chanter leurs cantiques.

Peu de temps après, les cantiques furent mis en action sous le nom de *Mystères*, que l'on représenta dans un lieu spécial, au bourg de Saint-Maur. Le peuple de Paris se porta en foule vers ce spectacle. C'était un pèlerinage qu'il accomplissait ainsi ; mais comme l'enthousiasme menaçait de dégénérer en fanatisme, le prévôt de Paris jugea prudent de défendre, le 3 juin 1398, « le mystère de la Passion ni aucuns jeux de personnages, soit de vie des saints ou autrement, sans le congé du roi. »

Disons à ce sujet que nos rois, malgré les guerres qu'ils avaient à soutenir, n'étaient pas ennemis des distractions. Ils avaient auprès d'eux, attachés à leur personne, des baladins qui exécutaient, dans certaines circonstances, différents divertissements tels que ballets, pantomimes et concerts.

Cependant, les acteurs des mystères étaient désespérés de ne plus pouvoir représenter la vie et la mort de Jésus-Christ. Ils réclamèrent auprès de la cour, et pour déterminer le gouvernement en leur faveur, ils érigèrent leur association en confrérie. Le roi Charles VI voulut alors voir le spectacle des Confrères de la Passion. Il en fut si satisfait que, pour témoigner son contentement, il leur accorda, au mois de décembre 1402, « cette fois pour toutes et à toujours perpétuellement, autorité, congé et licence de faire jouer quelque mystère que ce soit, soit de ladite Passion et Résurrection ou autres quelconques, tant de saints comme de saintes.... »

Les confrères-acteurs avaient fondé le siége de leur confrérie dans la grande rue Saint-Denis, à l'hôpital de la Trinité, appartenant aux religieux Prémontrés, et destiné à recevoir les pèlerins ou les pauvres voyageurs qui arrivaient trop tard pour entrer dans la ville. Ils obtinrent qu'une vaste salle leur fût concédée, et ils y donnèrent leurs représentations, dont le succès fut si grand, qu'on fut obligé, dans les églises, d'avancer l'heure des vêpres, afin que le menu peuple pût assister à ces amusements vers lesquels il courait en foule.

Le public se lassa pourtant de la gravité des mystères. Il fallait varier les spectacles, et les confrères n'hésitèrent pas à s'adjoindre pour leurs jeux les Enfants Sans Souci, jeunes gens aimant l'indépendance et le plaisir, qui venaient de se constituer en société sous l'autorité de l'un d'eux, créé Prince des Sots. Ces joyeux compagnons inventèrent des farces qui furent heureusement mêlées aux mystères, et ces divertissements nouveaux, dans lesquels les acteurs s'attachaient à personnifier les vertus et les vices, continuèrent à attirer, pendant quelque temps encore, la multitude au théâtre de la Trinité.

Obligés de quitter, en 1540, l'hôpital, dont toutes les dépendances allaient être affectées au service des malades, les Confrères de la Passion transportèrent leur théâtre à l'hôtel de Flandre, démoli en 1543 par François Ier, et où ils restèrent, par conséquent, trois ans à peine ; puis ils achetèrent une partie de l'hôtel de Bourgogne, qui tombait en ruines depuis la mort de Charles le Téméraire, tué au siége de Nancy en 1477. « C'étoit, selon les écrivains du temps, un masure de 17 toises de longueur sur 16 de largeur, qui avoit une issue dans la rue Neuve-Saint-François et une autre dans la rue Mauconseil. »

Ce fut là que s'installèrent définitivement les Confrères de la Passion, dont les priviléges furent confirmés par le Parlement, le 17 novembre 1548, à la condition expresse pourtant, « de ne jouer à l'avenir que des sujets profanes, licites et honnêtes, et de ne plus entremêler dans leurs jeux rien qui eût rapport aux mystères et à la religion. »

Bientôt ils louèrent leur théâtre à une troupe de comédiens qui s'étaient vraisemblablement formés depuis que l'on jouait des farces. Nous devons constater, en effet, qu'à côté des *Mystères*, dont on commençait à se lasser, les clercs de la Basoche avaient imaginé de jouer des *Moralités*. D'abord les représentations des basochiens furent assez rares ; puis elles se multiplièrent, et les moralités devinrent bientôt des satires tellement mordantes, que l'on crut devoir plusieurs fois rappeler les clercs à la décence et à la raison. On leur enjoignit de respecter les mœurs et de ne plus attenter à la réputation des personnes dont ils prenaient les traits ; enfin, on leur interdit de représenter aucune pièce, à moins qu'elle n'eût été examinée et permise par le Parlement.

C'est à cette époque que remonte donc l'origine

de la censure ; c'est aussi de ce temps que date la décadence des sociétés de la Basoche et de la Sottise, aussi bien que celle des Confrères de la Passion. Réduits à traiter seulement des sujets profanes, et ne pouvant plus mêler les farces les plus indécentes avec les mystères de la religion, ils ne surent représenter que des scènes grossières, mal conduites et mal dialoguées. On les goûtait d'autant moins, que Jodelle venait de composer alors et jouait lui-même ses premières tragédies imitées des Grecs, avec prologues et chœurs. Il les avait fait représenter devant le roi Henri II, d'abord à l'hôtel de Reims, puis au collége de Boncour. Des acteurs se formèrent bientôt. On en vit même quelques-uns, venus de la province, qui se hasardèrent à jouer dans une salle louée par eux à l'hôtel de Cluny, près des Mathurins.

Cette nouveauté eut un succès étonnant ; mais il fut momentané, car, sur la plainte des confrères, le Parlement rendit, le 6 octobre 1584, un arrêt qui força les comédiens à se retirer.

La fermeture du théâtre de Cluny n'empêcha pas d'autres acteurs de tenter à leur tour la fortune ; ils furent chassés comme les premiers. On vit alors venir de Venise des comédiens italiens qui se firent connaître sous le nom de *Gli Gelosi* (les Jaloux de bien faire). Mais, plus habiles que leurs prédécesseurs, ils se mirent au service du roi et donnèrent leurs représentations d'abord au château de Blois, puis à l'hôtel de Bourbon, à Paris. Les pièces que joua cette troupe ne furent d'abord que des impromptus, remplis par la fantaisie, et composés selon les données invariables de la tradition. C'étaient le seigneur Pantalon et le Docteur, Arlequin et Colombine. On y représentait la bonhomie plus que facile des pères, le libertinage des fils, la friponnerie des valets, la passion amoureuse des filles ; et tout cela faisait rire, parce qu'on était fatigué des farces grossières jouées par les Confrères de la Passion. Cependant, ceux-ci firent encore valoir leurs priviléges auprès du Parlement, qui, le 10 décembre 1588, rendit un arrêt faisant défense « à tous autres, tant François qu'Italiens, de jouer la comédie et d'avoir aucun théâtre, sous peine d'amende et de prison ».

En présence de ces obstacles sans cesse renaissants, il fallait chercher un moyen d'offrir au public un divertissement qu'il aimait, le genre de spectacle qu'il désirait tout particulièrement, et ce moyen fut trouvé par des comédiens venus de la province. Profitant des franchises de la foire Saint-Germain, ils élevèrent un théâtre dans cette foire, en 1595, et ils y donnèrent des représentations qui furent aussitôt fort suivies, malgré quelques oppositions. Une sentence du 5 février 1596 les autorisa même à jouer leurs pièces, à la condition de payer chaque année deux écus aux Confrères de la Passion.

Après l'origine de la censure que nous venons de signaler, il faut placer ici l'origine des spectacles forains de Paris. C'est aussi vers ce temps que les confrères se décidèrent à céder leur privilége à une troupe de comédiens qui s'établit à l'hôtel de Bourgogne, mais les confrères se réservèrent le droit d'y occuper deux loges.

Qu'on ne s'y trompe pas pourtant. Nul n'aurait osé jouer, dans les premiers temps, ce que nous appelons une véritable pièce de comédie sur le théâtre de la foire. On y vit d'abord des sauteurs et des équilibristes, puis des animaux sauvages, des ours, des tigres, des lions, et des animaux domestiques, chiens savants, chats ou singes dressés à faire une foule de tours. On alla même voir à la foire Saint-Germain « des rats danser en cadence sur la corde au son des instruments, étant debout sur leurs pattes de derrière, et tenant de petits contre-poids, de même qu'un danseur de corde ».

Nous n'avons pas à nous occuper ici des théâtres qui s'élevèrent successivement dans Paris, tels que le théâtre du Marais, construit en 1600, celui de la rue Michel-le-Comte, établi en 1632, ou bien encore l'Illustre Théâtre, sur lequel débuta Molière. Nous ne voulons parler que des spectacles forains, et nous signalerons tout d'abord l'apparition du fameux Jean Brioché sur le théâtre de la foire Saint-Germain. Il fut le premier qui mit en vogue les marionnettes en plein vent, et en 1646, il ouvrit son théâtre, où il faisait jouer ses acteurs avec une adresse merveilleuse. De la foire Saint-Germain il transporta son théâtre à la foire Saint-Laurent, sur le pont Neuf, sur les boulevards, et partout il amusa le public. Cependant, après quelques années, un certain nombre de bourgeois surpris, épouvantés de la figure, des gestes et des discours de Polichinelle, accusèrent Brioché de magie. Le malheureux entrepreneur fut emprisonné, et il allait être condamné, quand il obtint son élargissement, après avoir expliqué au magistrat le mécanisme de ses marionnettes.

En 1657, le lieutenant civil d'Aubray accorda une nouvelle autorisation à un sieur Datelin, entrepreneur de danses et de marionnettes; puis, le 31 janvier 1668, le lieutenant général de police de la Reynie fit délivrer une autorisation semblable aux sieurs Archambault, Jérôme Artus et Nicolas Ferou qui annonçaient, à côté du jeu des marionnettes, les spectacles les plus surprenants.

Il est bien difficile de trouver des renseignements certains sur le genre de pièces que jouaient ces sauteurs et danseurs de corde, au temps où l'on représentait des tragédies et des comédies de Cyrano de Bergerac, de Rotrou, de Corneille, de Boisrobert, de Scarron, de d'Ouville, de Quinault, de Duryer et même de l'inimitable Molière. Le divertissement comique le plus ancien que l'on connaisse est celui qui fut représenté au jeu de paume d'Orléans pendant la foire Saint-Germain de l'année 1678. C'était une espèce de pièce intitulée : *Les Forces de l'Amour et de la Magie,* inventée par Maurice Voudrebeck et Charles Alard, Parisien. On y trouvait un assemblage bizarre de plaisanteries, de sauts périlleux, de machines et de danse. « Le tout était exécuté par une troupe de vingt-quatre sauteurs de tous les pays et les plus illustres qui aient jamais paru en France. »

Nous donnons cette pièce en tête de notre recueil. A vrai dire, c'est plutôt le livret d'un scenario sans intrigue, destiné surtout à montrer la souplesse et l'agilité des acteurs; mais, si imparfait que soit ce scenario, il doit rester, sinon comme modèle, du moins comme souvenir. Il servira à faire comprendre le goût populaire et le genre de pièces qu'on représentait sur les foires à la fin du dix-septième siècle.

Vingt ans après, on ne comptait pas moins de trois troupes de danseurs de corde et de sauteurs exploitant alternativement les foires Saint-Germain et Saint-Laurent : la troupe des frères Alard, celle de

Maurice et celle d'Alexandre Bertrand. Ces diverses troupes donnaient leurs représentations dans des *loges* qui devaient être fort incommodes. « Les loges, en ce temps, disent les frères Parfait, n'étoient point faites en forme de salles de spectacles, comme elles l'ont été depuis. Une loge étoit un lieu fermé avec des planches, où l'on dressoit des échafaudages pour les spectacles, une corde tendue pour les danseurs, et une estrade élevée d'un pied et demi tout au plus pour les sauteurs, mais sans ornements et sans décorations. A la fin de chaque foire, on enlevoit tout ce qui étoit dans la loge pour s'en servir à la prochaine foire. »

La troupe d'Alexandre Bertrand avait tenté d'ajouter, en 1697, aux exercices de danse de corde, une petite pièce représentée par des marionnettes, lorsqu'au mois de mai de cette même année, la comédie italienne fut fermée par ordre du lieutenant général de police. Les acteurs avaient annoncé la première représentation d'une pièce intitulée : *la Fausse Prude*. Soit, comme on le disait alors, que les Italiens eussent voulu mettre en scène la marquise de Maintenon, soit pour tout autre motif resté secret, le théâtre des Italiens fut fermé, et ceux-ci furent obligés de sortir de France.

Les entrepreneurs de jeux de la foire Saint-Laurent se hâtèrent de profiter de la circonstance. Ils engagèrent des acteurs et firent aussitôt représenter divers fragments de pièces italiennes. Le public, qui regrettait les Italiens, y courut en foule pour voir et applaudir les copies.

On commença vers cette époque à construire des salles de spectacle en forme, de véritables théâtres avec loges et parquet.

En 1698, les troupes d'Alard, de Maurice et de Bertrand se mirent à leur tour à représenter des scènes italiennes qui furent aussi bien accueillies que celles de la précédente foire. Le public se divertissait beaucoup à leurs spectacles variés. Mais il n'en était point ainsi des comédiens-français, qui portèrent leurs plaintes au lieutenant général de police. « Ils remontrèrent que les danseurs de corde et sauteurs, bornés de tout temps à leurs simples exercices, s'étoient licenciés depuis un an jusqu'au point de faire construire des salles de spectacle pour y jouer des pièces de théâtre avec le secours de différents acteurs de province ; que cette innovation devoit être réprimée, attendu qu'elle portoit atteinte au privilége exclusif que le roi avoit accordé à ses comédiens. » Ils concluaient à des dommages-intérêts et à la démolition des théâtres forains.

Alard et les autres directeurs de troupes ne manquèrent pas d'alléguer les priviléges des foires ; mais ils n'en furent pas moins condamnés à 1,500 livres de dommages et intérêts, et en outre, il leur fut fait défense de représenter aucune farce ou comédie. Les condamnés en appelèrent au Parlement de cette sentence et continuèrent leurs spectacles.

Vers le même temps, Maurice Vondrebeck mourut, et sa veuve, jolie, grande, bien faite et douée d'un esprit qui réparait en elle ce que la naissance et l'éducation lui avaient refusé, contracta, le 24 décembre 1699, avec Alard, une association pour l'exploitation des théâtres de la foire. Au nom de cette association, elle loua pour cinq années, le 6 avril 1701, le jeu de paume d'Orléans, au coin de la rue des Quatre-Vents, et ses acteurs, sujets choisis, y attirèrent la foule. Mais la foire Saint-Laurent de cette même année 1701 ne fut pas moins belle. La troupe de Bertrand y attira tout Paris par une nouveauté destinée à trouver bientôt des imitateurs. C'était une pièce en trois actes de Fuzelier qui, depuis, en composa tant d'autres. Elle était intitulée : *Thésée, ou la défaite des Amazones*, et avait trois intermèdes dans lesquels on retrouvait *les Amours de Tremblotin et de Marinette*.

De leur côté, les comédiens-français ne cessaient de poursuivre les entrepreneurs des théâtres forains. Ils obtinrent même une nouvelle sentence de police en leur faveur; mais, comme l'affaire était encore pendante au Parlement, cela ne causa aucun trouble dans les spectacles de la foire. Toutefois, les directeurs songeaient à se prémunir contre un arrêt qui leur serait défavorable, et ils cherchèrent un moyen de tourner les difficultés qui pourraient surgir. Ils agirent ainsi avec prudence, car, le 26 juin 1703, le Parlement confirma les sentences de police rendues contre les théâtres forains.

Les directeurs commencèrent par jouer des scènes détachées, qui cependant formaient une sorte de sujet; puis ils eurent recours à mille artifices pour se mettre à l'abri des poursuites des comédiens. Le public, qui, de tout temps, a aimé à se tourner vers les opprimés, soutenait les acteurs forains. De leur côté, les comédiens, de plus en plus irrités, formaient de nouvelles plaintes ; mais tous les efforts, toutes les persécutions ne servaient qu'à augmenter l'attrait des spectacles forains. La Comédie-Française avait pour elle son privilége; le théâtre de la foire était soutenu par le sentiment populaire.

Le 15 janvier 1704, le lieutenant général rendit une nouvelle sentence en faveur des comédiens; mais un second appel au Parlement suspendit encore une fois l'exécution de cette sentence. Et ce qu'il y a de remarquable, c'est que les oppositions faites aux entrepreneurs de spectacles forains n'empêchaient nullement ceux-ci de former de nouvelles troupes, prises souvent parmi les acteurs de province.

C'est ainsi que l'on vit Dolet entrer dans la troupe de Bertrand avec laquelle il joua, en 1705, à la foire Saint-Germain, une seconde pièce de Fuzelier : *le Ravissement d'Hélène, le siége et l'embrasement de Troye*. Cette pièce, en trois actes et trois intermèdes, valut un nouveau succès à l'auteur et, par conséquent, une ample recette à l'entrepreneur. On la reprit l'année suivante ; mais son succès fut interrompu par deux sentences du lieutenant général de police, en date des 19 février et 5 mars 1706, qui firent « défenses à la veuve Maurice, Alexandre Bertrand *et autres farceurs* de représenter sur leurs théâtres aucun spectacle où il y aurait des dialogues ». Le dernier de ces arrêts les condamnait, en outre, à 300 livres de dommages et intérêts envers les comédiens-français et à 20 livres d'amende envers le roi. Enfin, dans le cas d'une nouvelle contravention, le lieutenant de police autorisait les comédiens à faire abattre les théâtres de la veuve Maurice et autres.

Ces dernières sentences, si dures qu'elles fussent, n'arrêtèrent pas les entrepreneurs de théâtres forains. Ils en firent appeler cette fois par le sieur Dufresnoy, receveur des revenus de l'abbaye, et bientôt le cardinal d'Estrées, abbé de Saint-Germain, intervint lui-même dans la cause, le 22 février 1707, pour soutenir les libertés et franchises de la foire. Mais le Parlement repoussa les requêtes du cardinal, aussi bien que celles de son receveur.

Il fallait se résigner et subir la loi. Les acteurs forains ne se hasardèrent plus à faire des dialogues sur la scène ; mais ils jouèrent des pièces en monologues, c'est-à-dire qu'un seul acteur parlait et que les autres faisaient des signes de démonstration pour exprimer ce qu'ils voulaient dire. C'est alors que la troupe de Dolet et Laplace joua, sous cette forme, à la foire Saint-Germain, *Arlequin écolier ignorant* et *Scaramouche pédant scrupuleux.*

Pour ne pas sortir de leur monologue, les entrepreneurs avaient même imaginé de faire rentrer dans la coulisse l'acteur qui venait de parler. Celui qui restait sur la scène parlait à son tour, puis il se retirait pour faire place à celui qui était dans les coulisses. Quelquefois les mêmes acteurs se parlaient, mais seulement dans la coulisse ; enfin, d'autres fois, l'acteur parlant répétait tout haut ce que son camarade lui avait dit tout bas.

Cette manière de jouer était, on le voit, fort peu gracieuse ; il arrivait pourtant qu'elle devenait quelquefois assez plaisante à force d'être ridicule. Aussi, les comédiens-français, jaloux des succès obtenus par les acteurs des petits théâtres, irrités surtout de voir le public s'éloigner d'eux pour courir à la foire, voulurent à tout prix leur interdire la parole.

« Si, disaient-ils dans une nouvelle requête présentée au Parlement, si le monologue, qui est défendu aux danseurs de corde, leur étoit permis, et qu'ils eussent des gens d'esprit pour les composer, de bons acteurs pour l'exécution, ils ne laisseroient pas de faire des scènes très-agréables, telles que celles de *l'Amphitryon* que Molière a tiré de Plaute, où Sosie est introduit parlant à sa lanterne, pour laquelle il se répond à lui-même sous le nom d'Alcmène ; celle de *Scapin*, où le même Molière fait jouer à Scapin huit ou dix personnages différents ; et celle du *Grondeur,* où un valet rend compte par signes de la conversation des personnes dont il a compris les pensées par leurs gestes et par le mouvement de leurs visages. Il seroit absurde de dire que ces sortes de scènes ne font pas partie d'une comédie, puisqu'elles en sont même l'ornement et, par conséquent, elles sont défendues aux danseurs de corde..... »

Le Parlement, qui n'aimait sans doute pas le tapage que l'on faisait dans les foires, écouta encore une fois les plaintes des comédiens. Non-seulement il défendit à Dolet, Laplace et Bertrand de jouer des pièces ou des scènes, mais il les condamna à de fortes amendes, ordonna que le lieu où ils faisaient leurs représentations serait fermé et leur théâtre abattu et complétement démoli.

Cet arrêt très-grave, très-précis, avait été rendu le 21 mars 1708. Les acteurs forains en tinrent pourtant si peu de compte que, le 3 août de la même année, deux huissiers dressaient procès-verbal du spectacle auquel ils avaient assisté. Dès lors, ce procès-verbal fut suivi de nouvelles requêtes des comédiens auxquelles les acteurs forains répondirent par de nouvelles oppositions, puis, enfin, le Parlement rendit, le 2 janvier 1709, un arrêt confirmatif des premiers.

Nous ne saurions raconter ici toutes les ruses qu'employèrent Dolet et Laplace pour se soustraire aux persécutions des comédiens. Constatons toutefois que, le samedi 20 février, deux huissiers, suivis d'un menuisier et d'ouvriers portant haches, scies, marteaux et autres outils, se présentèrent au théâtre de la foire Saint-Germain et firent procéder en leur présence à la démolition d'une partie de la salle.

Sans perdre un temps précieux en plaintes vaines, Dolet et Laplace donnèrent aussitôt des ordres pour faire rétablir tout ce qui avait été détruit ou brisé. Les ouvriers firent même une telle diligence que, le lendemain à dix heures du matin, de nouvelles affiches, répandues dans Paris, annonçaient que le théâtre de la foire donnerait ses représentations comme par le passé. Chacun voulut s'assurer de la réalité de ce rétablissement qui tenait du prodige, et la curiosité, autant que le désir de vexer les comédiens, valut au théâtre une recette vraiment extraordinaire.

On peut juger de la colère, de la rage des comédiens par le fait suivant. L'exécution avait eu lieu le samedi ; le dimanche, les acteurs forains avaient rouvert leur théâtre ; et le lundi matin, vers neuf heures, un huissier se présentait de nouveau au jeu de Dolet et Laplace. Accompagné d'ouvriers en nombre suffisant, il fit cette fois procéder à la destruction complète de la salle ; puis il laissa, dans le bâtiment, douze archers qui y tinrent garnison pendant plusieurs jours et se chauffèrent amplement avec les débris des chaises, des banquettes, des loges et du parquet.

Tout était perdu, et cependant les acteurs forains refusaient de se soumettre. Dépouillés de tout, ils portèrent alors leurs plaintes devant le grand conseil qui s'empressa d'y faire droit, en condamnant, le 14 mars 1709, les comédiens à leur payer 6,000 livres de dommages et intérêts.

Forts de cet arrêt, les entrepreneurs firent travailler nuit et jour au rétablissement de leur théâtre dont les portes ne tardèrent pas à s'ouvrir. Mais en reparaissant sur cette nouvelle scène, les acteurs avaient changé leur genre de spectacle. Ils représentèrent des pasquinades, des parodies dans lesquelles ils contrefaisaient les meilleurs acteurs de la Comédie-Française, *les Romains*, comme on les appelait alors. « Ils les faisoient reconnaître, non-seulement par les caractères qu'ils représentoient au théâtre, mais encore en copiant leurs gestes et les sons de leurs voix. Cette dernière manière de les prendre se faisoit en prononçant d'un ton tragique des mots sans aucun sens, mais qui se mesuroient comme des vers alexandrins. »

Ces représentations étaient donc plutôt la parodie des acteurs que la parodie des pièces, et le public se pâmait de rire à ces bouffonneries, pendant que de nouvelles procédures étaient entamées. Le Parlement mit un terme à cet état de choses, le 17 mars 1710. Il confirma ses arrêts précédents, cassa celui du grand conseil et condamna aux dépens tous les entrepreneurs de spectacles de la foire Saint-Germain, tels que Charles Dolet, Antoine Laplace, Alexandre Bertrand, Christophe Selles et autres danseurs de corde.

A la suite de cet arrêt, les engagements pris avec les acteurs des différentes troupes furent annulés, et quelques-uns de ces derniers allèrent jouer la comédie en province.

III.

Nous n'avons pas voulu interrompre le récit de la lutte des comédiens contre Laplace, Dolet et autres, parce que nous tenions à dire tout de suite quel en avait été le résultat. Mais on nous permettra de revenir à l'année 1708, époque à laquelle on peut placer l'origine de l'opéra comique.

Quelques écrivains ont voulu faire remonter cette

origine à l'année 1641, où parut la *Comédie des Chansons* contenant les amours d'Alidor et de Sylvia ; mais rien ne prouve que cette pièce, attribuée à Charles Beys, soit le premier ouvrage à ariettes qui ait paru en France. Et même, en procédant ainsi, il faudrait remonter jusqu'à l'année 1581, et regarder alors comme la première œuvre de ce genre le *Ballet comique de la Royne*, qui fut joué aux noces du duc de Joyeuse.

C'est donc à l'année 1708 seulement que l'on place en général l'origine de l'opéra comique, et certainement aussi celle du vaudeville. On va voir comment prirent naissance ces genres si français, qui firent pendant longtemps les délices des foires Saint-Laurent et Saint-Germain.

Nous avons vu qu'après la mort de Maurice Vondrebeck sa veuve s'était associée à Alard pour l'exploitation des spectacles forains. Leur association réussit d'abord assez bien ; mais quand Alard et la veuve Maurice virent la lutte engagée par les comédiens-français contre les troupes de Bertrand et celle de Dolet et Laplace, ils jugèrent que ces derniers finiraient par succomber et qu'on les poursuivrait à leur tour. Dans cette prévision, et pour se mettre à l'abri, ils voulurent tenter une voie nouvelle et obtinrent du sieur Guyenet, alors directeur de l'Académie royale de musique, un traité qui les autorisait à exécuter sur leurs théâtres des changements de décoration, à faire intervenir des danseurs dans leurs ballets, et même des chanteurs dans leurs divertissements.

Ces diverses additions aux scènes pantomimes mirent pour quelque temps les associés à l'abri des poursuites. D'ailleurs, ils avaient fait des frais considérables pour leurs spectacles. Les pièces qu'ils jouaient étaient devenues de véritables comédies, mêlées de changements à vue, de décorations nouvelles, de machines, de musique et de ballets. C'est ainsi qu'ils firent représenter deux pièces de la composition de Dominique, le principal acteur de la troupe : *Arlequin Atys*, comédie en trois actes avec des agréments de chant et de danse, et *Arlequin gentilhomme par hasard*, également en trois actes.

Tout semblait marcher à souhait pour leur entreprise, lorsque la veuve Maurice se remaria, et Pierre Guyenet, peu jaloux de tenir sa parole, profita de la circonstance pour retirer à Alard la permission qu'il lui avait donnée de faire chanter sur son théâtre. Ainsi privé du droit de parler, dépossédé du droit de chanter, celui-ci dut inventer un nouveau genre de spectacle, et il créa, en 1710, les pièces *à la muette*. Mais comme les gestes remplaçaient difficilement la parole, il imagina bientôt l'usage de cartons sur lesquels on imprimait, en gros caractères et en prose très-laconique, tout ce que le jeu des acteurs ne pouvait rendre. Ces cartons étaient roulés, et chaque acteur en avait, dans sa poche droite, le nombre qui lui était nécessaire pour son rôle. A mesure qu'il avait besoin d'un carton, il le tirait, l'exposait aux yeux des spectateurs et le mettait ensuite dans sa poche gauche.

Ce système d'écriteaux en prose ne fit, pour ainsi dire, que passer : il était gênant et souvent incompréhensible pour le public. On substitua donc à la prose des couplets sur des airs connus ; l'orchestre jouait l'air de ces couplets, et des gens placés au parquet et à l'amphithéâtre chantaient et engageaient ainsi les spectateurs à les imiter.

Les améliorations se succédaient avec rapidité. Dès l'année 1712, les acteurs forains ne présentaient plus eux-mêmes de cartons aux spectateurs. On faisait descendre du cintre du théâtre l'écriteau contenant le couplet avec le nom du personnage qui devait le chanter, et chaque couplet était imprimé sur une toile gommée dont les extrémités étaient soutenues par deux jeunes garçons habillés en amours. Ce nouveau système avait le double avantage de mettre les spectateurs en état de lire plus à leur aise et de laisser aux acteurs la liberté de leurs mouvements.

Nous ne saurions raconter, dans la modeste étude que nous avons entreprise, comment les troupes foraines se formaient et se défaisaient. On comprendra facilement que certains entrepreneurs engageaient des acteurs et composaient ainsi leurs troupes d'arlequins et de sauteurs plus ou moins remarquables. Ceux-ci se faisaient admirer par leur souplesse, par leur grâce, et après avoir attiré la foule à un théâtre, ils passaient à un autre théâtre, où ils trouvaient plus d'avantages et où le public les suivait. A ceux de nos lecteurs qui voudraient connaître la composition de ces diverses troupes, nous signalerons les *Mémoires pour servir à l'histoire des spectacles de la foire*, auxquels nous avons beaucoup emprunté, et où les frères Parfait ont rassemblé des détails intéressants sur les acteurs et actrices des spectacles forains.

A l'ouverture de la foire Saint-Germain de 1713, il se présenta un fait curieux : l'abbé de Saint-Germain avait concédé, moyennant la somme de 46,000 livres, tout le préau de la foire à un seul entrepreneur, un certain acteur de l'ancienne troupe italienne, nommé Jean-Baptiste Constantini, mais particulièrement connu sous le nom d'Octave. D'abord acteur assez aimé, puis inspecteur des barrières de Paris, Octave s'était imaginé d'entreprendre un spectacle en son nom. Il avait composé sa troupe d'excellents sujets, pris en général dans la troupe d'Alard, et avait ainsi brillamment inauguré ses représentations.

L'année suivante, quand il devint maître de toute la foire, Octave n'avait pas seulement une troupe, il en avait formé deux. Cet état de choses troubla les espérances des autres directeurs, qui, ne pouvant réclamer, entrèrent en composition avec lui, en payant la moitié du prix du bail, soit 20,000 livres.

Quatre troupes d'acteurs se présentèrent donc à la foire Saint-Germain de 1713.

La première fit représenter une pièce en trois actes de Le Tellier intitulée : *le Festin de Pierre*, qui était surtout remarquable par ses divertissements. Elle fut souvent reprise depuis et toujours applaudie.

Sur le second théâtre on représenta *Arlequin au Sabbat*, pièce également en trois actes, de la composition de Romagnesi, alors acteur de la troupe. La musique était du sieur de Lacroix, et le ballet du sieur Froment.

Ces deux troupes étaient placées sous la direction d'Octave.

Une troisième troupe, formée par le sieur et la dame Saint-Edme, avait préparé à grands frais, sous le nom d'*Arlequin Grand-Visir*, une pièce en trois actes qui n'eut aucun succès.

Mais plus heureuse fut la quatrième troupe, dirigée par Catherine Baron, veuve d'Étienne Baron, ancien comédien de la troupe du roi, et fille de Maurice Vondrebeck. Sa troupe joua *Arlequin, roi de Serendib*, pièce en trois actes, dont le succès ne fut pas un instant douteux.

Nous publions cette pièce, afin de montrer ce que pouvait être ce genre de spectacle représenté en écriteaux. Elle mérite d'autant plus d'être lue qu'elle fut composée par Lesage, le célèbre auteur des jolis romans *le Bachelier de Salamanque*, *Gil Blas de Santillane*, *le Diable boiteux* et *Guzman d'Alfarache*. Lesage, qui a composé un très-grand nombre de pièces pour les théâtres forains, peut être considéré sinon comme l'inventeur de l'opéra comique, du moins comme le premier écrivain qui ait donné une espèce de forme à ce genre de spectacle.

Au moment de l'ouverture de la foire Saint-Laurent, qui, nous l'avons dit, se tenait pendant les mois de l'été, Octave avait employé le même moyen qu'à la foire Saint-Germain. Il y tint ses deux théâtres et gagna des sommes considérables.

Vers la fin de cette même année, le 30 octobre 1713, les époux Saint-Edme et la veuve Baron se vengèrent du tort que leur avait fait Octave en formant, pour neuf ans, une société autorisée à exploiter le chant et le ballet, en vertu d'une concession à eux faite par les syndics des créanciers du sieur Guyenet, ancien directeur de l'Opéra, décédé le 30 août 1712.

Leurs deux troupes s'annoncèrent donc à la foire Saint-Germain suivante, l'une, celle de la veuve Baron, sous le nom d'*Opéra-Comique de Baxter et Saurin*; l'autre, celle des époux Saint-Edme, sous le nom d'*Opéra-Comique de Dominique*.

Malheureusement, l'union ne put exister longtemps parmi les associés. Persuadés qu'ils étaient trompés par la veuve Baron, devenue dame de Baune par un second mariage (1), les époux Saint-Edme rompirent leur traité le 18 décembre 1715. Toutefois ils convinrent verbalement le même jour, avec leur ancienne associée, que celui qui obtiendrait de l'Opéra la permission de chanter en ferait profiter l'autre aux conditions précédemment arrêtées.

Ce fut la dame de Baune qui obtint cette autorisation au prix de 25,000 livres ; mais elle refusa de la partager, sous prétexte qu'elle avait dû payer un pot-de-vin de 8,000 livres dont elle réclamait la moitié.

Le temps de l'ouverture de la foire approchait, et les époux Saint-Edme durent subir les conditions qui leur étaient imposées. L'acte en fut passé le 29 janvier 1716 ; mais à peine la dame de Baune l'eut-elle signé qu'elle voulut le rompre. Ne pouvant en venir à bout directement, elle offrit aux syndics de l'Opéra, non plus 25,000, mais 35,000 livres pour avoir seule le droit de donner, pendant les foires, des spectacles mêlés de chants, de danses et de symphonies sous le nom d'opéra comique.

Ces conditions étaient trop avantageuses pour ne pas être acceptées par les créanciers de Guyenet. Les syndics, peu scrupuleux, en appelèrent au conseil du roi, et le 26 novembre suivant, ce conseil les autorisa à rompre tous les traités passés jusqu'à ce jour.

Alors s'engagèrent des procès sans nombre entre les époux Saint-Edme et la dame de Baune. Disons bien vite que celle-ci resta victorieuse, mais à la con-

(1) Catherine Vondrebeck, fille de *la Maurice*, comme on l'appelait généralement, était devenue veuve d'Étienne Baron, le 9 décembre 1711. Deux ans plus tard, elle épousa en secondes noces Pierre Chartier de Baune, conseiller au Châtelet. Elle avait eu de son premier mari deux filles qui furent assez médiocres comédiennes ; l'une fut connue sous le nom de mademoiselle de la Traverse, l'autre se faisait appeler mademoiselle Desbrosses.

dition de payer un dédit de 15,000 livres aux époux Saint-Edme.

Les foires de Paris avaient cruellement souffert de cette lutte. On n'y représenta que des parodies sans esprit et sans intérêt. En outre, les théâtres forains perdirent un acteur excellent, Dominique, qui passa dans la troupe des comédiens italiens, où il débuta, dans un rôle de Pierrot, le 11 octobre 1717 (1).

L'année 1718 s'ouvrit d'une manière fâcheuse pour la dame de Baune. Son âpreté au gain, ses nombreux procès et les sommés qu'elle avait dû verser pour conserver le privilége de l'Opéra-Comique avaient mis un grand désordre dans ses finances. Non-seulement elle s'était vue dans la dure nécessité de vendre sa terre de Saint-Sauveur, pour acquitter ses dettes, mais elle avait encore engagé les terres de Baune, de Presle et de la Précherie, appartenant à son mari.

Tandis qu'elle essayait de reconstituer une troupe, les syndics de l'Opéra régirent eux-mêmes le spectacle. Mais les époux Saint-Edme, réduits à ne jouer que des pièces en écriteaux, surent pourtant attirer la foule en faisant représenter trois comédies de Lesage : 1° *Arlequin Orphée le Cadet*, pièce en trois actes, qui contenait une satire vive et fine de l'Opéra-Comique ; 2° *Arlequin valet de Merlin*, en un acte, avec un prologue ; 3° *le Château des lutins*, pièce également en un acte, avec un prologue, où l'Opéra-Comique et l'Opéra n'étaient nullement ménagés.

(1) Pierre-François Biancolelli, fils du fameux Dominique, dont il prit le nom, avait rempli avec succès le rôle d'*Arlequin*, tant en province qu'aux foires de Paris. Il parut, pour la première fois, sous l'habit de *Pierrot*, avec la troupe italienne qui jouait sur le théâtre de l'hôtel de Bourgogne ; mais il ne tarda pas à quitter ce rôle pour reprendre celui d'*Arlequin*.

La dame de Baune, voyant les affaires prospérer entre les mains des époux Saint-Edme, leur proposa un traité que ceux-ci furent assez bons pour accepter. On put croire alors que l'Opéra-Comique allait définitivement s'installer à la foire. Malheureusement, il était trop tard pour que la dame de Baune pût réparer ses pertes, et elle reconnut avec douleur qu'elle était ruinée. Son mari fit un abandon général de tous ses biens, et ils partirent tous deux pour la Louisiane, d'où ils revinrent au bout de quelques années. Pour en finir avec cette femme ambitieuse, intrigante et intéressée, disons qu'elle se vit réduite à accepter une modeste place d'ouvreuse de loges à ce même Opéra-Comique dont elle avait rêvé d'être la seule directrice.

Jamais les foires n'avaient été plus brillantes qu'à cette époque ; mais cette heureuse fortune leur fut préjudiciable. D'un côté, les comédiens-français voyaient avec peine qu'on abandonnât leur théâtre pour suivre les spectacles forains, et ils s'en plaignirent. D'autre part, on disait que les dernières pièces représentées étaient de fort mauvais goût. Ces deux causes réunies amenèrent la suppression de l'Opéra-Comique. La signification en fut faite aux entrepreneurs à la suite du succès de *la Princesse de Carizme*, pièce de Lesage, que la duchesse d'Orléans avait fait jouer sur le théâtre du Palais-Royal, le 6 octobre 1718. Pendant la représentation, le duc d'Orléans, qui savait le sort réservé aux artistes, ne put s'empêcher de dire : « L'Opéra-Comique est semblable au cygne qui ne chante jamais mieux que lorsqu'il est près de mourir. »

Les spectacles forains furent fermés en 1719. L'année suivante, quelques troupes essayèrent de reparaître; mais elles ne parvinrent pas à attirer l'attention, et ce fut en 1721 seulement que l'on put assister, à la foire Saint-Laurent, à la résurrection momentanée de l'Opéra-Comique. Le privilége en avait été donné, le 21 juillet, à une troupe dont Lalauze était directeur. Celui-ci ouvrit son théâtre le 28 du même mois, et il se félicitait déjà de la manière dont il était accueilli par le public, lorsqu'une concurrence sérieuse vint troubler ses espérances. Les comédiens italiens, peu satisfaits de leurs recettes à l'hôtel de Bourgogne, quittaient leur théâtre pour venir tenter la fortune à la foire Saint-Laurent. Pour comble d'infortune, une troisième salle s'ouvrit le même jour que celle des Italiens, et la troupe qui y donnait ses représentations était sous la direction de Francisque, lequel prenait la liberté de faire parler sur son théâtre.

Les premiers efforts de Lalauze furent dirigés contre Francisque, dont il fit fermer la salle le 18 août; mais la joie de son triomphe fut de courte durée. Francisque était habile, puissamment soutenu, et il fit si bien que, quatre jours après, il était en mesure de rouvrir son théâtre. Et il ne se bornait plus à parler, il était autorisé à chanter. Dans le court espace de temps qui s'était écoulé entre sa chute et sa réapparition, il avait dépossédé Lalauze du privilége de l'Opéra-Comique.

On vit alors, chose étrange, les comédiens français et italiens se liguer pour écraser les théâtres forains, dont le public goûtait chaque jour davantage les représentations amusantes, et ainsi réunis, ils parvinrent à faire supprimer un genre de spectacle qui avait le don de plaire à tout le monde.

Désespérés et se sentant incapables de lutter plus

longtemps, les acteurs se dispersèrent pour aller jouer la comédie en province, et les entrepreneurs ne purent montrer que des marionnettes et des curiosités à côté des danseurs de corde, dont on admirait toujours l'adresse, l'agilité et la souplesse.

Notons en passant un fait qui mérite d'être signalé : c'est que la lutte engagée pour obtenir le privilége de l'Opéra-Comique eut un résultat inattendu : elle créa le droit des pauvres, ce droit qui n'a cessé de subsister et dont les abus ont été si souvent signalés. Le 21 juillet 1721, il fut ordonné qu'il serait prélevé sur le produit des représentations de l'Opéra-Comique un sixième en faveur de l'Hôpital général de l'Hôtel-Dieu.

Quand la foire Saint-Germain s'ouvrit, au commencement de l'année 1722, les troupes foraines en étaient réduites aux expédients. Elles ne donnaient plus que des scènes de parades, avec leurs exercices et les danses de corde. Les acteurs ne pouvant ni chanter, ni parler autrement qu'en monologue, Fuzelier, Lesage et Dorneval avaient refusé de composer des pièces dans ces conditions. Ce fut alors qu'on vit paraître un auteur qui ne tarda pas à acquérir une grande réputation : nous voulons parler de Piron. Il n'avait jusque-là travaillé que pour les marionnettes, mais il sauva la situation, en portant à Francisque une pièce en trois actes, dont le sujet était fort ingénieux, quoiqu'on ne pût faire paraître qu'un seul acteur à la fois sur la scène. Cette pièce, intitulée *Arlequin Deucalion*, fut représentée le 25 mars, et le public l'accueillit favorablement. De nos jours, elle se lit encore avec plaisir.

Mais le spectacle qui eut le plus de succès, celui qui attira tout Paris à cette foire, il faut bien le dire, ce furent les marionnettes de Laplace. Jamais on n'avait vu un tel enthousiasme pour les marionnettes, et cela se comprend ; elles étaient mises en mouvement par les trois spirituels auteurs des spectacles forains. Plus animés par la vengeance que par l'intérêt, Fuzelier, Lesage et Dorneval avaient loué une salle au préau de la foire, sous le nom de Laplace ; puis ils avaient acheté une douzaine de marionnettes. Avec ces seuls personnages, ils représentèrent *Pierrot Romulus,* parodie d'une assez médiocre tragédie de La Motte-Houdart, et *le Remouleur d'amour*, pièce en un acte; le tout précédé d'un prologue intitulé : *l'Ombre du cocher poëte.*

Le succès de ce spectacle fut étonnant. Il se soutint pendant toute la durée de la foire Saint-Germain, mais il fut moins brillant à la foire Saint-Laurent, où l'on pouvait aller voir les comédiens italiens, et surtout Francisque, qui se moquait de la Comédie-Française, en faisant manœuvrer, non plus des petites marionnettes, mais des marionnettes de grandeur naturelle qui figuraient fort bien les personnages.

A la foire Saint-Germain de 1723, on vit paraître, sous la direction de Restier, qui revenait de province, une troupe dont les pièces et le genre de spectacle attirèrent assez vivement l'attention. Les acteurs jouaient une pièce chinoise fort originale, mêlée d'un jargon qui excitait le rire de tous les spectateurs. Cependant, les amateurs allaient surtout au théâtre de Laplace pour y applaudir une remarquable danseuse qui ne tarda pas à obtenir une grande célébrité. Nous voulons parler de la gracieuse et charmante demoiselle Petitpas. Fille d'un serrurier de Paris, elle débuta dans la troupe de Dolet en 1723, et, quatre ans plus tard, elle entrait à l'Académie royale de musique, où elle resta jusqu'au jour de sa mort, qui arriva trop tôt, en 1739.

Quant à la foire Saint-Laurent de cette même année 1723, elle n'eut d'autre spectacle que celui que donnèrent les comédiens italiens. Mais, il faut le reconnaître, s'ils représentèrent quelques pièces assez faibles, ils en jouèrent une dont le succès fut très-grand. C'était une parodie d'*Inès de Castro*, écrite en vers par Legrand : elle avait pour titre *Agnès de Chaillot*, et l'on peut affirmer qu'elle était la meilleure et la mieux réussie en son genre.

IV.

L'année 1724 est importante dans l'histoire du théâtre de la foire en ce qu'elle marque une nouvelle apparition de l'Opéra-Comique. Restier, Dolet et Laplace, s'étant associés, avaient commencé par donner, à la foire Saint-Germain, certaines pièces en vaudevilles mêlés de prose, quand on apprit tout à coup qu'un nouveau venu arrivait muni du privilége de l'Opéra-Comique. C'était un sieur Honoré, maître chandelier de Paris. Tout fier d'avoir fourni, pendant plusieurs années, des lumières aux théâtres, il s'était tout à coup senti capable de diriger une entreprise de spectacles et, ayant acquis le privilége si recherché, il s'était empressé de former une troupe.

Honoré s'établit dans la salle précédemment occupée par les comédiens italiens à la foire Saint-Laurent, et obtint d'abord un succès de curiosité d'autant plus grand qu'il avait engagé de jeunes et jolies actrices. Cependant Dolet et Laplace avaient transporté leur théâtre dans le petit préau de la foire Saint-Laurent, et ils y faisaient jouer des pièces de Lesage et Dorneval, qui n'étaient qu'une critique perpétuelle de l'Opéra-Comique. Honoré, furieux, leur fit interdire la parole ; mais ils continuèrent à représenter en écriteaux les mêmes pièces, auxquelles ils en ajoutèrent de nouvelles, assaisonnées de critiques plus vives et plus mordantes encore.

On aime à voir cette lutte de la liberté contre le privilége. Elle intéresse d'autant plus que l'on songe aux ruses sans nombre qu'il fallut inventer, au talent qu'il fallut déployer pour créer de nouveaux genres de spectacles.

Les foires de l'année 1725 n'offrirent rien de remarquable. On y joua des pièces de Fuzelier, de Bailly et de Piron ; mais nous n'en voyons pas une qui mérite d'être signalée. L'année suivante, le cardinal de Bissy ayant commencé la construction d'un marché sur des terrains dépendant de la foire, Honoré fut obligé de faire élever un nouveau théâtre dans un jeu de paume de la rue de Bussy. Malgré toute sa diligence, il ne put commencer ses représentations avant le 19 février et, pour comble d'infortune, il trouva un rival redoutable dans un acteur anglais, nommé John Rinner.

Cet étranger avait une troupe de sauteurs et de danseurs fort habiles et, à côté de son spectacle de marionnettes, il fit jouer un joli ballet, *les Stratagèmes de l'Amour*, puis *la Grand'mère amoureuse*, parodie en trois actes de l'opéra d'*Atys*. La bonne exécution de ces deux pièces attira la foule au jeu de paume de la rue des Fossés-de-Monsieur-le-Prince, où John Rinner donnait ses représentations.

Parmi les spectacles forains qui signalèrent la foire Saint-Laurent de l'année 1726, le public recherca surtout les exercices de la troupe de Restier. Cependant l'Opéra-Comique attira également l'attention par diverses pièces accompagnées de chants et de danses, entre autres par *les Pèlerins de la Mecque*, dont la première représentation eut lieu le 29 juillet, et qui, grâce à la mise en scène, furent joués sans interruption pendant six semaines.

Les succès partiels obtenus par Honoré ne lui permettaient pourtant pas de couvrir les énormes dépenses qu'il avait faites. Ses affaires se trouvèrent même tellement embarrassées à la fin de la foire de 1727, qu'il se vit contraint de céder le reste de son bail à un sieur Pontau ; mais celui-ci n'en usa qu'à la foire Saint-Laurent de l'année 1728.

Ce fut à cette foire que l'on représenta, pour la première fois, *Achmet et Almanzine*, opéra comique de Lesage, Fuzelier et Dorneval, dont la réussite fut telle, que les princes et princesses de la cour voulurent tous successivement le voir. On le joua sans interruption depuis le 30 juin jusqu'au 5 septembre. Dans les divertissements de cette pièce, on admirait surtout un acteur nommé Nivelon, aussi remarquable par son adresse que par son agilité. Quand il paraissait, la salle éclatait en bravos; elle applaudissait avec un égal enthousiasme la jeune danseuse Sallé, dont les débuts eurent lieu dans la même pièce, et qui ne tarda pas à être engagée à l'Académie royale de musique.

Pendant cinq ans, il n'arriva aucun événement remarquable, si ce n'est que de nouveaux auteurs, tels que Panard, Fagan et de Boissy, vinrent alimenter l'Opéra-Comique. Constatons aussi que les propriétaires des loges situées dans l'enclos et sous le couvert de la foire Saint-Germain se plaignirent de voir diminuer chaque année l'importance de la foire. Ils attribuaient le défaut de location de leurs boutiques à la démolition des anciens spectacles établis dans le préau, et demandaient, en conséquence, l'établissement d'une salle de spectacle dans l'enceinte et entre les deux halles couvertes de la foire.

Un arrêt du conseil, faisant droit à cette requête, autorisa la construction d'une nouvelle salle, qui fut presque toujours occupée depuis par des troupes de sauteurs et de danseurs de corde.

L'Opéra-Comique du sieur Pontau n'en continuait pas moins à donner ses représentations au jeu de paume de la rue de Bussy, construit par Honoré. Mais Pontau se trouva à son tour dans la nécessité de céder son privilége à un sieur Devienne, qui l'exploita à la foire Saint-Laurent de l'année 1732. Malheureusement pour lui, il n'entendait rien à une direction théâtrale, et il fallut que Pontau consentît à reprendre l'administration de la troupe. Celui-ci était un homme entendu dans son métier. Il savait choisir ses acteurs, varier son répertoire et attirer la foule par le soin qu'il apportait dans les accessoires et les divertissements. Voyant Devienne incapable d'administrer, il avait repris son privilége et put rouvrir son théâtre, le 26 juin 1734, à la foire Saint-Laurent. Il resta ainsi directeur jusqu'à la fin de l'année 1742, époque à laquelle son privilége passa entre les mains de Jean Monnet.

Durant un certain nombre de foires, tout alla assez bien, et l'on put ajouter au catalogue des auteurs, à côté des noms de Piron et de Panard, ceux de Laffichard, d'Allainval, Valois d'Orville, Carolet, Lagrange, et enfin Favart, qui donna entre autres pièces *la Servante justifiée*, en 1740, et *la Chercheuse d'esprit*, dont la première représentation eut lieu le 20 février 1741.

Malgré tant d'éléments de réussite, ou peut-être parce qu'il se croyait assuré du succès, Pontau se négligea, et il laissa tomber son spectacle dans un si grand avilissement, que la bonne compagnie n'osait plus y mettre les pieds. La livrée y était en possession du parterre ; elle décidait du sort des pièces, sifflait les acteurs, et quelquefois même ses maîtres, quand ils s'avançaient trop, selon l'usage du temps, sur le devant de la scène. Les loges des actrices étaient ouvertes à tout le monde, et la décence n'y était pas toujours respectée.

Les autres spectacles de la foire profitèrent, comme on le pense bien, de cet état de choses, et l'Opéra-Comique fut moins fréquenté que les jeux des marionnettes ou les danseurs de corde. Parmi ces derniers, on allait surtout voir ceux qui s'étaient établis, en 1735, dans la salle élevée entre les deux halles couvertes de la foire Saint-Germain. On la nommait la *troupe hollandaise*, et elle faisait, sous la direction de Restier et Lavigne, des exercices d'une hardiesse et d'une agilité vraiment surprenantes.

Voulant lutter avec avantage contre ses heureux concurrents, Pontau commença par ramener le bon ordre dans son théâtre, établi depuis l'année 1735, au cul-de-sac des Quatre-Vents. Joignant ensuite la danse au chant, il compléta sa troupe d'acteurs choisis, et, à la foire Saint-Germain de 1739, il fit paraître une *troupe anglaise* dont les exercices et les tours de force parurent dépasser tout ce qu'on avait vu jusqu'alors.

Pontau croyait avoir ainsi triomphé de tous ses concurrents ; mais il ne tarda pas à être désabusé. A la foire suivante, de nouvelles affiches annoncèrent les prochains exercices de la *grande troupe étrangère des danseurs de corde, sauteurs et pantomimes*.

La mode était aux étrangers, et chacun cherchait à surpasser son voisin par quelque excentricité. Ainsi, après la troupe hollandaise, on avait vu la troupe anglaise, et maintenant on voyait apparaître la grande troupe étrangère qui promettait, comme les précédentes, de faire des merveilles. Le spectacle de ces nouveaux acteurs fut ouvert le 3 février 1740, par une pantomime appelée *les Dupes, ou Rien n'est difficile en Amour*. On y applaudit surtout un nommé Latour, chargé du rôle d'Arlequin, qu'il remplit avec un égal succès dans une autre pièce : *la Fête anglaise, ou le Triomphe de l'hymen*, dont la première représentation eut lieu le 14 mars suivant.

Cette grande troupe étrangère joua l'année suivante *Arlequin et Colombine captifs* ; mais, cette fois, le succès qu'elle obtint n'empêcha pas la foule d'aller applaudir *la Chercheuse d'esprit* de Favart, cette charmante pièce qui obtint, dès son apparition, un succès justement mérité, et qui resta longtemps au répertoire.

Les choses étaient en cet état, lorsque Monnet obtint du sieur de Thuret (1), directeur de l'Académie royale de musique, le privilége primitivement concédé à Pontau. Il fit l'ouverture de son Opéra-Comique le 8 juin 1743 à la foire Saint-Laurent, et se préparait à s'installer à la foire suivante, lorsque le

(1) Après la mort de Guyenet, les créanciers avaient touché les revenus de l'Opéra replacé sous la direction de Francine, gendre de Sully. Celui-ci s'étant retiré en 1728, le sieur Destouches, inspecteur général et surintendant de la musique du roi, lui succéda pendant quelques années. Enfin, le 30 mai 1733, un arrêt du conseil d'État rétablit le privilége de l'Académie royale de musique en faveur de Louis-Armand-Eugène de Thuret, ci-devant capitaine au régiment de Picardie.

directeur de l'Opéra fit résilier son bail et prit le théâtre en son propre nom, sans donner à Monnet aucune indemnité ni aucun dédommagement pour les avances qu'il avait faites.

C'est à ce théâtre que l'on donna, le 18 mars 1744, *Acajou*, opéra comique assez faible de Favart, mais dans lequel un acteur ridiculisait tellement le jeu et la déclamation des comédiens-français, que ceux-ci firent de nouveau interdire la parole à tous les entrepreneurs de spectacles. Les artistes forains se consolèrent en chantant, et ils le firent d'une manière fort originale. *Acajou* fut mis tout entier en vaudevilles pour la foire Saint-Laurent. « On n'avait rien changé aux passages qui blessoient les comédiens, on s'étoit borné à les noter, et les notes indiquoient parfaitement les inflexions et les éclats de voix des acteurs tragiques. » Ainsi arrangée, cette pièce eut une grande vogue, qu'elle dut certainement moins à son mérite réel qu'au trouble qu'elle causa.

N'oublions pas de constater ici que l'on vit débuter à la foire Saint-Germain de cette année 1744 celle qui allait bientôt devenir madame Favart. Fille d'un père et d'une mère musiciens, attachés à la chapelle du roi de Pologne, Justine du Ronceray avait alors dix-sept ans ; elle débuta comme danseuse sous le nom de mademoiselle Chantilly.

Après toutes leurs tribulations, les spectacles forains pouvaient espérer des jours tranquilles. Il n'en fut point ainsi ; car, en 1745, pour une raison qui nous est inconnue, l'Opéra-Comique fut encore une fois supprimé, et pendant près de sept ans on ne put voir aux foires que des spectacles dans le genre de ceux des premiers temps : danses de corde, pantomimes, marionnettes et animaux savants.

Cependant Monnet, que nous avons vu, un instant directeur de l'Opéra-Comique, obtint, le 20 décembre 1751, le rétablissement de ce genre de spectacle, et il put faire l'ouverture de son théâtre le 3 février suivant. Mais, en s'occupant du présent, il songeait à l'avenir, et, en trente-sept jours, il fit construire une salle magnifique à la foire Saint-Laurent. Cette nouvelle salle, longtemps admirée de tous les gens de goût, avait été construite par le machiniste du roi, Arnoult, et elle ne coûta pas moins de 45,000 livres.

Hâtons-nous d'ajouter que Monnet a incontestablement l'honneur d'avoir brisé les tréteaux de ses devanciers. Il a le premier donné à l'Opéra-Comique la forme d'un théâtre régulier. Cependant il n'osa pas franchir tout d'un coup l'espace immense qui se trouvait entre le genre burlesque, souvent grossier, aimé de ses spectateurs, et le genre agréable et léger que recherche la bonne compagnie. Il se vit donc contraint de permettre quelquefois sur son théâtre la bouffonnerie, la gaieté gauloise et même l'expression un peu crue. On lui en fit un reproche; mais les circonstances et la nécessité l'excusent d'autant plus qu'il parvint insensiblement à régénérer le genre de spectacle qu'il dirigeait. Si ceux qui lui ont succédé dans cette entreprise ont été plus loin, il faut reconnaître qu'ils ont eu moins de peine, parce qu'ils ont eu moins de difficultés à surmonter.

À dater de l'année 1752, tout changea donc de face. Jusque-là, on avait presque toujours fait les couplets sur des airs connus. Monnet voulut ajouter un perfectionnement à son spectacle. Il fit composer une pièce dont la musique était entièrement nouvelle; mais, pour la faire accepter du public, qui renonce difficilement à ses habitudes et à ses goûts, il répandit le bruit qu'elle était l'œuvre d'un compositeur italien, tandis qu'elle avait en réalité été écrite par le musicien Dauvergne sur des paroles de Vadé. Cette pièce, dont le sujet était emprunté à un conte de La Fontaine, avait pour titre *les Troqueurs*. Elle réussit passablement ; mais le talent de Vadé ne fut pour rien dans ce succès. On se contenta d'applaudir la musique, qui était véritablement charmante.

Nous venons de dire, et on l'a déjà remarqué sans doute, que toutes les pièces jouées jusqu'alors n'étaient que des vaudevilles chantés sur des airs anciens et populaires. *Les Troqueurs* inaugurèrent un genre réellement nouveau, l'opéra comique, dont le goût allait rapidement s'étendre sur toute la France. En effet, cette pièce et quelques autres qui la suivirent firent bientôt apprécier du public les pièces à ariettes. Pendant quelque temps encore, il toléra certaines pièces à vaudevilles, mais elles furent enfin bannies d'un théâtre dont elles avaient fait la fortune.

L'Opéra-Comique fit représenter, le 14 août 1754, *la Servante maîtresse*, comédie en deux actes, mêlée d'ariettes parodiées de l'italien. Les paroles étaient de Baurans, la musique avait été composée par Pergolèse, et pourtant le succès fut presque tout entier dû à madame Favart, qui avait forcé l'auteur à lui communiquer son ouvrage, qui l'avait encouragé et qui avait rempli le rôle charmant de Zerbine.

Le 12 mars 1756 on donna *Ninette à la cour*, comédie de Favart en deux actes, mêlée d'ariettes, et le 19 août de la même année eut lieu la première représentation du *Diable à quatre*, opéra comique en trois actes, de Sédaine, qui avait emprunté son sujet à une farce anglaise.

Grâce à l'intelligence avec laquelle il avait conduit son entreprise, Monnet put se retirer après six années d'une heureuse exploitation. Il céda pour la somme de 84,000 livres son matériel et ses droits à une société dans laquelle se trouvait l'auteur Favart, et cette société continua à exploiter dès l'année 1757, avec un très-grand succès, les foires Saint-Germain et Saint-Laurent.

Parmi les pièces qui furent créées alors, nous pouvons citer :

Le Peintre amoureux de son modèle, opéra comique en deux actes, presque tout en ariettes, par Anseaume, qui fut successivement souffleur, auteur dramatique et directeur de l'Opéra-Comique. La première représentation eut lieu le 25 août 1757.

L'Amant statue, en un acte, de Guichard, avec des ariettes composées par Lusse, joué le 18 août 1759.

Le Soldat magicien, qui fut représenté le 14 août 1760, et dont on goûta fort la musique, composée par Philidor.

Le Cadi dupé, joli opéra comique en un acte, paroles de Lemonnier, musique de Monsigny, joué le 4 février 1761.

Le Maréchal ferrant, charmante pièce en un acte représentée le 22 août 1761, et qui resta au répertoire. Les paroles étaient de Quétant, la musique de Philidor.

On ne s'avise jamais de tout, opéra comique également en un acte, tiré d'un conte de La Fontaine par Sedaine, et dont la musique fut composée par Monsigny. Cette pièce, représentée le 14 septembre 1761, n'était pas la première empruntée à ce même conte de La Fontaine. Vingt ans auparavant, Panard en avait tiré *le Registre inutile,* joué en 1741 à la foire Saint-Laurent.

Il est facile de comprendre qu'avec un tel répertoire l'Opéra-Comique attirât la foule. Tout Paris voulait entendre la gracieuse musique de Philidor ou de Monsigny. On chantait leurs airs partout, et la vogue devint si grande au théâtre de la foire, qu'elle excita la jalousie des Italiens. Pour attirer le public, ceux-ci se mirent à donner aussi des opéras comiques sur leur théâtre, en sorte que ce genre de spectacle, si longtemps proscrit ou persécuté, avait alors deux scènes à Paris. Mais, malgré les efforts des étrangers, la foule se portait plus spécialement au théâtre de la foire. Dans ces circonstances, les Italiens proposèrent un arrangement, ou plutôt une association aux acteurs forains, qui l'acceptèrent, et en l'année 1762, l'Opéra-Comique fut réuni à la Comédie-Italienne.

Favart, qui était toujours prêt à écrire les pièces de circonstance, inaugura la réunion des deux théâtres par un à-propos insignifiant intitulé : *la Nouvelle Troupe;* mais il donna presque en même temps une comédie en un acte, mêlée d'ariettes, à la collaboration de laquelle madame Favart n'était pas, dit-on, tout à fait étrangère. Il serait difficile d'exprimer la joie et l'enthousiasme qu'excita la représentation de cette pièce, qui était tirée d'un conte de Marmontel et avait pour titre : *Annette et Lubin.*

Après ce succès, on puisa dans l'ancien répertoire que le public paraissait revoir avec plaisir; puis on joua des pièces presque toutes empruntées aux comédies italiennes. Ces dernières furent moins bien accueillies. Alors, l'Opéra-Comique abandonna ce genre pour jouer des comédies originales, présentant de jolis tableaux, des scènes charmantes, purgées surtout des obscénités qu'on reprochait peut-être avec raison à plusieurs des pièces représentées précédemment. Aux airs trop simples et parfois rustiques du vaudeville succédèrent les chants gracieux et expressifs d'une musique nouvelle plus étudiée, plus savante et pleine d'harmonie. Il arriva ainsi que l'opéra comique et le vaudeville, longtemps confondus, se séparèrent et formèrent deux genres distincts que le public français aimait toujours et qu'il applaudit longtemps à tour de rôle. Malheureusement, aujourd'hui, le vaudeville a totalement disparu pour faire place à un genre bâtard et grossier, l'opérette.

V.

Nous ne saurions terminer cette étude sur les spectacles forains sans dire un dernier mot des sauteurs et des danseurs de corde qui firent si longtemps la joie et le bonheur des Parisiens.

Tandis que Pontau tenait le privilége de l'Opéra-Comique, nous avons dit qu'on vit apparaître, en 1735, à la foire Saint-Germain, une troupe nouvelle qui s'intitulait la grande troupe étrangère. Cette troupe, placée sous la direction de Restier, attira la foule pendant plus de quinze ans à ses curieux spectacles qu'elle savait varier à l'infini. Non-seulement elle se faisait remarquer par ses danses et ses exercices gymnastiques, mais encore on admirait ses pantomimes souvent exécutées par de véritables artistes.

Restier, ayant gagné une honnête aisance dans son entreprise, se retira, et sa troupe passa alors sous la conduite de Gaulier, dit Gaudon, dont le talent comme Arlequin était généralement reconnu, mais dont l'intelligence et la capacité comme directeur n'étaient peut-être pas suffisantes. En effet, malgré tous ses efforts, malgré la bienveillance extrême du public, il ne put soutenir son entreprise. Pour comble de malheur, il dut engager en 1760 un long procès avec le fameux cabaretier Ramponneau. Celui-ci, qui tenait aux Porcherons la guinguette du Tambour royal, fréquentée surtout par les acteurs et auteurs des spectacles forains, s'était un jour imaginé qu'il pourrait devenir acteur. Il signa à cet effet un traité avec Gaudon ; mais, désillusionné de la gloire avant d'avoir combattu, il refusa de paraître sur la scène. Un procès s'ensuivit, et Ramponneau put retourner à son cabaret, en restituant 200 livres qu'il avait reçues le jour où il avait signé son engagement.

Gaudon, qui avait un instant rêvé la fortune, se trouva ruiné ; mais le public n'y perdit rien, car bientôt on vit se former de nouvelles troupes, telles que celle de Saury, qui joignait à ses jeux ordinaires des exercices surprenants, et celle du fameux Nicolet qui, non content de montrer des animaux savants, d'exécuter les danses les plus fortes, les sauts les plus merveilleux, représentait souvent de petits drames annoncés extérieurement par de grotesques parades. Le sieur Audinot, ancien acteur de la Comédie-Italienne, avait aussi élevé en 1769 un théâtre de marionnettes à la foire Saint-Germain; mais il ne tarda pas à transporter ses comédiens de bois au boulevard du Nord, dans une salle appelée l'Ambigu-Comique, et où les marionnettes furent bientôt remplacées par des enfants qui jouaient de charmantes comédies avec beaucoup d'intelligence. Cependant la troupe de Nicolet, la troupe des grands danseurs de corde et sauteurs du roi, comme on l'appelait, surpassait toutes les autres par la variété prodigieuse de son spectacle et les nouveautés en tous genres que le directeur faisait représenter ; elle jouissait même d'une telle popularité, que le souvenir en vit encore parmi nous après un siècle. La Comédie-Française reprochait à Nicolet, en 1785, d'avoir à sa solde trente acteurs, vingt musiciens et soixante danseurs.

En 1778, on tenta de rétablir la foire Saint-Laurent qui était abandonnée depuis l'embellissement des boulevards du Nord. On y construisit des bâtiments solides pour les boutiques et les logements des marchands. Une belle chaussée bien pavée y servait de promenoir et à chaque extrémité on avait placé, sous des guérites, des pompes prêtes à éteindre les incendies qui pourraient se produire. Dans le préau où se donnaient les spectacles, un acteur, nommé Lécluse, avait également élevé un théâtre destiné à l'opéra comique, avec l'espoir de ramener le public au souvenir des pièces de Favart et de Vadé. Malheureusement, les efforts de Lécluse furent loin d'être couronnés de succès. A peine s'il put recouvrer les frais qu'il avait faits, et, le 12 avril 1779, il transporta son théâtre auprès des autres théâtres, à la rue de Bondy.

Quoi que l'on pût faire, la foire Saint-Laurent n'était plus fréquentée ; elle était abandonnée, aussi bien que la foire Saint-Germain que l'on n'allait plus visiter. Enfin, en l'année 1786, elles avaient toutes deux cessé d'exister.

Eugène d'Auriac.

LES FORCES
DE
L'AMOUR & DE LA MAGIE

DIVERTISSEMENT COMIQUE EN TROIS INTERMÈDES

*Représenté le 3 février 1678
par les sauteurs établis au Jeu de Paume d'Orléans,
à la foire Saint-Germain.*

Cette pièce, dont nous n'avons pu trouver le texte ailleurs que dans les *Mémoires pour servir à l'histoire de la foire*, devait naturellement prendre sa place en tête de ce Recueil. C'est un scenario ou croquis; mais ce canevas, si imparfait qu'il soit, servira à faire connaître le goût et le genre des pièces qui parurent aux foires, avant qu'on n'y introduisît les pièces françaises ou imitées des scènes italiennes, et celles qui précédèrent l'opéra comique.

Elle est attribuée à Maurice Vondrebeck et à Charles Alard, qui avaient formé une troupe composée des vingt-quatre sauteurs et danseurs, les plus habiles que l'on connût alors.

PERSONNAGES

ZOROASTRE, magicien, amant de Grésinde.
GRÉSINDE, bergère.
MERLIN, valet de Zoroastre.
Plusieurs sauteurs, sur des piédestaux.
Quatre sauteurs en démons.
Quatre sauteurs en bergers.
Quatre sauteurs en polichinelles.

LES FORCES
DE
L'AMOUR & DE LA MAGIE

DIVERTISSEMENT COMIQUE

PREMIER INTERMÈDE.

La décoration du théâtre représente une grande forêt. On voit dans les côtés des ailes du théâtre quantité de sauteurs, sur des piédestaux. Après que les hauts-bois ont joué une ouverture fort agréable, on voit paraître un acteur, sous le nom de MERLIN.

SCÈNE I.

MERLIN, seul.

Amour, amour, chien d'amour, coquin d'amour, maraud d'amour, quoi! Jamais de repos! Dieux! faut-il être né sous une planette si malheureuse, pour être né valet, et valet d'un maître plus diable que le diable; qui ne passe sa vie et son tems qu'à lire des grammaires, qui n'a pour divertissement que des sorciers. Pour son manger, les ragoûts sont friands : vipères, crapauds et crocodiles. Ce ne seroit que demi-mal; mais il est, par-dessus ces belles qualités, amoureux. Il aime une bergère; mais il n'a pu jusqu'ici percer le cœur de cette pauvre brebis. Elle n'a, ma foi, pas tout le tort, car si une fois il s'en étoit rendu le maître, elle n'entendroit pour toute musique que hurlemens; ses beaux yeux ne verroient que Démons;

que Furies et qu'Enfer, et ses belles dents d'ivoire ne seroient occupées qu'à ronger des aspics et des couleuvres. La seule pensée m'en fait frémir, car il me semble que je suis entouré de ces messieurs.

(Un crapaud paroît.)

En voilà un qui me prie à dîner : Ah! monsieur le crapaud, je vous remercie de tout mon cœur; je n'ai nul appétit.

(Un démon paroît en tourbillon.)

En voici un autre qui m'invite à la promenade.... Monsieur Astaroth, je vous rends mille grâces ; mon médecin m'a défendu l'exercice.

(On voit un sauteur qui semble voler d'un bout à l'autre.)

En voici un autre : c'est un des valets de chambre de mon maître. J'ai trop tardé, il faut chercher Grésinde et m'acquitter de la commission que le magicien m'a donnée.

(Il fait un saut.)

SCÈNE II.

GRÉSINDE, MERLIN.

GRÉSINDE.

M'apportez-vous quelque bonne nouvelle?

MERLIN.

Entre deux.

GRÉSINDE.

Comment! Zoroastre n'est pas guéri de son extravagante passion ?

MERLIN.

C'est-à-dire qu'il est gâté, plus empesté et plus amoureux que jamais de votre belle et charmante fressure (1).

(1) *Fressure*, pris au figuré et très-familièrement, veut dire ici le cœur, le foie où s'excitent les désirs.

GRÉSINDE.

Dis-moi, mon cher Merlin, est-il possible que tu m'abandonnes, et que tu ne fasses pas tous tes efforts pour me délivrer de cet importun?

MERLIN.

Voulez-vous que je vous parle net : — Mon maître est mon maître, et ses démons sont plus diables que les miens. Quand je prends la liberté de lui dire qu'il vaudroit mieux qu'il aimât une magicienne qu'une bergère, parce que, ce me semble, la garniture en seroit mieux assortie; si vous étiez témoin, aimable Grésinde, des contorsions et des grimaces que mon magicien fait, vous en seriez surprise; et si je m'obstine à vouloir vous servir, les coups de bâton se mettent de la partie, et je suis régalé comme un enfant de bonne maison.

GRÉSINDE.

Cela n'est rien; prends patience jusqu'au bout : je ne serai point ingrate.

MERLIN.

Mes épaules sont à votre service autant qu'il leur plaira; mais quand elles seront bien lasses et bien fatiguées, vous trouverez bon, s'il vous plaît, que je me dispense de parler en votre faveur.

(Quatre sauteurs en démons paraissent.)

GRÉSINDE.

Dieu! que vois-je! miséricorde! Amour, prends pitié de mes douleurs, et sauve-moi de tomber entre les mains de Zoroastre que je hais plus que la mort.

MERLIN.

Ah! ma foi, me voilà étrillé comme il faut. Ce sont les domestiques de mon maître, qui lui servent d'espions, et qui vont en votre présence me donner de fortes et vigoureuses assurances de cette vérité. Que je serai heureux, s'ils ne me rompent que deux ou trois côtes !

(Les démons le battent en faisant des pas figurés.)

Ah! messieurs, doucement, je vous prie ; comme camarade, épargnez la bastonnade..... Songez à vous, bergère, mon maître vous invite ce soir à un divertissement qu'il vous a préparé ; faites-lui bonne mine ; contraignez-vous, et si le cœur ne vous dit rien pour lui, dussé-je être assommé, je vous servirai de mon reste.

(Les Démons sortent.)

SCÈNE III.

MERLIN, seul.

Ah! Démons impitoyables! Si jamais je fais le voyage d'enfer, je vous ferai tous enrager. Je romprai les serrures des portes, j'abattrai les murs des Champs-Élisées, je brûlerai tous vos lauriers, j'ouvrirai tous les tombeaux, afin que les morts vous donnent cinq cents croquignoles ; je barbouillerai Pluton, je ferai la grimace à Rhadamanthe, je prendrai la place de Minos, j'insulterai Caron, je briserai toutes ses rames, je ferai que la mer engloutisse tous les passans, et que Caron s'engloutisse lui-même.... M'en voilà quitte, et j'ai enfin évité la barbarie de ces diablotins.

(Les Démons reviennent.)

Mais j'ai compté sans mon hôte, et je vois bien que je suis destiné à mourir sous le bâton. Il faut pourtant défendre ma peau et, par ruse ou par adresse, me tirer de ce mauvais pas. Mais comment faire ?

(Merlin regarde les sauteurs qui sont sur leurs piédestaux.)

Il faut que je prenne la place d'un de ces messieurs ; mais à qui m'adresser ? C'est à toi que j'en veux ; ta physionomie me déplaît.

(Il fait descendre un sauteur et saute en sa place.)

Ote-toi de là, et fais place à Merlin qui est plus honnête homme que toi.

(Les Démons reviennent et font mouvoir les statues en faisant des pas figurés.)

Ma foi, je n'y sçais plus rien, et je vois bien que mes épaules ni mes bras ne sont pas suffisans pour me tirer d'affaire. Il faut encore me rompre le col. Ah! maudite magie! maudite magie! maudit destin!

(Ils font ici tous des sauts périlleux.)

Sautons et mourons en homme d'honneur.

FIN DU PREMIER INTERMÈDE.

DEUXIÈME INTERMÈDE.

SCÈNE I.

ZOROASTRE, MERLIN.

ZOROASTRE.

Merlin, Merlin !

MERLIN.

Que vous plaît-il, monsieur ?

ZOROASTRE.

Va-t'en dans mon cabinet, apporte mon livre, un réchaud, des bouteilles, et tout ce que tu trouveras sur ma table.

MERLIN.

Voilà justement un préparatif pour régaler Grésinde ; et vous allez travailler à la réjouir de la belle manière. (A part.) Pauvre bergère, que je te plains ! (Il sort.)

SCÈNE II.

ZOROASTRE, soul.

C'est à ce coup, belle Grésinde, c'est à ce coup que je viendrai à bout de vos rigueurs, et les Démons m'ont promis de me servir d'une manière que vous ne pourrez pas vous en dédire. Et toi, amour, qui m'as blessé de tes flèches les plus perçantes, achève ton ouvrage, et fais en sorte que ma bergère soit touchée de ma passion. Je me suis engagé de la régaler; je veux tenir ma promesse et enfin vaincre ou périr.

(Les Démons apportent la table et tout ce que le magicien a demandé.)

SCÈNE III.

ZOROASTRE, MERLIN.

MERLIN.

Voilà tout, monsieur, voilà la boutique, voilà les poteries, voilà les ingrédiens; (à part) voilà tous les diables qui te puissent emporter. (Haut.) Faites du moins la sauce si bonne que tout le monde en puisse manger.

ZOROASTRE.

Ne te mets point en peine, je veux te régaler comme il faut, et te faire voir si Zoroastre sçait venir à bout de ses desseins…. La bergère ne s'est pas voulu rendre à mes soumissions; je veux me servir de la force de ma magie.

(Il compose son charme.)

MERLIN.

Ah! monsieur, que j'ai vu une belle magicienne!

ZOROASTRE, sans l'écouter.

Que ma bergère est aimable!

MERLIN.

Mais, monsieur, vous ne voulez point entendre….

ZOROASTRE.

Tais-toi, coquin, ou mes valets de chambre….

MERLIN.

Ma foi, vous devez leur payer largement leurs gages, s'ils vous servent aussi exactement en tout ce que vous leur commandez, comme ils ont fait sur mon pauvre dos. Ils vous ont obéi amplement, j'en suis caution, à la vérité un peu rudement.

ZOROASTRE, riant.

C'est pour t'apprendre ton devoir, et tu ne seras pas si longtemps une autre fois à faire ce que je te commande.

MERLIN, lui montrant Grésinde qui arrive.

On ne peut plus juste ni plus régulièrement. Voyez.

SCÈNE IV.

GRÉSINDE, ZOROASTRE, MERLIN.

ZOROASTRE, abordant Grésinde.

Je vous suis obligé, aimable bergère, de votre visite; c'étoit à moi à vous aller rendre mes devoirs, pour vous renouveler l'offre de mes services et de mon cœur; mais vous sçavez que mes occupations me dispensent de sortir de cette retraite que les Dieux ne m'ont accordée pour mon séjour qu'à la condition que je n'en sortirais jamais : trop heureux, puisque vous avez choisi le même lieu pour y passer solitairement vos jours, et je le serais tout à fait, si vous vouliez faire la félicité de Zoroastre.

GRÉSINDE.

Je vous suis obligée de tous ces sentiments, mais contentez-vous de mon estime; et puisque vous m'avez conviée à me faire voir le divertissement que vous m'avez préparé, je viens pour y prendre part, et j'amène avec moi des bergers qui, par leurs pas, tâcheront à vous donner par avance des marques de ma reconnaissance.

(Quatre sauteurs en bergers dansent une entrée.)

ZOROASTRE.

Rien n'est si agréable; mais mon amour et mes respects ne pourront-ils point fléchir la dureté de votre cœur?

(Un Danseur danse une entrée, les bergers en dansent une nouvelle, ensuite un sauteur ou Arlequin danse une gigue.)

MERLIN, bas à Grésinde.

Tenez ferme, ou rendez-vous. Choisissez, car, par ma foi, vous allez voir beau jeu; et surtout gardez-vous bien de manger de notre souper.

GRÉSINDE, à Zoroastre.

Faites-moi donc voir ce que vous m'avez préparé.

Le magicien fait apporter une table, et, avec sa baguette, fait des conjurations et des cercles; ensuite il lève trois gobelets qui sont sur cette table, les montre et les remet; en les relevant, il en sort trois singes qui font quantité de sauts et se rangent au côté du théâtre. Il reprend le gobelet du milieu, le montre, et le remet; il le relève, et il en sort un pâté, duquel on voit voler quantité de serpents ailés. Il donne ensuite un coup de baguette sur la table. Deux Démons enlèvent la table, et il paroit un nouveau Démon, qui fait des sauts périlleux avec les singes; ces sauts épouvantent la bergère qui semble forcée de se rendre.

GRÉSINDE.

C'en est assez, je vois bien qu'il faut que je cède à la force, et puisque, pour éviter ma mort, il faut se rendre, je vous prie de chasser vos Démons, et donnez-moi le temps de vous parler.

ZOROASTRE, s'adressant aux Démons.

Rentrez dans vos cachots; allez, je suis content; la bergère est adoucie, et je suis trop heureux.

(Les Démons et les Singes font de nouveaux sauts et s'en vont.)

MERLIN, riant.

Cela s'appelle, en bon françois, se faire aimer à coups de bâton.

ZOROASTRE.

Eh bien, bergère, que faut-il que j'espère?

GRÉSINDE.

Tout ce que vous voudrez. Je ne vous demande que deux heures pour me remettre de ma frayeur. Je m'en vais dans ma cabane, et je reviens.

ZOROASTRE.

Dieux! Que je suis content! Merlin, accompagne ma bergère, et ne la quitte pas.

(Quatre sauteurs en Polichinelles forment une entrée qui finit ce second intermède.)

FIN DU DEUXIÈME INTERMÈDE.

TROISIÈME INTERMÈDE.

SCÈNE I.

GRÉSINDE, MERLIN.

GRÉSINDE.

J'ai promis et je me suis engagée contre ma résolution et contre les sentiments de mon cœur. Merlin, je suis au désespoir; conseille-moi.

MERLIN.

Dites-lui que vous êtes Normande.

GRÉSINDE.

Ne raille point, je te prie, et dis-moi ce que je dois faire.

MERLIN.

Tuez-vous, vous en serez débarrassée; mais non, il vaut mieux être la femme d'un sorcier, que de devenir une habitante du séjour de Pluton.

GRÉSINDE, après avoir un peu rêvé.

Attends, j'ai encore ma ressource à Junon. Elle aura pitié de mes maux : elle ne m'a jamais abandonnée, j'en suis sûre. Va-t'en trouver le magicien, amuse-le, et je reviens.

SCÈNE II.

ZOROASTRE, MERLIN.

MERLIN.

Le voici tout à propos. Seigneur, la bergère est fille de parole; elle l'avoit promis, et vous savez que les femmes n'en manquent jamais.

ZOROASTRE, d'un air content.

Je me suis fait heureux ; mes Démons ont fait leur devoir et m'ont bien servi.

MERLIN.

Si vous vouliez, pour mes gages, me faire quelque petit sortilége pour obliger ma maîtresse à aimer le pauvre Merlin, je vous servirois encore de bon cœur six mois, par-dessus le marché.

ZOROASTRE.

Je le veux bien, et il ne t'en coûtera autre chose que de me bien servir; suis-moi et tu seras content.

SCÈNE III.

GRÉSINDE, seule.

Junon m'a promis de me secourir, et je viens pour en recevoir des assurances.

SCÈNE IV.

ZOROASTRE, GRÉSINDE, MERLIN.

ZOROASTRE.

Voici, charmante bergère, voici le jour heureux où mes vœux seront satisfaits. Souffrez que je vous embrasse.

(La bergère disparoit, et en sa place un Démon fait un saut périlleux du haut du cintre.)

MERLIN.

Ma foi, pour ce coup, la bergère est plus magicienne que vous; vous voilà pris, et elle est du moins aussi bien servie.

ZOROASTRE, après avoir rêvé.

J'en devine la cause, Merlin; les Dieux se sont mêlés de cette affaire, et je suis puni de la violence que j'ai voulu faire à la bergère.

SCÈNE V.

MERLIN, seul.

Ma foi, je m'en tiens à cette maxime : *Tout par amitié et rien par force.* Je renonce au charme que le magicien veut faire pour moi, et je ne veux, pour charmer ma maîtresse, que ma beauté et ma gentillesse.

Il danse une sarabande à neuf postures, dont voici les noms :

1° L'Escalier.
2° Le Berceau.
3° La Fontaine.
4° La Grande route.
5° Le Fanal.
6° La Pyramide.
7° Les Chevrons.
8° Les Forces de la Magie.
9° La grande Posture.

FIN DU TROISIÈME ET DERNIER INTERMÈDE.

ARLEQUIN
ROI DE SERENDIB

Pièce en trois actes de LESAGE

Représentée à la foire Saint-Germain de 1713

Cette pièce fut représentée *en écriteaux* par la troupe de Baxter et Saurin, placée sous la direction de la veuve Baron.

A la fin de cette année 1713, on ne ne vit pas moins de quatre troupes foraines. L'ancien acteur Octave en avait deux sous sa direction. L'une d'elles joua *le Festin de Pierre*, pièce en trois actes, avec divertissements de Letellier; la seconde représenta une pièce également en trois actes, par Romagnesi, acteur de la troupe : elle était intitulée : *Arlequin au Sabbat*. Nous ne dirons rien de la troisième troupe qui se soutint beaucoup plus par le jeu des acteurs que par la valeur de ses pièces. Ce fut la quatrième, celle de Baxter et Saurin, qui joua, aux applaudissements du public : *Arlequin, roi de Serendib*.

PERSONNAGES

ARLEQUIN, roi de Serendib.
MEZZETIN, en grande prêtresse.
PIERROT, en suivante de Mezzetin.
LE GRAND VISIR.
LE GRAND SACRIFICATEUR.
Suite du grand sacrificateur.
Troupe de Prêtresses.
Troupe de femmes du sérail.
Le chef des eunuques.
Troupe d'officiers du palais.
Un peintre.
Un médecin.
Troupe de voleurs, avec leurs femmes.

La scène est dans l'île de Serendib.

ARLEQUIN
ROI DE SERENDIB

PIÈCE EN TROIS ACTES

ACTE PREMIER.

Le théâtre représente une solitude où l'on voit des rochers escarpés.

SCÈNE I.

ARLEQUIN, seul.

Arlequin, après avoir fait naufrage sur la côte de Serendib, s'avance dans l'île. Il tient une bourse, et paroît un peu consolé de sa disgrâce. Ce qu'il exprime par un écriteau (1) qui contient ces paroles :

AIR : *Je laisse à la fortune.*

Auprès de ce rivage,
Hélas! notre vaisseau
Avec tout l'équipage
Vient de fondre sous l'eau!

(1) Les écriteaux étaient une espèce de cartouche de toile roulée sur un bâton, et dans lequel était écrit en gros caractères le couplet avec le nom du personnage qui aurait dû le chanter. L'écriteau descendait du cintre et était porté par deux enfants habillés en Amours, qui le tenaient en support. Les enfants, maintenus en l'air par le moyen de contre-poids, déroulaient l'écriteau. L'orchestre jouait aussitôt l'air du couplet, et donnait le ton aux spectateurs, qui chantaient eux-mêmes ce qu'ils voyaient écrit, pendant que les acteurs faisaient les gestes.

> Un procureur du Maine,
> Dans la liquide plaine,
> A trouvé son tombeau ;
> Moy, grâce à mon génie,
> J'ai sçu sauver ma vie
> Et l'argent du Manceau.

Ce couplet chanté, il s'assied à terre, et se met à compter son argent. Tandis qu'il est dans cette occupation, il arrive un homme qui a un emplâtre sur l'œil et une carabine sur l'épaule. Cet homme fait plusieurs révérences à Arlequin, qui, se défiant de tant de civilités, dit à part par un écriteau :

Air : *Quand le péril est agréable.*

> Ouf! Je crains fort pour ma finance ;
> Ce drôle a tout l'air d'un voleur ;
> Le gisier me bondit de peur
> A chaque révérence.

L'homme pose son turban à terre, fait signe à Arlequin de jetter de l'argent dedans, et le couche en joue, en criant : *Gnaff, Gnaff.* Arlequin effrayé jette plusieurs pièces dans le turban. Le Voleur se retire, et dans le moment il en paroît un autre qui a le bras gauche en écharpe, une jambe de bois, et un large coutelas au côté. Celui-ci fait aussi des révérences à Arlequin, qui dit toujours à part :

Air : *Quand je tiens de ce jus d'octobre.*

> Quel autre homme s'offre à ma vue ?
> Il est manchot! Oui, justement,
> C'est un fripon, il me salue ;
> C'est du *Gnaff, Gnaff*, assurément.

Le second Voleur met aussi à terre son turban, et, tirant son coutelas, fait signe à Arlequin d'y jeter de l'argent, en lui disant : *Gniff, Gniff.* Il obéit, et le Voleur s'en va. Arlequin après cela, croyant en être quitte, pose sa bourse à terre derrière lui ; mais un troisième brigand en cul-de-jatte, portant un pistolet à la ceinture, paroît et s'empare subitement de la bourse. Arlequin s'en aperçoit et se lève pour la lui ôter. Le cul-de-jatte lui présente le bout de son pistolet en criant : *Gnoff, Gnoff.* Arlequin désespérant de ravoir sa bourse, dit au Voleur :

Air : *O reguingué, o lon-lan-la.*

> Cette bourse porte malheur ;
> Elle me vient d'un procureur,
> Et va de voleur en voleur ;
> Craignez, monsieur, que la justice
> A son tour ne vous la ravisse.

ACTE I, SCÈNE I.

On voit revenir les deux premiers Voleurs : ils se défont, l'un de son emplâtre, l'autre de sa jambe de bois, le troisième de sa jatte, et tous se mettent à danser autour d'Arlequin. Dans le même temps il paroît une charrette tirée par un âne, et conduite par un sauvage qui tient à la main une grosse massue. Il y a dans la charrette une table, deux bancs, un piédestal, des peaux de bouc et un tonneau. Pendant qu'au fond du théâtre quelques Voleurs s'occupent à décharger la charrette, trois autres s'avancent et dansent avec trois jolies femmes de leur compagnie. Leur danse est coupée par ces deux couplets :

AIR : *Pierrot se plaint que sa femme.*

UN VOLEUR.

Nous menons joyeuse vie ;
Sans débat nous vivons tous.
Des grandes villes bannie
L'Équité vient avec nous :
   Jamais d'envie ;
Chacun ne fait les yeux doux
   Qu'à sa Sylvie.

UNE DES FEMMES.

Nous ressemblons aux pucelles
Qui jadis couroient les champs ;
Toujours compagnes fidelles
De nos Chevaliers errans,
   Comme ces belles ;
Mais nous passons notre temps
   Beaucoup mieux qu'elles.

Après la danse, les trois Voleurs qui ont volé Arlequin dressent une table, sur laquelle ils tendent des peaux. Ils mettent ensuite des provisions dessus. On voit au milieu de la table le tonneau sur le piédestal. Il est posé de manière qu'on juge bien qu'il n'y a presque plus rien dedans. Ils se mettent tous à table, et ils obligent Arlequin à s'asseoir auprès d'eux, ce qu'il fait volontiers. Ils boivent tous dans des cruches et des gobelets de terre, qu'ils tendent sous le robinet du tonneau. Arlequin, après avoir bu quelques coups, veut cajoler une des femmes qui est auprès de lui ; mais le cul-de-jatte lui présente le bout de son pistolet, et lui fait faire la culbute. Le repas fini, ils se lèvent de table, replient leurs peaux, et les remettent dans la charrette, avec les bancs de la table. Pour le tonneau, comme il est vide, ils le jettent par terre, et l'y laissent. Puis la charrette part, et il ne reste plus sur la scène qu'Arlequin avec les trois premiers Voleurs. Ils veulent décider de son sort, ce qu'ils font connoître par ce couplet :

Air : *Grimaudin.*

UN VOLEUR.

Or sus, amis, qu'on délibère
  Sur son destin.
Qu'en pensez-vous ? Que faut-il faire
  De ce faquin ?
Si nous ne le faisons mourir,
Il pourra bien nous découvrir.

Alors, celui qui a un coutelas le tire pour en frapper Arlequin, qui se met à genoux pour demander grâce. Un des Voleurs s'oppose au dessein de son camarade, et lui dit :

UN DES VOLEURS.

Ne frappez point ce pauvre diable ;
  Ami, tout beau ;
Mettons plutôt ce misérable
  Dans le tonneau.
Des loups dont ce désert est plein,
Il sera bientôt le butin.

Les Voleurs prennent le tonneau, le défoncent, y mettent Arlequin, et s'en vont, après avoir remis les fonds. Arlequin, se voyant sans espérance de salut, pleure, crie, en roulant son tonneau. Il vient un loup affamé qui cherche de la pâture. Il va flairer le tonneau, et comme il y sent de la chair fraîche, il fait tous ses efforts pour en briser les douves. Pendant qu'il s'y prend de toutes les manières, Arlequin passe la main par le trou de la bonde, attrape la queue du loup, qui se voyant saisi, a peur et veut prendre la fuite ; mais en tirant le tonneau, sa queue demeure entre les mains d'Arlequin, et dans le moment le tonneau se partage en deux. Le loup se sauve d'un côté et Arlequin de l'autre.

(Le théâtre change en cet endroit et représente la capitale de l'Isle.)

Mezzetin, habillé en grande prêtresse de l'Idole qu'on y adore, vient, avec Pierrot sa confidente, faire des réflexions sur la coutume de l'isle, et sur l'état de leurs affaires.

SCÈNE II.

MEZZETIN EN GRANDE PRÊTRESSE, ET PIERROT EN CONFIDENTE.

MEZZETIN.

AIR : *Menuet de M. de Grandval* (1).

Détestons ce fatal rivage
Où nous vivons depuis trois mois ;
Pierrot, de ce climat sauvage
Maudissons les cruelles lois.

AIR : *Je ne suis pas si diable.*

Tous les mois sur le trône
On place un étranger ;
Mais, ciel ! on le couronne,
Pourquoy ? Pour l'égorger !
Au temple d'une Idole
Qu'on nomme Késaïa,
Il faut que je l'immole
A ce Dieu-là.

PIERROT.

AIR : *Du cap de Bonne-Espérance.*

Nous fîmes bien, sur mon âme,
En arrivant, Mezzetin,
De prendre un habit de femme
Pour fuir un pareil destin.

---

(1) Nicolas Ragot, dit Grandval, né en 1676, à Paris, était attaché en qualité de maitre de musique à une troupe de comédiens ambulants pour laquelle il écrivit des divertissements dont il composait la musique. Comme auteur dramatique, il fit jouer quelques comédies. Il a publié aussi, en 1729, un livre de *Cantates* de sa composition, et en 1732, un *Essai sur le bon goût en musique*. Grandval mourut le 16 novembre 1753. Il fut le père du célèbre acteur Charles-François Grandval, qui débuta et fut reçu à la Comédie-Française en 1729.

Le Grand Visir vous crut fille ;
Il vous trouva bien-gentille,
Et vous fit, pour vos beaux yeux,
Grande prêtresse en ces lieux.

MEZZETIN.

Air : *Ne m'entendez-vous pas ?*

Oui ; mais, Pierrot, hélas !
Que je crains sa tendresse !
Tous les jours il me presse....
Tu vois mon embarras.
Que n'ai-je moins d'appas !

PIERROT.

Air : *Le fameux Diogène.*

Ah ! cessez de vous plaindre !
C'est au Visir à craindre,
Vous savez que la loi
Veut qu'il perde la vie,
Si, lorsqu'on sacrifie,
Serendib est sans roi.

Air : *Réveillez-vous, Belle endormie.*

Ce soir on fait le sacrifice ;
Il n'est pas venu d'Étranger.

MEZZETIN.

Il faut que le Visir périsse.

PIERROT.

Préparez-vous à l'égorger.

Mezzetin paroît se consoler, et marque par ses gestes qu'il immolera de bon cœur le Grand Visir à l'Idole. Mais il ne jouit pas longtemps de la douceur de cette pensée. Ce ministre arrive, et lui dit avec beaucoup de joye :

SCÈNE III.

MEZZETIN, PIERROT, LE GRAND VISIR.

LE GRAND VISIR.

AIR : *Voulez-vous sçavoir qui des deux?*

Charmant objet de mes amours,
Cessez de craindre pour mes jours.
Ma reine, ayez l'esprit tranquille ;
De la mort me voilà sauvé ;
Un Étranger dans cette ville
En ce moment est arrivé.

MEZZETIN, à part.

AIR : *Dans notre village.*

Que viens-je d'entendre !
Quel coup, justes Dieux !

LE GRAND VISIR.

Bientôt dans ces lieux
Ce misérable va se rendre ;
On va l'amener
Pour le couronner.

Comme Mezzetin paroît triste, le visir lui dit :

AIR : *Si dans le mal qui me possède.*

Mais comment ! A cette nouvelle
Vous paraissez vous affliger !

MEZZETIN.

Seigneur, je plains cet Étranger.

LE GRAND VISIR.

Non, non. Dites plutôt, cruelle,
Que vous attendiez le trépas
D'un amant que vous n'aimez pas,

MEZZETIN, soupirant.

Ah !

LE GRAND VISIR.

Air : *Je reviendrai demain au soir.*

Dès demain, madame, je veux
   Voir couronner mes feux.   (*bis.*)
Je n'aime point tous ces soupirs ;
   Il me faut des plaisirs.   (*bis.*)

Le Visir sort pour aller au-devant du nouveau Roi, et Mezzetin, frappé de ce qu'il vient d'entendre, dit :

SCÈNE IV.

MEZZETIN, PIERROT.

MEZZETIN.

Air : *Les Trembleurs.*

Il veut, dit-il, sans remise....
Pierrot, tu vois ma surprise...
Ce jour est un jour de crise ;
Ma foi, je crains pour ma peau.

PIERROT.

Songeons à faire retraite ;
Par une porte secrète,
Sortons d'ici sans trompette ;
Assurons-nous d'un vaisseau.

(Ils sortent.)

SCÈNE V.

ARLEQUIN, LE GRAND VISIR, LE CHEF DES EUNUQUES, TROUPE D'OFFICIERS DU PALAIS ET DE SACRIFICATEURS.

Mezzetin et Pierrot sont à peine sortis qu'on entend un grand bruit de fifres, de timbales et de trompettes. En même temps on voit arriver Arlequin porté sur les épaules de quatre hommes. Des joueurs d'instruments commencent la marche ; ils sont suivis de six Officiers du Palais. Le Grand Visir, une hache à la main, et le Chef des Eunuques, tenant une clef, viennent après, et précèdent immédiatement Arlequin, qui a derrière lui le Grand Sacrificateur et ses Suivans. Le Grand Visir et le Chef des Eunuques aident au Roi à descendre. Il leur donne sur les mains et sur le visage de la queue de loup qu'il a arrachée. Dès qu'il est descendu, le Grand Visir lui dit :

AIR : *Lanturlu.*

Régnez dans notre île
Jusques à-la mort.

ARLEQUIN.

Votre humeur civile,
Messieurs, me plaît fort.

LE GRAND VISIR.

Sur toute la Ville
Votre empire est absolu.

ARLEQUIN.

Lanturlu, lanturlu, lanturlu.

(*Même air.*)

Puisque sur le trône
Vous m'avez placé,
Vite, je l'ordonne,
Le buffet dressé ;
Sans quoi la couronne
Pour moi vaut moins qu'un fétu.
Lanturlu, lanturlu, lanturlu.

Après ce couplet, le Grand Visir et le Chef des Eunuques ramènent Arlequin au fond du théâtre, et les Officiers du Palais dansent. Après quoi le Grand Visir et le Chef des Eunuques ramènent Arlequin sur le devant du Théâtre ; se retirent, et font place au Grand Sacrificateur et à deux de ses suivans, qui commencent la cérémonie.

SCÈNE VI.

ARLEQUIN, LE GRAND SACRIFICATEUR, ET SES SUIVANS.

Le Grand Sacrificateur et ses suivans se laissent tomber sur le cul ; Arlequin fait la même chose. Ils se relèvent. Alors le Grand Sacrificateur prend un livre ; il lit, et ses Suivans répondent.

LE GRAND SACRIFICATEUR, lentement.

Basileos, alisi, agogi, aformi.

LES SUIVANS.

Basileos.

LE GRAND SACRIFICATEUR, plus vite.

Bibli, bondromi, bebrosi.

LES SUIVANS.

Basileos.

ARLEQUIN, arrachant un poil de la barbe du Grand Sacrificateur.

Basileos.

LE GRAND SACRIFICATEUR, très-vite.

Mileno, milea, mileni, maliski.

LES SUIVANS.

Basileos.

ARLEQUIN, lui passant la queue du loup sous le nez.

Basileos.

LE GRAND SACRIFICATEUR, lentement.

Pollaki, piretos, pephili, pepomsi.

LES SUIVANS.

Basileos.

LE GRAND SACRIFICATEUR.

Tou crizou, i crizi, tiptomen, tiptete, tiptousi.

ACTE I, SCÈNE VI.

LES SUIVANS.

Basileos.

ARLEQUIN, crachant au visage du Grand Sacrificateur.

Basileos.

LE GRAND SACRIFICATEUR, posant le turban royal sur la tête d'Arlequin.

Tragizo, trapeza, porphyra, kecaca.

LES SUIVANS.

Kecaca.

LE GRAND SACRIFICATEUR.

Porphyra, pisma, kecaca.

LES SUIVANS.

Kecaca.

Arlequin, qui croit par ce dernier mot que le Grand Sacrificateur et les Suivans lui disent qu'il est de la cérémonie de se servir de son turban comme d'un pot de chambre, se met en devoir de leur obéir ; mais ils font tous un cri d'indignation. Le Grand Sacrificateur remet le turban sur la tête d'Arlequin. Ils remportent leur Roi, et par là finit le premier acte.

FIN DU PREMIER ACTE.

DEUXIÈME ACTE

Le théâtre représente le plus bel appartement du Sérail.

SCÈNE I.

ARLEQUIN, avec un turban royal, et un tonnelet, UN CUISINIER.

ARLEQUIN.

Air : *Mon père, je viens devant vous.*

Oui. Votre Prince est très-content
De vos ragoûts, de vos potages.
Allez dire à mon intendant
Qu'aujourd'hui je double vos gages.
Je viens de faire un bon repas ;
Mais qu'un second ne tarde pas.

SCÈNE II.

ARLEQUIN, LE CHEF DES EUNUQUES, UN PEINTRE.

LE CHEF DES EUNUQUES.

Air : *Qu'on apporte bouteille.*

Voici le Peintre habile,
Qui vient, suivant les lois,
Seigneur, tous les mois, dans cette île
Faire le portrait de nos Rois.

Le Peintre est un homme qui paroît âgé de cent ans. Il s'appuie sur un bâton, et ne marche qu'avec beaucoup de peine. Il a sur le dos son chevalet et une grande toile pour faire le portrait du Roi. Arlequin se met à rire en le voyant, et se moque de lui. Le Peintre s'en apercevant, lui dit :

ACTE II, SCÈNE II.

LE PEINTRE.

Air : *Quand le péril est agréable.*

Depuis cent ans, dans cette ville,
   Je peins les princes trait pour trait.
   Sachez que j'ai fait le portrait
     Du premier Roi de l'île.

ARLEQUIN.

Air : *Amis, sans regretter Paris.*

Bon-homme, je crois en effet
   Que vous l'avez pu faire ;
Vous pourriez bien même avoir fait
   Celui du premier père.

Le Peintre dresse son chevalet, et pose la toile dessus. Il place dans un fauteuil Arlequin, qui se lève aussitôt, et se tient les pieds en haut. Le Peintre met ses lunettes, et s'apercevant de la situation où est Arlequin, il lui fait signe de se tenir debout auprès de lui. Arlequin, dès que le Peintre a le dos tourné, lui tourne aussi le dos, en se mettant la tête en bas, et se tenant sur les mains. Le Peintre vient pour l'examiner, et pose la tête entre les jambes d'Arlequin, qui lui fait tomber son chapeau et ses lunettes. Le Peintre le fait mettre derrière son chevalet, de sorte qu'Arlequin a le menton sur la table. Il fait tomber son turban sur la main du Peintre. Cependant, malgré tous les *lazzis* d'Arlequin, la toile étant enduite de blanc d'Espagne, le Peintre ne fait que la frotter, et le portrait d'Arlequin, qui est dessous, se découvre. Il le montre au nouveau Roi, en lui disant d'un air de confiance :

LE PEINTRE.

Air : *La faridondaine.*

Vous voyez qu'il ne manque rien,
   Seigneur, à mon ouvrage ;
A cent ans, je peins aussi bien
   Qu'à la fleur de mon âge.

ARLEQUIN.

Je suis content de toi, barbon.

LE PEINTRE, s'applaudissant.

La faridondaine, la faridondon

ARLEQUIN.

De moi tu le seras aussi,
Biribi,
A la façon de barbari,
Mon ami.

LE PEINTRE.

Air : *Laire-la, laire lan-laire.*

J'aurais besoin de vos bienfaits.

ARLEQUIN.

Au premier jour je te promets
Une pension viagère.

LE PEINTRE, branlant la tête, en s'en allant.

Laire-la, laire lan-laire,
Laire-la, laire lan-la.

SCÈNE III.

ARLEQUIN, le CHEF des EUNUQUES, le GRAND VISIR, les trois VOLEURS qui ont volé ARLEQUIN.

LE GRAND VISIR.

Air : *Tu croyois, en aimant Colette.*

On vient de prendre dans la plaine,
Seigneur, par mes soins vigilans,
Trois Voleurs que je vous amène.
Jugez vous-même ces brigands.

Arlequin demande à les voir. Ils entrent. Il reconnoît en eux les trois fripons qui l ont volé. Il s'écrie : Ah ! *gnaff, gniff, gnoff !* Les Voleurs le reconnaissant aussi, se jettent à ses pieds pour lui demander grâce ; mais Arlequin ôte son turban, le pose à terre devant eux, et fait tous les gestes qu'il leur a vû faire. Ensuite il les frappe de sa batte. Le Visir ennuyé de ses *lazzis*, lui dit :

LE GRAND VISIR.

Air : *Quel plaisir de voir Claudine.*

Hé bien, rendez donc justice,
Mais craignez d'être trop doux.
A quel genre de supplice,
Seigneur, les condamnez-vous ?

ARLEQUIN.

Air : *Quand le péril est agréable.*

Je veux qu'on branche ces compères ;
Qu'on les houspille tant et plus ;
Après qu'on les aura pendus,
　Qu'on les mène aux galères.

Le Grand Visir emmène les trois Voleurs, et Arlequin demeure avec le Chef des Eunuques.

SCÈNE IV

ARLEQUIN, LE CHEF DES EUNUQUES.

ARLEQUIN.

Air : *Et zon, zon, zon.*

Toi dont ici l'employ
Est de garder les filles,
Dis-moi de bonne foy,
En as-tu de gentilles ?
　Et zon, zon, zon,
Lisette, la Lisette,
　Et zon, zon, zon,
Lisette, la Lison.

LE CHEF DES EUNUQUES.

Air : *Comme un coucou que l'amour presse.*

Je vais vous en montrer l'élite,
Seigneur, dans cet appartement.
Vous aurez une favorite,
Si vous voulez, dans un moment.

ARLEQUIN.

Air : *Allons, gai.*

Oui. Vite une maîtresse.
Ma foi, je suis enclin,
Ami, je le confesse,
Au sexe féminin.
   Allons gai,
   D'un air gai, etc.

(Le Chef des Eunuques sort.)

SCÈNE V.

ARLEQUIN, seul.

Air : *Les pauvres filles gagnent peu.*

Ah ! Qu'il est doux d'être aujourd'hui
   Un homme d'importance !
Mère, époux rampent devant lui ;
   Et s'il veut voir Hortense,
    Il n'a qu'à tinter,
    Il n'a qu'à compter,
   Et la mignonne s'avance.

SCÈNE VI.

ARLEQUIN, LE CHEF DES EUNUQUES, TROUPE D'ESCLAVES.

Le Chef des Eunuques revient avec six esclaves qui dansent autour du fauteuil où le roi s'est assis en les attendant. Elles agacent toutes Arlequin d'une manière différente. Il leur fait des mines en petit-maître. Puis il tire son mouchoir pour le jeter à celle qu'il choisira. Dans le temps qu'il veut le jeter à l'une, il est tenté de le jeter à l'autre ; ce qui lui fait dire :

ARLEQUIN.

AIR : *Lanturlu.*

Quand l'une m'agace,
Quand j'en suis blessé,
A l'autre je passe,
Comme un insensé ;
Le choix m'embarrasse :
Je suis un irrésolu.
Lanturlu, lanturlu, lanturlu.

Enfin Arlequin met deux esclaves à part. Les autres aussitôt se retirent. Il balance quelque temps, puis il se détermine. L'esclave qui n'a pas eu la préférence sort. Mais à peine a-t-il fait un choix qu'il s'en repent ; ce qu'il exprime par ce couplet :

ARLEQUIN, à la favorite.

AIR : *On dit qu'Amour est si charmant.*

Vos beaux yeux forcent votre Roi
A suivre une amoureuse loi.
Belle Iris, recevez ma foi,
En me donnant la vôtre.....
(A part.)
Palsambleu ! J'aurais, je le crois,
Mieux fait de prendre l'autre.

Air : *Tu croyais en aimant Colette.*

(A la cantonade.)

Tôt, tôt, tôt, qu'on dresse une table,
Qu'on me la couvre de perdrix.

(A la favorite.)

Buvons. Prenez, mon adorable,
L'esprit des dames de Paris.

L'ESCLAVE FAVORITE.

Air : *Réveillez-vous, belle endormie.*

Je ne dois songer qu'à vous plaire ;
Mais, hélas ! Seigneur, je crains bien
Que l'amour de la bonne chère.....

ARLEQUIN.

Allez. Cela ne gâte rien.

Air : *Quel plaisir de voir Claudine.*

Je porterai mon hommage
De la table à vos beaux yeux ;
Ne craignez point ce partage ;
J'en aimerai trois fois mieux.

Pendant ce temps là, les Officiers s'occupent à dresser une table. Ils la couvrent d'une nappe et y mettent deux couverts. Cela fait, Arlequin prend l'esclave par la main, la place à un bout de la table, et va se mettre à l'autre. Ils prennent chacun un couteau, puis tout à coup, à l'imitation de Corésus et Callirhoë, qu'on jouoit en ce tems-là (1), ils se donnent la foi par ce couplet parodié de cet opéra.

ARLEQUIN ET L'ESCLAVE FAVORITE, ensemble.

Air : *Folies d'Espagne.*

Sur ces couverts, sur cette nappe blanche,
Sur cet autel redoutable aux poulets,

(1) Lafosse avait donné en 1703 une tragédie intitulée : *Corésus et Callirhoë.* Elle n'avait eu aucun succès ; mais l'Opéra, plus heureux, venait de faire représenter, le 27 décembre 1712, une tragédie lyrique *Callirhoë* qui avait été goûtée du public. Les paroles étaient de Roy et la musique de Destouches (André).

Par ce couteau, la terreur de l'éclanche,
Je fais serment d'être à vous à jamais.

L'esclave s'évanouit comme Callirhoé. Arlequin vole à son secours ; il l'embrasse ; elle revient. Arlequin pose ses pieds sur la table, et frappe de tems en tems avec le manche de son couteau. Il siffle même quelquefois, pour faire venir les Officiers. Dès qu'il les voit paroître avec leurs plats, il se lève, court au-devant d'eux, et met la main dans les sauces, prend et mange sans songer que c'est pour lui qu'on apporte ces mets. Enfin il se remet à table et se dispose à manger ; mais le Médecin arrive et lui dit :

SCÈNE VII.

ARLEQUIN, L'ESCLAVE FAVORITE, LE MÉDECIN, LES OFFICIERS.

LE MÉDECIN.

Air : *On n'aime point dans nos forêts.*

Quoi, Seigneur, vous mangez encor !
C'est trop exposer votre vie.

ARLEQUIN, en colère.

Que nous vient chanter ce butor ?

LE MÉDECIN, voulant ôter les plats.

Ces plats sentent l'apoplexie.

ARLEQUIN, donnant un coup de poing au Médecin.

Laisse là mes plats, Médecin ;
Tu ne dois sentir qu'un bassin.

Le Médecin, sans avoir égard à ce qui peut plaire ou déplaire à Arlequin, fait ôter les plats à mesure qu'il y porte la main, sous prétexte que ce sont des mets nuisibles à sa santé ; ce qu'il explique par ses gestes. Mais la patience échappe à Arlequin, qui lui dit :

Air : *Ma mère, mariez-moi.*

Retire-toi, bâteleur,
Veux-tu nous porter malheur ?
Chacun en te voyant là

Va dire : Fi donc ! Qu'est-ce que cela ?
Chacun en te voyant là
Croira voir Sancho Pança (1).

Arlequin continue à vouloir manger, et le Médecin à lui enlever les plats. Arlequin prend une talemouse, mord dedans; le Médecin lui en arrache la moitié, l'autre demeure dans la bouche. Alors Arlequin, outré de colère, se saisit d'un plat de crème et l'applique sur le visage du Docteur. Ce qui finit le repas et le second acte.

(1) Allusion à la comédie de *Sancho Pança* de Dancourt qui fut représentée le 15 novembre 1712. Cette pièce eut si peu de succès, que l'auteur lui-même en interrompit les représentations. Du reste on accusait, non sans raison, Dancourt d'avoir copié, presque mot pour mot, la comédie de Guérin de Bouscal, donnée en 1641, sous ce titre : *le Gouvernement de Sancho*.

FIN DU DEUXIÈME ACTE.

ACTE TROISIÈME.

Le théâtre représente le même appartement qu'au second acte.

SCÈNE I.

ARLEQUIN, LE CHEF DES EUNUQUES.

ARLEQUIN.

AIR : *Ah! vraiment, je m'y connois bien.*

Mon cher, dois-je, toujours fidelle,
Ne cajoller que même belle ?
Ventrebleu ! j'en enragerois,
Moi qui suis là dessus François.

LE CHEF DES EUNUQUES.

AIR : *Faire l'amour la nuit et le jour.*

La loi n'est pas contraire ;
A plus d'une beauté,
Seigneur, vous pouvez faire
L'amour
La nuit et le jour.

AIR : *Je ne suis né ni Roy ni Prince.*

Mais il faut que je vous présente
Une Grecque toute charmante
Que jamais Vénus n'égala.

ARLEQUIN.

La peste! Ce portrait me touche!
Tu me gardois donc celle-là,
Vieux coquin, pour la bonne bouche?

(Le Chef des Eunuques va chercher la Grecque.)

SCÈNE II.

ARLEQUIN, seul.

Air : *La bonne aventure, ô gai.*

Moi qui devois des turbots
    Estre la pâture,
Je trouve, échappé des flots,
Les jeux, les ris, le repos :
    La bonne aventure!
      Ô gai,
    La bonne aventure!

SCÈNE III.

ARLEQUIN, LE CHEF DES EUNUQUES, L'ESCLAVE GRECQUE.

LE CHEF DES EUNUQUES.

Air : *Voulez-vous sçavoir qui des deux?*

Seigneur, vous voyez la beauté.....

ARLEQUIN.

Ah! tu m'as dit la vérité!
Je n'ai rien vû qu'elle n'efface.
Tudieu! Qu'elle a l'œil assassin!
Sors, et ne laisse pas, de grâce,
Entrer ici le Médecin.

(Le Chef des Eunuques sort.)

SCÈNE IV.

ARLEQUIN, LA GRECQUE.

L'esclave Grecque, se voyant seule avec le nouveau Roi, lui fait des minauderies et lui dit :

LA GRECQUE.

AIR : *Sais-tu la différence ?*

Keleos, kidafie,
Kilaspé, karpeïa, kina,
Kaclios, kidarie
Kikinnou, kastana, kasta,
Keleos, karpeïa.

Après ce couplet de jargon, Arlequin rit avec l'esclave, qui fait tout ce qu'elle lui voit faire. Il en est charmé et lui dit :

ARLEQUIN.

AIR : *Tu croyois, en aimant Colette.*

Doucement, petite égrillarde,
Ahi, ahi, ahi, ahi ! Ouf ! Hoïmé !
Ah ! C'en est fait ! Déjà, pendarde,
Mon pauvre cœur est empaumé.

LA GRECQUE.

AIR : *Dondaine, dondaine.*

Seigneur, ne vous plaignez point tant. (*bis.*)
Vous m'en avez fait tout autant.
Dondaine, dondaine,
Je sens qu'un doux penchant
Vers vous m'entraîne.

Arlequin, enchanté de ces paroles, veut embrasser la Grecque; mais le Grand Visir vient l'interrompre. Ce ministre est suivi de deux sacrificateurs qui apportent l'habit de victime.

SCÈNE V.

ARLEQUIN, LA GRECQUE, LE GRAND VISIR, TROIS SACRIFICATEURS.

LE GRAND SACRIFICATEUR.

Air : *Quand je tiens ce jus d'octobre.*

De votre glorieux supplice
Je viens vous annoncer l'instant;
Tout est prêt pour le sacrifice ;
Venez, seigneur, on vous attend.

Le nouveau Roi paroît fort étonné de ce compliment. Le Grand Visir lui parle à l'oreille, et l'instruit de la loi. Arlequin n'est pas plutôt au fait, qu'il s'abandonne à sa douleur.

ARLEQUIN.

Air : *Or, écoutez, petits et grands.*

C'est donc pour répandre mon sang
Qu'on m'a mis dans un si haut rang !
Le sort me gardoit pour victime ;
C'étoit son dernier coup de lime.
Mes pleurs, puisqu'on va m'immoler,
Coulez, hâtez-vous de couler.

Les sacrificateurs dépouillent Arlequin de son habillement de prince, et commencent à le revêtir d'un habit de victime tout parsemé de pierreries. Pendant qu'ils le déshabillent, il met la main dans la poche du Grand Sacrificateur, et lui dérobe sa bourse, par l'habitude qu'il a de voler ; mais à peine a-t-il fait le coup que, se souvenant qu'il va perdre la vie, il jette la bourse, en faisant connoître par ses gestes que ce vol lui est inutile. Il pleure, et se désespère. Le Grand Sacrificateur, choqué de la répugnance que le nouveau Roi paroît avoir pour le sacrifice, lui dit d'un air indigné :

LE GRAND SACRIFICATEUR.

Air : *Menuet d'Hésione.*

Vous allez mourir pour l'Idole ;
Vous êtes couvert de bijoux :
D'un mortel qu'ainsi l'on immole
Le sort doit faire des jaloux.

ARLEQUIN.

Monsieur le Grand Prêtre, de grâce,
Si ce destin vous paroît doux,
Vous n'avez qu'à prendre ma place.

LE GRAND SACRIFICATEUR, baissant les yeux d'un air hypocrite

Cet honneur n'est point fait pour nous.

Pendant ce tems-là, l'esclave Grecque, qui a son mouchoir à la main, pousse des cris et fait toutes les démonstrations d'une amante désespérée. Enfin Arlequin s'approche d'elle et lui dit :

ARLEQUIN.

Air : *Mon père, je viens devant vous.*

Je vais remplir mon triste sort ;
Il faut partir, chère mignonne ;
On va me conduire à la mort :
Mais, hélas ! avec vous, bouchonne,
Je n'ai folâtré qu'un instant !
Est-ce assez pour mourir content ?

LA GRECQUE.

Air : *Comme un coucou que l'amour presse.*

Connoissez toute ma tendresse :
Je cours à l'autel avec vous.
Allons, il faut que la Prêtresse
D'une pierre fasse deux coups.

Arlequin en cet endroit fait tous les gestes d'un héros de théâtre qui s'afflige sans modération. Ensuite il dit :

ARLEQUIN.

Air : *Nous sommes demi-douzaine.*

Ma douleur se renouvelle
Par ces amoureux discours.
O fortune cruelle !
Soûle-toi de mes jours.

ARLEQUIN ET LA GRECQUE, ensemble.

Hélas! hélas! une chaîne si belle,
De si tendres amours,
Hélas! hélas! une chaîne si belle
Devait durer toujours.

Arlequin s'arrache avec violence des bras de l'esclave qui le retient. Il suit les sacrificateurs. La Grecque redouble ses cris, et cependant sort par la coulisse opposée à celle par où les prêtres emmènent Arlequin.

~~~~~~~~~~

Le théâtre change, et représente la Pagode ou Temple de l'Idole, dont la porte est fermée. On voit la mer dans le lointain. Le Grand Sacrificateur et la Grande Prêtresse avec sa confidente, viennent chanter la gloire de Késaya.

—

SCÈNE VI.

LE GRAND SACRIFICATEUR, MEZZETIN, EN GRANDE PRÊTRESSE, PIERROT, SA CONFIDENTE.

LE GRAND SACRIFICATEUR.

AIR : *J'entends déjà le bruit des armes.*

Célébrons la gloire immortelle
Du grand Késaya par nos chants ;
Ranimons ici notre zèle,
Pour chanter ses soins bienfaisants.
Il donne une force nouvelle
A nos campagnes tous les ans.

Le Grand Sacrificateur, après avoir chanté son couplet, se retire, et la Grande Prêtresse continue avec sa suivante :

MEZZETIN.

Air précédent.

C'est lui qui fait la pimprenelle ;
De chardons il pare nos champs ;
C'est lui qui, quand l'hiver nous gèle,
Retarde les jours du Printems ;
C'est lui qui fait tomber la grêle,
Quand nous demandons du beau tems.

PIERROT.

C'est lui qu'implorent nos vestales
Pour sortir des mains des tuteurs ;
C'est lui dont les faveurs vénales
Trouvent mille et mille acheteurs,
Ce qui fait bouillir les timbales
De tous nos sacrificateurs.

Mezzetin et Pierrot se retirent aussi dans le fond du théâtre, près de la pagode dont la porte s'ouvre. On voit l'Idole sur un trône élevé de quatre à cinq marches. Les sacrificateurs amènent la victime parée de guirlandes de fleurs. Ils lui font faire le tour du théâtre. Ensuite ils l'obligent à se mettre à genoux sur le premier degré du trône, où ils le laissent, pour former des danses avec les prêtresses. Après quoi le Grand Sacrificateur s'avance sur le devant du théâtre et dit :

SCÈNE VII.

MEZZETIN, PIERROT, ARLEQUIN, TROUPE de SACRIFICATEURS et de PRÊTRESSES.

LE GRAND SACRIFICATEUR.

AIR : *Réveillez-vous, belle endormie.*

Le Dieu fait sentir sa présence.
Dans un moment il va parler.
Les ruisseaux gardent le silence ;
Les arbres n'osent pas branler.

Après ce couplet, Mezzetin, grande prêtresse, sort de derrière l'Idole, le poi-

gnard levé, et s'approche d'Arlequin pour le frapper (1). Mais il croit reconnoître ses traits ; il s'arrête, et tout à coup, s'adressant aux sacrificateurs et aux prêtresses, il leur dit :

MEZZETIN.

Air : *Les Trembleurs.*

Tremblez, mortels. Qu'on m'entende.
Késaya parle, il commande.
Sachez qu'il veut qu'on suspende
Ce sacrifice aujourd'hui :
Que mon couteau redoutable
Demain verse un sang coupable.
Laissez-moi ce pauvre diable.
Allez, je réponds de lui.

Tous les acteurs qui sont sur la scène sortent, excepté Arlequin, la Grande Prêtresse et sa Confidente.

SCÈNE VIII.

MEZZETIN, ARLEQUIN, PIERROT.

MEZZETIN.

Il prend la victime par la main, l'aide à se relever, et lui dit :

Air : *Folies d'Espagne.*

Dans quel climat avez-vous pris naissance,
Jeune Étranger, parlez, dites-le nous.
Je veux ici prendre votre défense,
Et vous sauver moi-même de mes coups.

ARLEQUIN.

Vous demandez le nom de ma patrie,
Je vais parler avec sincérité.
C'est à Bergame, hélas ! en Italie,
Qu'une tripière en ses flancs m'a porté.

(1) Depuis cet endroit jusqu'à la fin, l'auteur a parodié l'opéra d'*Iphigénie.*

ACTE III, SCÈNE VIII.

MEZZETIN, ému de cette réponse.

Air : *Je ne suis né ni Roi, ni Prince.*

Quel transport de mon cœur s'empare !
Pour vous il se trouble, il s'égare.
Puis-je méconnoître ces traits ?
C'est Arlequin que j'envisage !
J'en crois mes mouvements secrets,
Et mes yeux encor davantage.

ARLEQUIN.

Air : *Monsieur Lapalisse est mort.*

C'est lui.... Plaignez ses malheurs !
C'est lui que le sort ballotte.
Reconnoissez-le à ses pleurs,
Encor plus à sa culotte.

(Il montre sa culotte d'Arlequin.)

MEZZETIN.

Air : *Ma mère, mariez-moi.*

Le ciel change ton destin.
Vois Pierrot et Mezzetin.

Mezzetin et Pierrot montrent également leurs culottes.

ARLEQUIN.

Quoi, mes bons amis, c'est vous !

MEZZETIN.

Oui, cher Arlequin.

ARLEQUIN.

Que ce jour m'est doux !
Ah ! mes bons amis, c'est vous !

PIERROT.

Quel bonheur !

ARLEQUIN.

Embrassons-nous.

Après qu'ils se sont embrassés tous trois à plusieurs reprises, Mezzetin dit

MEZZETIN.

Air : *Joconde.*

J'ai fait préparer un vaisseau
  Pour nous sauver en France.
Le jour a perdu son flambeau ;
  Partons en diligence.
Que nous allons boire à Paris
  De flacons de champagne !

(Montrant des pierreries.)

Avec ces brillans, que d'Iris
  Nous mettrons en campagne !

ARLEQUIN.

Air : *Lon lon la, derirette.*

Oui ; mais avec tous nos bijoux,
Emportons l'Idole avec nous,
  Lon lan-la, derirette ;
Car l'Opéra finit ainsi,
  Lon lan-la, deriri.

Arlequin, Pierrot et Mezzetin pillent le temple. Ils veulent enlever Késaya, qui s'abîme, et ne laisse entre leurs mains qu'un cochon de lait. Ensuite la pagode tombe par morceaux, comme si ce sacrilége eût attiré l'indignation de l'Idole. Ils s'enfuient tous trois, et par là finit la pièce.

FIN DU TROISIÈME ET DERNIER ACTE.

LA CEINTURE DE VÉNUS

PIÈCE EN DEUX ACTES

AVEC UN DIVERTISSEMENT

PAR LESAGE

Représentée à la foire Saint-Germain de 1715.

Cette pièce, dont la musique avait été en grande partie composée par le sieur Gillier, fut jouée, pour la première fois, au Jeu de Gaultier de Saint-Edme et de Marie Duchemin, son épouse. Elle était accompagnée d'une parodie de *Télémaque*, la plus jolie peut-être qui eût paru jusqu'alors.

Remise au théâtre, avec le même succès, le 6 août 1727, la *Ceinture de Vénus* fut cette fois suivie de la première représentation de *l'Amante retrouvée*, petit opéra comique en un acte de Largillière, dont Gillier avait également composé la musique.

PERSONNAGES

L'AMOUR.
LA FORTUNE.
ARLEQUIN, amant de Colombine.
MEZZETIN, amant de Mariette.
COLOMBINE.
MARINETTE.
PIERROT, amant de Nicole.
NICOLE, bergère.
UN MAGISTER DE VILLAGE.
DEUX PAYSANS CHANTANTS.
LUCAS, nouveau marié.
COLETTE, nouvelle mariée.
UNE COMTESSE PLAIDEUSE, Pierrot.
UN MAÎTRE A CHANTER.
TROUPE DE MASQUES.

La Scène, dans le premier acte, est au bois de Boulogne, et dans le second, à Paris.

LA CEINTURE DE VÉNUS

PIÈCE EN DEUX ACTES

ACTE PREMIER

Le théâtre représente le bois de Boulogne.

SCÈNE I.

LA FORTUNE, seule.

Air : *Du haut en bas.*

Tous les mortels
Pour monter au haut de ma roue,
Tous les mortels
En vain me dressent des autels.
Incessamment d'eux je me joue;
J'élève ou je mets dans la boue
Tous les mortels.

L'orchestre joue en cet endroit le cotillon de l'opéra des *Fêtes de Thalie*, et l'on entend derrière le théâtre des rossignols.

LA FORTUNE.

Air : *Quand le péril est agréable.*

Quels sons touchans se font entendre?
Les oiseaux y mêlent leurs chants.
Je vois à ces concerts charmans
Que l'Amour va descendre.

L'orchestre reprend le Cotillon, et l'Amour descend dans un char.

SCÈNE II.

L'AMOUR, LA FORTUNE.

L'AMOUR.

Air : Cotillon des *Fêtes de Thalie*.

A l'Amour,
Dans ce beau séjour,
Amans, venez tous faire votre cour.
Venez, fillettes,
Prudes, coquettes,
Abbés et traitans,
Je vous promets de doux instans.
A l'Amour,
Dans ce beau séjour,
Amans, venez tous faire votre cour.

LA FORTUNE.

Air : *Je ne suis né ni Roy ni Prince.*

Ici, le Dieu de la tendresse!

L'AMOUR.

Quoi! cela vous surprend, déesse!
Le bois de Boulogne à l'Amour
Est une retraite bien chère.
J'y tiens aussi souvent ma cour
Qu'à Paphos même et qu'à Cythère.

Même air.

J'attends le Dieu de l'Hyménée.
Nous devons dans cette journée
Voir célébrer l'hymen heureux
D'un beau berger du voisinage.

LA FORTUNE.

On ne vous voit guère tous deux,
Ma foi, qu'aux noces de village.

ACTE I, SCÈNE III.

L'AMOUR.

Air : *Mon père, je viens devant vous.*

Et vous, que faites-vous ici ?
Parlez, madame la Fortune !
Allez-vous dîner à Passy,
Ou bien, attendez-vous la brune ?

LA FORTUNE.

Je vais faire mettre à Paris
Un sot parmi les beaux esprits.

Air : *On n'aime point dans nos forêts.*

J'y vais aussi pour deux caissiers,
Dont vous causez la banqueroute.
Je veux pousser leurs créanciers
A faire éclater leur déroute.

L'AMOUR.

A leur malheur l'Amour prend part,
Qu'ils en soient quittes pour le quart.

Air : *Si l'on menoit à la guerre.*

Hélas ! soyez-leur propice !
Sauvez-les de l'hôpital !

LA FORTUNE.

Soit ! Comme vous, par caprice,
Je fais le bien et le mal.

On entend dans les coulisses Mezzetin, qui chante les paroles suivantes :

SCÈNE III.

LA FORTUNE, L'AMOUR, MEZZETIN, ARLEQUIN.

MEZZETIN, sans être vu.

Air : *Folies d'Espagne.*

Cruel Amour, vois mon sort déplorable :

LA FORTUNE, à l'Amour.

Des vers à votre louange !

MEZZETIN, continuant.

Faut-il qu'en vain j'implore ton secours!
Fais-moi trouver ce moment favorable,
Qui fait l'espoir des constantes amours.

LA FORTUNE, à l'Amour, d'un ton railleur.

Air : *Comme un coucou que l'amour presse.*

Doit-on, dans les lieux où vous êtes,
Entendre de tristes soupirs?
J'ai cru, surtout en ces retraites,
Qu'on ne chantoit que vos plaisirs.

ARLEQUIN, sans être vu.

O chienne de Fortune !

L'AMOUR, à la Fortune.

A vous le dé.

ARLEQUIN, continuant.

Pour qui sont tes faveurs?
Si tu ne m'en fais une,
C'en est fait, je me meurs.
Déesse impitoyable,
Tu veux donc mon trépas.
Va, je te donne au diable.

L'AMOUR, à la Fortune.

Il ne vous flatte pas.

LA FORTUNE, souriant.

Air : *L'amour me fait, lon lan la.*

Par de douces paroles,
On veut nous attendrir.

ACTE I, SCÈNE III.

L'AMOUR.

Voyons un peu les drôles
Que nous faisons souffrir.

Arlequin et Mezzetin, se montrant.

MEZZETIN.

L'amour me fait

ARLEQUIN. } lon lan la.

La faim me fait

MEZZETIN.

L'amour me fait

ARLEQUIN. } mourir.

La faim me fait

L'AMOUR, à Mezzetin.

AIR : *De quoi vous plaignez-vous ?*

C'est donc pour ta Chloris
Que tu viens dans ce bocage ?
C'est donc pour ta Chloris
Que tu pousses ces cris ?

MEZZETIN.

Oui, cette beauté sauvage
N'a pour moi que du mépris.
Une fille si sage
Est pourtant de Paris.

ARLEQUIN, à la Fortune.

AIR : *Réveillez-vous, belle endormie.*

Je suis fort mal dans mes affaires.
Faut-il que je verse des pleurs,
Tandis que je vois mes confrères
Faire à Paris les grands seigneurs !

LA FORTUNE, à l'Amour.

Air : *Bannissons d'ici l'humeur noire.*

Amour, soyons leur favorables.

L'AMOUR, à la Fortune.

Comment donc ? La pitié vous prend !

LA FORTUNE.

Rendons heureux des misérables.

LA FORTUNE ET L'AMOUR, ensemble.

C'est ce que vous faites souvent. (*bis.*)

LA FORTUNE, à Arlequin, lui donnant une bourse.

Air : *Quand je tiens de ce jus d'octobre.*

Bannis la douleur qui t'accable,
De moi tu ne te plaindras plus ;
Prends cette bourse, elle est semblable
A celle de Fortunatus.

Arlequin reconnoît que c'est la Fortune : il lui fait des civilités.

LA FORTUNE, continuant.

Même air.

A peine tu l'auras vuidée,
Qu'un nouvel or la remplira.

ARLEQUIN.

Elle sera donc bien gardée ;
Bien fin qui l'escamotera.

L'AMOUR, à Mezzetin, lui donnant une ceinture.

Air : *Voulez-vous savoir qui des deux ?*

Mezzetin, reçois à ton tour
Ce présent que te fait l'Amour.
C'est la ceinture de ma mère.
Quand tu t'en ceindras les côtés,
Ami, sois assuré de plaire
Aux plus orgueilleuses beautés.

ACTE I, SCÈNE IV.

ARLEQUIN, sur le ton du dernier vers.

Le ciel conserve vos santés.

LA FORTUNE.

Air : *J'offre ici mon savoir-faire.*

Mais songez bien à l'usage
Que vous ferez de nos bontés.

L'AMOUR.

Si bientôt vous n'en profitez....
Nous n'en disons pas davantage.
Si bientôt vous n'en profitez....
Nous n'en disons pas davantage.

ARLEQUIN, sur le ton du dernier vers.

Adieu, Déités. Bon voyage.

L'Amour et la Fortune disparoissent.

SCÈNE IV.

MEZZETIN, ARLEQUIN.

MEZZETIN, après avoir regardé sa ceinture.

Air : *O reguingué, ô lon lan la.*

Veux-tu troquer?

ARLEQUIN, considérant sa bourse.

Oh! diable zot.
Morbleu! je ne suis pas si sot!
Mon ami, j'ai le meilleur lot.
J'aime beaucoup mieux, je te jure,
De bon argent que ta ceinture.

MEZZETIN.

Et moi, je fais bien plus de cas
D'elle que de tous tes ducats.
Qu'il est beau d'avoir des appas!
Que je vais charmer de fillettes!

ARLEQUIN.

Ah ! que je vais faire d'emplettes !

MEZZETIN.

Air : *Landeriri*.

Hé bien, voyons qui de nous deux
Va devenir le plus fameux,
Landerirette.

ARLEQUIN.

Tope... j'accepte ce défi,
Landeriri.

Ils font quelques pas comme pour s'en aller ; mais Mezzetin arrête Arlequin en lui disant :

MEZZETIN.

Air : *Je ne suis né ni roy ni prince*.

Mais, Arlequin, lorsque j'y pense,
J'admire notre confiance.
Ne sommes-nous pas de grands fous ?
La Fortune et l'Amour peut-être
Se sont tous deux moqués de nous.

ARLEQUIN.

Ma foi, cela pourroit bien être.

MEZZETIN.

Ces Divinités sont trompeuses.

ARLEQUIN.

Il est vrai, ce sont des craqueuses.
Çà, dans ma bourse en ce moment,
Voyons si l'or se renouvelle.

Il fait l'essai de la bourse de cette manière. Il la vide dans son chapeau, où il y en a une semblable toute prête, qu'il fait voir en disant :

O ciel ! la Fortune est vraiment
De bonne foi, quoique femelle.

ACTE I, SCÈNE V.

MEZZETIN.

Air : *Laire la, laire lan laire.*

Je voudrois éprouver aussi
Si ma ceinture.... Bon voici
Fort à propos une bergère.
   Laire la laire, lan laire,
   Laire la laire, lan la.

SCÈNE V.

MEZZETIN, ARLEQUIN, NICOLE.

MEZZETIN, après avoir mis sa ceinture.

Air : *Griselidis.*

Quelle aimable bergère
Vient parer ce séjour !
En nymphe bocagère,
C'est la mère d'Amour.
   Aussi je dis :
Dans ce lieu solitaire,
Que ne suis-je en ce jour
   Son Adonis ?

ARLEQUIN, passant sa main sous le menton de Nicole, dit sur le ton des deux premiers vers :

Bonjour, ma mie Thomasse,
Mon bel œil de poisson.

MEZZETIN.

Air : *Quand je tiens de ce jus d'octobre.*

Quoi ! vous vous promenez seulette !

NICOLE.

Oh ! je ne crains rien, Dieu merci !
Lucas vient d'épouser Colette ;
La noce est à vingt pas d'ici.

MEZZETIN.

Air : *Réveillez-vous, belle endormie.*

C'en est fait, déjà je soupire
Pour vos appétissants appas.

NICOLE, faisant la révérence d'un air innocent.

Monsieur, cela vous plaît à dire.
(A part.) Ce monsieur ne me déplaît pas.

MEZZETIN.

Air : *Menuet d'Hésione.*

Je vous adore, je le jure.

NICOLE.

Ne vous moquez-vous point de moi ?

MEZZETIN.

Non, ma princesse.

ARLEQUIN, à part.

La ceinture
Opère déjà, sur ma foi.

MEZZETIN.

Air : *Va-t-en voir s'ils viennent.*

Prenez-moi pour votre amant ;
Mes feux vous conviennent.

NICOLE.

Vous m'aimerez tendrement ?

MEZZETIN.

Et qui plus est, constamment.

ARLEQUIN, bas.

Va-t'en voir s'ils viennent.... Jean,
Va-t'en voir s'ils viennent.

ACTE I, SCÈNE V.

MEZZETIN.

Air : *La Verte jeunesse.*

Quand sous votre empire
J'engage mon cœur,
D'un trop long martyre
Je crains la rigueur.
Faudra-t-il, la belle,
Que ma mort....

NICOLE, l'interrompant.

Hélas !

MEZZETIN.

Serez-vous cruelle ?

NICOLE.

Mais.... Je ne sais pas.

MEZZETIN.

Air : *Dupont, mon ami.*

Je vois dans vos yeux
Un peu de tendresse ;
Mais vous ferez mieux,
Charmante Déesse,
D'avouer que votre cœur
Est sensible à mon ardeur.

NICOLE.

Air : *Landeriri.*

Oui, tenez, car j'aimois Pierrot.
J'ai ri même avec lui tantôt.
Landerirette,
Et je n'y pense plus ici,
Landeriri.

ARLEQUIN, à part, riant.

Fin de l'air : *Robin turelure, lure.*

Oh! oh! oh! oh! la ceinture!
Robin turelure lure.

(A Nicole.)

Air : *Lon lan la derirette.*

Choisis-moi plutôt pour galant.
Ce drôle est fort mal en argent,
  Lon lan la derirette,
Bien mieux que lui j'en suis fourni,
  Lon lan la deriri.

NICOLE, à Arlequin.

Air : *Pour faire honneur à la noce.*

Ne tentez pas un cœur tendre;
Mes yeux ne sont point éblouis.
  A l'éclat de vos louis,
Je ne me laisserai point prendre;
  Ne tentez pas un cœur tendre,
Mes yeux ne sont point éblouis.

ARLEQUIN.

Air : *Menuet de M. de Grandval.*

Je vois qu'aux yeux d'une bergère,
Sa ceinture est d'un plus grand prix;
Mais mon argent saura mieux plaire
A nos coquettes de Paris.

Arlequin s'en va.

SCÈNE VI.

MEZZETIN, NICOLE.

MEZZETIN.

Air : *Le beau berger Tircis.*

Du même amour épris,
Sortons de ce bocage.
Allons tous deux à Paris
Pour y faire un mariage,
Suivant le doux usage
De ce charmant pays.

Nicole, apercevant Pierrot qui s'avance et les écoute, demeure interdite et confuse.

NICOLE.

Air : *Réveillez-vous, belle endormie.*

Voici Pierrot!

MEZZETIN, à part, ôtant sa ceinture.

L'épreuve est faite.
Otons le charme en ce moment.
Que la belle, après ma retraite,
Rende son cœur à son amant.

Mezzetin salue Nicole. Pierrot le conduit jusqu'au fond du théâtre, en lui faisant des révérences à chaque fois qu'il se retourne pour regarder Nicole.

SCÈNE VII.

NICOLE, PIERROT.

PIERROT, en colère.

Air : *Pierrot se plaint que sa femme.*

Aga! Petite inconstante,
Vous écoutiez ce muguet!
Vous n'êtes donc pas contente
D'avoir un amant bien fait?

Dans ma colère,
Je vais le dire tout net
A votre mère.

NICOLE, embarrassée.

Ne te fâche point... Écoute...
Ce monsieur... Tiens, en un mot,
Il me demandoit la route
Qui conduit droit à Chaillot.

PIERROT.

Voyez la ruse !
Mais, jarni, prend-on Pierrot
Pour une buse ?

Nicole fait des minauderies à Pierrot pour l'apaiser ; mais il reste fâché.

PIERROT.

Air : *Pierrot revenant du moulin.*

Ça, rompons la paille entre nous. (*bis*)
Tu ne m'auras point pour époux.

NICOLE, le caressant.

Pierrot, souviens-toi de tantôt ;
Apaise-toi, Pierrot.

PIERROT, sur le ton des deux derniers vers et voulant s'en aller.

Pierrot reviendra tantôt,
Tantôt reviendra Pierrot.

Nicole flatte encore Pierrot qui la repousse brutalement et lui dit :

Air : *Voulez-vous savoir qui des deux ?*

Non, non, morguié, tu perds tes pas.

NICOLE, faisant à son tour la fâchée.

Eh bien, fais ce que tu voudras.
Je n'ai pour toi plus de tendresse,
Puisque tu fais ainsi le sot.

ACTE I, SCÈNE VII.

PIERROT.

Tant mieux. Soit. Ici je te laisse
Montrer le chemin de Chaillot.

Pierrot fait deux ou trois pas pour s'en aller. Ensuite il s'arrête, regarde Nicole, et comme il voit qu'elle reste, il lui dit :

Air : *Le fameux Diogène.*

Ne fais point tant la fière ;
Je sais une bergère
Qui soupire pour moi.

NICOLE.

Il est dans le village
Un berger discret, sage
Et plus jeune que toi.

PIERROT.

Je vais chercher Lisette.
L'autre jour en cachette
Elle me prit la main ;
Je suis sûr de lui plaire.

NICOLE.

Et toi, crains ma colère.
Je vais chercher Colin.

Là se fait un lazzi. Pierrot empêche Nicole de se retirer, et Nicole à son tour l'agace, ce qui donne lieu à leur raccommodement, qui se fait ainsi :

PIERROT.

Air : *De mademoiselle de la Guerre* (1).

Pourquoi viens-tu m'agacer ?

(1) Élisabeth Claude Jacquet, née à Paris, en 1669, et morte dans la même ville le 27 juin 1729, se distingua, dès sa plus grande jeunesse, par un goût très-prononcé pour la musique. Elle épousa Marin de Laguerre, organiste de Saint-Séverin et Saint-Gervais, de qui elle eut un fils qui mourut jeune. Mme de Laguerre avait un talent remarquable pour la composition. Elle a laissé un opéra, *Céphale et Procris*, représenté pour la première fois le 15 mars 1694, trois livres de Cantates, des pièces de clavecin, des Sonates et un *Te Deum* exécuté en 1721, dans la chapelle du Louvre, pour la convalescence du roi.

NICOLE.

Qui t'empêche de passer?

PIERROT.

C'est toi qui m'approches.

NICOLE.

C'est toi qui m'accroches.

PIERROT.

Ote-toi.

NICOLE.

Laisse-moi.

PIERROT.

Nicole.

NICOLE.

Pierrot.

PIERROT.

Une parole.

NICOLE.

Un mot.

ENSEMBLE.

Sans aucune
Rancune

PIERROT.

Touche ici.

NICOLE.

Touche y là.

PIERROT.

Tends ta main.

NICOLE.

Tends la tienne.

ENSEMBLE.

Frappe dans la mienne.

PIERROT.

La voici.

NICOLE.

La voilà.

PIERROT.

Commence.

NICOLE.

Avance.

ENSEMBLE.

Ah! que de façon
Touche-là tout de bon.

SCÈNE VIII.

PIERROT, NICOLE, LE MAGISTER, LUCAS, COLETTE ET TOUTES LES AUTRES PERSONNES DE LA NOCE.

UN BERGER.

Air : *De monsieur Gillier* (1).

Célébrons l'heureux mariage
Qui nous assemble en ce bocage.
Les ris, les jeux suivent nos pas.
Chantons le bonheur de Lucas.

---

(1) Gillier (Jean Claude), né à Paris en 1667, n'est connu que par un certain nombre de petits airs composés pour les pièces du théâtre de la foire. Il a aussi écrit la musique primitive des comédies et des divertissements de Regnard et de Dancourt. Gillier était violon à la Comédie-Française : il mourut en 1737, à l'âge de soixante et dix ans.

CHŒUR.

Chantons le bonheur de Lucas.

UNE BERGÈRE.

Chantons l'aimable Colette.
Elle est gentille, elle est bien faite,
Son teint aux lys ne cède pas.
Chantons le bonheur de Lucas.

CHŒUR.

Chantons le bonheur de Lucas.

On danse.

LUCAS.

Air : *Allons, gai.*

Vous avez donc, Colette,
Pour époux votre ami.
C'est une affaire faite,
Ou du moins à demi.
   Allons, gai,
    D'un air gai, etc.
Je suis, je vous assure,
Charmé de ce jour-ci.

COLETTE.

Et moi, je vous le jure,
J'en suis contente aussi.
   Allons, gai,
    D'un air gai, etc.

On reprend la danse et l'acte finit.

FIN DU PREMIER ACTE.

ACTE SECOND.

Le théâtre représente un bel appartement.

SCÈNE I.

ARLEQUIN en robe de chambre, UN VALET DE CHAMBRE, DEUX LAQUAIS.

ARLEQUIN.

Page! un fauteuil.

Un laquais lui donne un fauteuil, et se jetant dedans, il dit :

Tourangeau! ma râpe (1).

On lui donne une grande râpe. Il met ses jambes sur les bras du fauteuil, et après avoir râpé du tabac :

Picard! ma pipe.

On lui apporte une pipe allumée, et il fume.

---

(1) A cette époque, les priseurs râpaient eux-mêmes leur tabac, au moyen d'une râpe plate. L'abbé Lattaignant, qui vivait au commencement du dix-huitième siècle, nous a conservé le souvenir de cet usage dans la fameuse chanson :

J'ai du bon tabac, dans ma tabatière ;
J'ai du bon tabac, tu n'en auras pas.
J'en ai du fin et du râpé....

On connaît encore une autre chanson de 1705, qui s'exprime ainsi :

Que la râpe au tabac s'accorde,
Sans avoir ni tuyau ni corde ;
Mieux que l'orgue et le violon,
Cet instrument surpasse la musique.
Il ne cherche jamais son ton,
Et quand il cherche, c'est du bon,
Du bon tabac de Martinique.

Aujourd'hui le râpage du tabac ne s'effectue plus péniblement à bras d'homme, mais au moyen de moulins à vapeur et de tamis mus par des machines.

LE VALET DE CHAMBRE.

Air : *Réveillez-vous, belle endormie.*

Monsieur, un homme en linge sale,
Mal vêtu, crotté diablement,
Est depuis longtemps dans la salle.
Le ferai-je entrer?

ARLEQUIN.

Oui, vraiment.

Air : *Bannissons d'ici l'humeur noire.*

Voyons un peu cette figure;
C'est un auteur apparemment.
Oui, je le vois à son allure;
C'est un poëte justement.

SCÈNE II.

ARLEQUIN, UN POETE chargé d'un sac.

LE POETE.

Air : *La faridondaine.*

Je viens vous offrir humblement
Mon divin ministère.

ARLEQUIN, fumant, renversé dans son fauteuil.

Vous faites des vers?

LE POETE.

Aisément.
C'est là mon savoir-faire.
Je suis favori d'Apollon.

ARLEQUIN, lui soufflant de la fumée au visage.

La faridondaine,
La faridondon.

ACTE II, SCÈNE II.

LE POETE.

Et des neuf sœurs je suis chéri.

ARLEQUIN, lui soufflant encore de la fumée au visage.

Biribi.
A la façon de Barbari,
Mon ami.

LE POETE.

Air : *Quand je tiens de ce jus d'octobre.*

J'ai dans ce sac mille épigrammes,
Mille sonnets, huit cents rondeaux.

Arlequin, étonné d'un si grand nombre de pièces, se lève brusquement de son fauteuil. Le poëte continue :

Deux mille soixante anagrammes,
Item, dix-neuf cents madrigaux.

ARLEQUIN, jetant sa pipe.

Hoïmé !

LE POETE.

Air : *Les Trembleurs.*

J'ai bien d'autres poésies,

Arlequin veut s'en aller ; le poëte l'arrête et continue :

J'ai trente-cinq comédies,
Item, vingt-six tragédies.

ARLEQUIN.

Miséricorde !

LE POETE, continuant.

Et quinze opéras charmans.

ARLEQUIN.

Bon ! cela se peut-il croire !

LE POETE.

Item, des chansons à boire,
Item, j'ai fait pour la foire
De beaux divertissemens.

ARLEQUIN.

Air : *Tu croyois en aimant Colette.*

Peste! mais que voulez-vous faire
De ces vers, monsieur le rimeur?
Ils pourront, je crois, plutôt plaire
A l'épicier qu'à l'imprimeur.

LE POETE.

Air : *Ah! que la paresseuse automne.*

Je vais les mettre sous la presse;
Je veux dans peu les publier.
Le zèle qui pour vous me presse
Me porte à vous les dédier.

ARLEQUIN.

Ho! ho! ho!

LE POETE.

Je dirai de vous des merveilles.

ARLEQUIN.

Moi, je prétends les payer bien;
Quoique, pour louanges pareilles,
Aujourd'hui l'on ne donne rien.

Arlequin donne de l'argent au poëte.

Air : *Comme un coucou que l'amour presse.*

Oui, voilà, mon panégyriste,
Pour être bien sur vos papiers.

LE POETE, s'en allant, après avoir salué Arlequin.

Je vais payer mon aubergiste.

ARLEQUIN, l'appelant.

St, St.
    Item, voici pour des souliers.

Il donne encore de l'argent au poëte qui fait une révérence et s'en va.

ARLEQUIN, l'appelant encore.

Air : *Menuet d'Hésione.*

St, St.

Item, parlant avec franchise,
Votre perruque a fait son temps.

Il lui donne une troisième fois de l'argent.

LE POETE fait deux ou trois pas pour s'en aller, et voyant qu'on ne l'appelle plus, il revient, et se déboutonnant, il dit en continuant l'air :

Item, monsieur, pour ma chemise.

ARLEQUIN, lui donnant pour la dernière fois de l'argent, avec un coup de pied au cul.

Digne fruit de tes vers charmans.

Le poëte sort.

SCÈNE III.

ARLEQUIN, UN MAITRE A CHANTER.

LE MAÎTRE A CHANTER, en entrant.

Air : *De monsieur Gillier.*

Ne me reprochez plus, cruelle....

(Apercevant Arlequin.)

Air : *Je passe la nuit et le jour.*

Je viens de faire une chanson
Qui me paroît assez jolie.
Comme vous avez le goût bon,
Écoutez-la, je vous supplie.
Je l'ai faite également bien,
En François, en Italien,
  Italien, (*bis.*)
En François, en Italien.

ARLEQUIN.

Voyons cela.

LE MAÎTRE A CHANTER.

Dans le goût françois, d'abord.

> Ne me reprochez plus, cruelle,
> Que je n'ai point été fidèle
> A mille objets divers dont j'ai senti les coups.
> Pouvoient-ils allumer une flamme éternelle
> Dans un cœur destiné pour vous ?

(Arlequin bâille d'ennui.)

LE MAÎTRE A CHANTER.

Maintenant, dans le goût italien.

AIR : *De monsieur Gillier*.

> Ne me reprochez plus, cruelle,
> Que je n'ai point été fidèle
> A mille objets divers dont j'ai senti les coups.

ARLEQUIN, paroissant content.

Ah ! bon cela.

LE MAÎTRE A CHANTER, continuant.

Pouvoient-ils allumer, allumer une flamme éternelle
Dans un cœur, un cœur, un cœur destiné pour vous ?

ARLEQUIN, charmé.

Voilà ce qui s'appelle un air.

LE MAÎTRE A CHANTER.

Cependant dans le goût françois....
> Pouvoient-ils allumer une flamme éternelle....

ARLEQUIN, brânlant la tête.

Cela ne vaut pas le diable.

LE MAÎTRE A CHANTER, dans le goût italien.

Pouvoient-ils allumer, allumer une flamme éternelle
Dans un cœur, un cœur, un cœur destiné pour vous?

ARLEQUIN, reprenant le dernier vers avec enthousiasme.

Dans un cœur, un cœur, un cœur destiné pour vous.

(Embrassant le maître à chanter.)

Voilà qui est divin.

LE MAÎTRE A CHANTER.

AIR : *Laire la, laire lan laire.*

Vous n'aimez pas le goût françois?

ARLEQUIN.

Fi donc! Je le laisse aux bourgeois.
L'autre aux gens titrés sait mieux plaire.

LE MAÎTRE A CHANTER, s'en allant en se moquant d'Arlequin.

Laire la, laire lan laire
Laire la, laire lan la.

SCÈNE IV.

ARLEQUIN, seul, puis des valets.

Hé! mes gens! quelqu'un!

Deux valets arrivent : Il ôte sa robe de chambre et se fait habiller. Copie les meilleurs airs des petits-maîtres. Pendant qu'on lui tient un miroir et qu'il ajuste sa perruque, il fredonne dans le goût italien :

Dans un cœur, un cœur, un cœur destiné pour vous.

Quand il est habillé, il dit, en considérant sa figure :

AIR : *Tu croyois en aimant Colette.*

Je suis, autant qu'on le peut être,
Maniéré, buveur, outrageant.
Je serois un vrai petit-maître,
Si j'étois plus mal en argent.

(Il sort.)

Le théâtre change et représente une rue où est Mezzetin.

SCÈNE V.

MEZZETIN, seul, habillé en marquis, et riant.

Ah! ah! ah! ah! ah!

Air : *Bannissons d'ici l'humeur noire.*

Comme un nouveau Dieu de Cythère,
Quand je parois, tout est charmé.
Un cavalier, trop sûr de plaire,
Sent peu le plaisir d'être aimé.

Mais ces deux folles. (Il continue de rire.) Ah! ah! ah! ah! ah!

SCÈNE VI.

MEZZETIN, ARLEQUIN.

ARLEQUIN.

Air : *Mon père, je viens devant vous.*

Qui te fait rire, Mezzetin?

MEZZETIN.

Morbleu! la plaisante aventure!
Je vais te la dire, Arlequin.
Par un effet de la ceinture,
Pour l'amour de moi, deux guenons
Se sont arraché les tignons (1).

---

(1) Le mot propre serait *chignon*; mais *tignon* est surtout le terme populaire employé alors pour désigner la partie des cheveux que les femmes portaient derrière la tête. L'étymologie de ce mot paraît être la même que celle de *tignasse*. Legrand, qui mourut en 1728, fait dire par un acteur, dans son vaudeville *des Paniers* :

« A l'ombre d'un tignon frisé,
Elle croit nous cacher son âge. »

Air : *Voulez-vous savoir qui des deux ?*

Ami, je ne puis faire un pas,
Sans en avoir vingt sur les bras.
Ma foi, dans le siècle où nous sommes,
Le beau sexe est persécutant.
Ah! que je plains les jolis hommes!
Par moi, j'en juge en cet instant.

ARLEQUIN.

Air : *Comme un coucou que l'amour presse.*

Mon cher, prête-moi la ceinture
Pour m'en divertir un moment.

MEZZETIN, donnant la ceinture à Arlequin.

Je veux bien. Sur cette figure,
Éprouvons-la présentement.

(Il paroît une comtesse représentée par Pierrot.)

SCÈNE VII.

ARLEQUIN, MEZZETIN, UNE COMTESSE.

Elle se fait porter la queue par un grand manant de valet qui mord dans un gros morceau de pain.

ARLEQUIN.

Air : *Robin, turelure lure.*

Quel objet s'offre à mes yeux?

MEZZETIN.

Quelles hanches! quelle allure!

ARLEQUIN.

Vit-on jamais sous les cieux
  Turelure,
Si gentille créature!
Robin, turelure lure.

8

MEZZETIN, la saluant.

Quels traits! quel charmant minois!

LA COMTESSE, faisant la grimace.

Politesse toute pure.

MEZZETIN.

Ma franchise est aux abois.

LA COMTESSE.

Turelure.

ARLEQUIN.

La mienne aussi, je vous jure.

LA COMTESSE.

Robin, turelure, lure.

MEZZETIN.

Air : *Pierre Bagnolet.*

Vous forcez les cœurs à se rendre.

LA COMTESSE.

Vous êtes tous des inconstans.

ARLEQUIN.

On ne sauroit trop s'en défendre;
Vos yeux sont de petits Satans.

LA COMTESSE, minaudant.

Quels charlatans ! (*bis.*)

MEZZETIN.

Vous forcez les cœurs à se rendre.

LA COMTESSE.

Vous êtes tous des inconstans.

ARLEQUIN.

Air : *Je ne suis né ni roy ni prince.*

Vous avez un air de noblesse....

LA COMTESSE.

Hé! mais je suis une comtesse.
Je plaide contre mes parens,
A Paris, pour une tutelle.
Je suis native d'Orléans.

ARLEQUIN.

Ne seriez-vous point la Pucelle?

LA COMTESSE.

Oh! pour cela, non.

MEZZETIN.

Air : *Lanturlu*.

Déjà de mon âme
Votre œil est vainqueur.

ARLEQUIN.

D'une vive flamme,
Vous brûlez mon cœur.

ARLEQUIN ET MEZZETIN, ensemble.

Sur nous deux, madame,
Votre empire est absolu.
Lanturlu, lanturlu, lanturelu.

ARLEQUIN.

Air : *Talalerire*.

Madame, recevez l'hommage
D'un jeune et tendre cavalier.

Il passe la ceinture à Mezzetin.

LA COMTESSE, à part.

Je sens que ce brunet m'engage.
A mon sort je veux le lier.
De son bonheur je vais l'instruire.

Regardant Mezzetin qui vient de prendre la ceinture, elle change tout à coup, et dit d'un air embarrassé.

Talaleri, talaleri, talalerire.

MEZZETIN.

Ne dédaignez pas ma tendresse ;
Belle, sur moi jetez les yeux.

LA COMTESSE, à part.

Oh ! oh ! Ce gros-ci m'intéresse
Encor plus que l'autre.... Grands Dieux !

Arlequin et Mezzetin dans le moment prennent la ceinture chacun par un bout, et la tiennent derrière la comtesse, sans qu'elle s'en aperçoive.

LA COMTESSE, se sentant du goût pour les deux, dit :

Dans cet embarras que leur dire ?

ARLEQUIN ET MEZZETIN, riant ensemble.

Talaleri, talaleri, talalerire.

Ils continuent tous deux à parler.

AIR : *Ramonez-ci, ramonez-là.*

Donnez-nous la préférence.

LA COMTESSE.

Entre vous deux je balance,
Vous avez mêmes appas ;
Ramonez-ci, ramonez-là
 La, la, la,
La cheminée du haut en bas.

MEZZETIN.

AIR : *Le beau berger Tircis.*

Que ne prononcez-vous
Entre nous deux, comtesse ?

ARLEQUIN.

Pour ne point faire un jaloux,
Partagez votre tendresse.
 C'est ainsi, ma princesse,
Qu'on en use chez nous.

MEZZETIN.

Air : *Pour passer doucement la vie.*

Madame, expliquez-vous, de grâce ;
Ne résistez plus à nos vœux.

LA COMTESSE.

C'en est fait. Je quitte la place ;
Vous êtes trop pressans tous deux.

Elle marche comme pour s'en aller, et elle revient sur ses pas.

Air : *Menuet d'Hésione.*

Je veux vous dire où je demeure.

ARLEQUIN, ironiquement.

Ah! c'est ce que nous souhaitons!

LA COMTESSE

Vous me trouverez à toute heure
A l'hôtel des Treize-Cantons.

(Elle s'en va.)

SCÈNE VIII.

ARLEQUIN, MEZZETIN.

ARLEQUIN, riant.

Ah! ah! ah! ah! ah!

Air : *Réveillez-vous, belle endormie.*

Ma foi, la scène est des plus belles.
Parbleu, cela ne va pas mal.

MEZZETIN.

Je veux t'en donner des nouvelles.
Ami, viens.... Je te mène au bal.

(ils s'en vont.)

Le théâtre change en cet endroit et représente une belle salle de bal.

8.

SCÈNE IX.

COLOMBINE, MARINETTE, masquées.

COLOMBINE, considérant et reconnaissant Marinette.

Air : *La bonne aventure, ô gai.*

De Marinette c'est là
Toute la figure.

MARINETTE, regardant de même Colombine et la reconnaissant.

De Colombine voilà
Tout le port....

COLOMBINE, se démasquant.

Et cætera.

COLOMBINE ET MARINETTE, ensemble.

La bonne aventure
O gai,
La bonne aventure.

COLOMBINE.

Air : *Qu'on apporte bouteille.*

Dans ces lieux qui t'amène,
Marinette, mon cœur?

MARINETTE.

Le même penchant qui t'entraîne.
J'aime le bal à la fureur.

COLOMBINE.

Tu viens faire, friponne,
Quelque nouvel amant.

MARINETTE.

Vous n'avez pas, je crois, ma bonne.
Un autre dessein.

ACTE II, SCÈNE IX.

COLOMBINE.

Non vraiment..

MARINETTE.

Air : *Le Ciel bénisse la besogne.*

Vois-tu toujours ton Arlequin?

COLOMBINE.

Depuis quelques jours le faquin
Ne vient plus voir sa Colombine.
Franchement cela me chagrine.

Même air.

Et toi, comment gouvernes-tu
Ton Mezzetin?

MARINETTE.

Je l'ai perdu.
J'ai maltraité le misérable.
J'aime pourtant ce pauvre diable.

Air : *Je passe la nuit et le jour.*

J'ai cru qu'on perdoit un amant,
Lorsqu'on cessoit d'être cruelle;
Que c'étoit par là seulement
Qu'on en faisoit un infidèle.
Mais nos rigueurs font aujourd'hui
Le même effet.

COLOMBINE.

Oh! vraiment oui, (*ter.*)
On n'en voit plus sécher d'ennui.

Arlequin et Mezzetin entrent dans la salle de bal. Ils s'approchent de Colombine et de Marinette pour les lorgner.

SCÈNE X.

MARINETTE, COLOMBINE, ARLEQUIN, MEZZETIN.

COLOMBINE, bas à Marinette.

Air : *Din, dan, don.*

Ah! voici deux seigneurs charmans.

MARINETTE, bas à Colombine, les reconnoissant.

Que dis-tu? Ce sont nos amans.

ARLEQUIN, bas à Mezzetin.

Ces Iris,
Pour de nobles personnages,
Ma foi, nous ont pris.

MARINETTE, bas à Colombine.

Pour ces deux visages,
Affectons un air de mépris.

MEZZETIN, les abordant.

Air : *Vous êtes jeune et belle.*

Que vous êtes aimables!
Vous lancez sur nous
Des traits inévitables.

COLOMBINE.

Ma foi, tant pis pour vous.
Franchement vos figures
Ont fort peu d'appas.

MEZZETIN.

Beautés, ces injures
Ne nous rebutent pas.

ARLEQUIN, flattant Colombine.

Oh! que non!

ACTE II, SCÈNE X.

COLOMBINE, le repoussant.

Tirez, tirez.

ARLEQUIN.

Ouais! j'ai pourtant la ceinture, moi!

Air : *Et zon, zon, zon.*

Sans vous mettre en courroux,
Je vous dirai, madame,
Que l'amour fait pour vous
Le lutin dans mon âme,
Et zon, zon, zon,
Lisette, la Lisette;
Et zon, zon, zon,
Lisette, la Lison.

COLOMBINE, le repoussant encore.

Allons donc!

ARLEQUIN, à Mezzetin.

Mais elle ne songe pas que j'ai la ceinture.

COLOMBINE.

Air : *Dupont, mon ami.*

Voyez ce nigaud.

ARLEQUIN, à Mezzetin.

Comment la ceinture
Se trouve en défaut,
Dans cette aventure!

MEZZETIN.

Elle rate apparemment
Les coquettes.

ARLEQUIN.

Justement.

Air : *Quand je tiens de ce jus d'octobre.*

Je te la rends, mon cher confrère;
Elle n'est pas d'un si grand prix.
Je n'y mettrois jamais l'enchère :
Que diable en ferois-je à Paris?

SCÈNE XI.

ARLEQUIN, MEZZETIN, COLOMBINE, MARINETTE
TROUPE DE MASQUES, LA FORTUNE, L'AMOUR.

Les masques forment des danses ; après quoi la Fortune prend Arlequin pa la main. L'Amour fait la même chose à Mezzetin.

LA FORTUNE.

Air : *Voulez-vous savoir qui des deux ?*

Ouvrez les yeux, remettez-nous.
Faquins, nous reconnoissez-vous ?
(A Arlequin.)
Rends la bourse.

L'AMOUR, à Mezzetin.

Toi, la ceinture.

ARLEQUIN, étonné.

C'est la Fortune !

MEZZETIN.

C'est l'Amour.
Du moins que notre bonheur dure
Encor le reste de ce jour.

L'AMOUR.

Air : *Je reviendrai demain au soir.*

Non, non, vous deviez, mes enfans,
 Bien profiter du tems.   (*bis.*)
Souvent je change en moins d'un jour.

LA FORTUNE.

Et moi, comme l'Amour. (*bis.*)

LA FORTUNE, à Arlequin, le prenant au collet.

La bourse.

ARLEQUIN.

Air : *Tu croyois en aimant Colette.*

Attendez, je vais vous la rendre,
Puisque je ne puis la garder ;
Mais, mais, avant que de la prendre,
Permettez-moi de la vider.

Il la vide deux fois. La Fortune la lui arrache, tandis que l'Amour ôte aussi la ceinture à Mezzetin. Ces deux Divinités se retirent. Arlequin pleure ; Colombine se démasque.

SCÈNE XII.

ARLEQUIN, MEZZETIN, COLOMBINE, MARINETTE, PIERROT, TROUPE DE MASQUES.

COLOMBINE.

Air : *Grimaudin.*

Arlequin, tu vois Colombine.
Console-toi.

ARLEQUIN.

Oui, ventrebleu, c'est la coquine.

COLOMBINE.

Veux-tu ma foi ?

ARLEQUIN.

Tope.... Quand l'or nous manquera,
Ta bonne mine y suppléra.

MARINETTE, se démasque aussi et dit à Mezzetin.

Air : *Le joli, belle meunière.*

Tu vois l'objet qui t'engage,
  Mon cher Mezzetin,
Je ne serai plus sauvage ;
  Tiens, reçois ma main :
Qu'à mon sort le mariage
  Joigne ton destin.

Les masques recommencent à danser.

VAUDEVILLE.

Air : *De monsieur Gillier.*

MEZZETIN, à Marinette.

Je serai comme un favori
Tendre et complaisant, je t'assure.

MARINETTE.

Par ce moyen, quoique mari,
Tu te passeras de ceinture.

Le chœur reprend :
Tu te passeras de ceinture.

COLOMBINE.

Vous, jaloux, gens bourrus, grondans,
Qui n'avez pas riche figure,
Et n'êtes plus dans vos beaux ans,
Vous avez besoin de ceinture.

Le chœur :
Vous avez besoin de ceinture.

ARLEQUIN.

Vieux minois qui prétend encor
Qu'on fasse fête à sa peinture,
A pleines mains doit donner l'or,
Ou bien il lui faut la ceinture.

Le chœur :
Ou bien il lui faut la ceinture.

PIERROT.

Je me tiens plus content qu'un roi,
Je plais à mainte créature ;
Mais quand on est fait comme moi,
On n'a pas besoin de ceinture.

Le chœur :
On n'a pas besoin de ceinture.

ACTE II, SCÈNE XII.

COLOMBINE.

Nous avons de certains momens
La dangereuse conjoncture !
Un amant qui prendroit ce tems,
N'auroit pas besoin de ceinture.

Le chœur :
N'auroit pas besoin de ceinture.

MEZZETIN, aux spectateurs.

Si la pièce avoit le pouvoir
D'échapper à votre censure,
De Vénus nous croirions avoir
Véritablement la ceinture.

Le chœur :
De Vénus nous croirions avoir
Véritablement la ceinture.

FIN DU DEUXIÈME ET DERNIER ACTE

LE
TEMPLE DU DESTIN

PIÈCE EN UN ACTE

PAR LESAGE

Représentée à la foire Saint-Laurent, le 25 juillet 1715

Le théâtre sur lequel cette pièce fut jouée s'intitulait pompeusement : *Opéra-Comique de Baxter et de Saurin*, des noms des deux principaux acteurs ; mais en réalité il était dirigé par la dame de Baune. Celle-ci n'était autre que la veuve Baron, belle-fille du fameux Michel Baron, laquelle venait de contracter un second mariage. Le compositeur Gillier, bien connu alors par plusieurs ouvrages et par un certain nombre de jolis vaudevilles, arrangea ou composa en partie la musique du *Temple du Destin*. Ce fut la dame Maillard, épouse de Carré, dit Maillard, qui se fit applaudir dans le rôle de Colombine. Cette jolie actrice faisait accourir tout Paris, avant que la demoiselle Delisle ne parût au théâtre. Elle joua à la même foire avec un très-grand succès : 1° *Colombine Arlequin et Arlequin Colombine* ; 2° *les Eaux de Merlin*, petite pièce assez amusante, qui mérita d'être reprise et applaudie, vingt ans plus tard, le 11 septembre 1735.

PERSONNAGES

LE DOCTEUR, amant de Colombine.
COLOMBINE.
ARLEQUIN. . . . . . ⎫
SCARAMOUCHE. . . ⎬ Amoureux de Colombine.
PIERROT, valet du docteur, aimé de Colombine.
MEZZETIN.
COLIN, berger.
COLINETTE, bergère.
UN VIEUX FRIPIER.
SA JEUNE FEMME.
UN COMÉDIEN DE CAMPAGNE.
LE DESTIN.
LE GRAND-PRÊTRE DU DESTIN.
DEUX MINISTRES DU DESTIN.
LE TEMS.
LES HEURES.

La scène est d'abord devant la maison du docteur,
et ensuite dans le Temple du Destin.

LE
TEMPLE DU DESTIN

PIÈCE EN UN ACTE

Le théâtre représente une rue.

SCÈNE I.

LE DOCTEUR, PIERROT.

PIERROT, tenant un billet à la main.

Air : *Dupont, mon ami.*

Pour qui ce poulet?

LE DOCTEUR.

C'est pour Colombine.
Porte ce billet
A cette assassine.
Parle-lui des maux pressants,
Que pour elle je ressens.

PIERROT.

Laissez-moi faire.

LE DOCTEUR.

Air : *Réveillez-vous, belle endormie.*

Tu lui diras que, dans mon âme,
Sa beauté règne uniquement,
Et que mon amoureuse flamme,
S'accroît de moment en moment.

PIERROT.

S'accroît.... Oui, je lui dirai cela.

LE DOCTEUR, sur le même air.

Tu lui diras que son image,
S'offre sans cesse à mon esprit.

PIERROT.

Ne m'en parlez pas davantage.
Allez, Monsieur, cela vaut dit.

LE DOCTEUR fait un pas pour s'en aller, et revient en disant

Air : *Quand je tiens de ce jus d'octobre.*

Mais peins-lui bien mon amour tendre.

PIERROT, en le renvoyant.

Ne finirez-vous pas bientôt?

LE DOCTEUR, va et revient encore.

Je vais donc au logis t'attendre.

PIERROT, le poussant par les épaules.

Je dirai tout ça mot pour mot.

SCÈNE II.

PIERROT, seul.

Air : *Mirlababibobette.*

Il te sied bien d'être amoureux,
Mirlababibobette,
Vieux goutteux!
Pour Colombine, quelle emplète!
Mirlababi, serlababo, mirlababibobette,
Serlababorita,
Mais la voilà.

SCÈNE III.

PIERROT, COLOMBINE.

COLOMBINE, flattant Pierrot.

Air : *Quand la bergère vient des champs.*

Ah! c'est toi, Pierrot, mon poulet,
    Mon dadouillet,
    Mon grassouillet!

PIERROT.

J'allois chez toi, mon doux souci,
    Pour te remettre
    Certaine lettre....
    Tiens, la voici.

COLOMBINE, après avoir jeté les yeux sur la lettre.

Air : *Je reviendrai demain au soir.*

C'est une lettre du docteur.
    Ah! le vieux radoteur. (*bis.*)

PIERROT.

Avec sa face de hibou,
    Il croit plaire, il est fou.

COLOMBINE, après avoir lu le billet, le déchire.

Air : *O reguingué, ô lon lon la.*

Pierrot, vois le cas que je fais
De ton maître et de ses poulets.
C'est un magot des plus complets.
Il faut, pour toucher Colombine,
Un amant de meilleure mine.

PIERROT, sur le même air.

Je lui dis cela tous les jours;
Mais c'est un esprit à rebours.
Pour aspirer à tes amours,

Il a vraiment fort bonne grâce.
S'il me ressembloit, encor passe.

COLOMBINE.

Air : *Allons, gai.*

Oui, j'aime ta figure ;
En dépit des jaloux,
Tu seras, je t'assure,
Quelque jour mon époux.
Allons, gai,
D'un air gai, etc.

PIERROT.

Air : *Et zon, zon, zon.*

Parles-tu tout de bon ?

COLOMBINE.

Je suis fille sincère :
Je veux un bon garçon.

PIERROT.

Je suis donc ton affaire.
Et zon, zon, zon,
Lisette, la Lisette,
Et zon, zon, zon,
Lisette, la Lison.

COLOMBINE.

Air : *Je me ris, je me ris d'eux.*

A mes autres amoureux,
Mon ami, je te préfère.
Que, dans l'ardeur de leurs feux,
Ils cherchent tous à me plaire,
Je me ris, je me ris, je me ris d'eux.
Ta seule amitié m'est chère.
Je me ris, je me ris, je me ris d'eux :
Pierrot est l'amant heureux.

SCÈNE IV.

PIERROT, sautant de joie.

Air : *Toque, mon tambourin, toque.*

Toque, mon tambourin, toque ;
Toque, mon tambourinet.

Air : *Tu croyois en aimant Colette.*

Je m'en vais rejoindre mon maître.

COLOMBINE.

Dis-lui qu'il ne m'écrive plus,
Et, comme il faut, fais-lui connoître
Qu'il me rend des soins superflus.

PIERROT.

Oh ! je n'y manquerai pas !

Air : *Le fameux Diogène.*

Adieu, mais je te prie,
Accorde-moi, ma mie,
Un baiser.

COLOMBINE.

Oh ! que non !
J'ai l'âme trop bien née ;
Mais après l'hyménée....

PIERROT.

Cela n'est pas si bon.

(Il la salue et s'en va.)

SCÈNE IV.

COLOMBINE, seule.

Air : *Quand le péril est agréable.*

Ma foi, je ne suis plus surprise,
Puisque j'ai du goût pour Pierrot,
Si, dans le monde, on voit d'un sot
Plus d'une femme éprise.

SCÈNE V.

COLOMBINE, SCARAMOUCHE.

SCARAMOUCHE, saluant Colombine.

Air : *Non, non, il n'est point de si joli nom.*

Qu'un autre à Diamantine
Aille s'offrir pour mignon ;
Qu'un autre adore Argentine,
Moi, je chante sur ce ton :
Non, non,
Il n'est point de si joli nom,
Que celui de Colombine.
Non, non,
Il n'est point de si joli nom,
Que celui de ce tendron.

Colombine s'en va, en faisant la révérence d'un air sérieux à Scaramouche qui demeure immobile d'étonnement.)

SCÈNE VI.

SCARAMOUCHE, seul.

Air : *Or, écoutez petits et grands.*

L'ingrate méprise mes feux !
J'ai sans doute un rival heureux.
(En colère.)
Il faut le chercher tout à l'heure :
Dans ce moment, je veux qu'il meure.
(Apercevant Arlequin.)
C'est apparemment Arlequin.
Défaisons-nous de ce faquin.

Je vais chercher deux épées.

SCÈNE VII.

ARLEQUIN, seul.

Scaramouche me fuit. Comme nous sommes rivaux, il a peur apparemment de me rencontrer en son chemin... Mais non, le voici.

SCÈNE VIII.

ARLEQUIN, SCARAMOUCHE, tenant deux épées.

SCARAMOUCHE, après avoir salué gravement Arlequin.

Air : *Comme un coucou que l'amour presse.*

Ami, vous aimez Colombine ?

ARLEQUIN.

Oui, morbleu, je l'aime, et je croi
Qu'on peut répondre sur ma mine,
Qu'elle en tient aussi bien que moi.

SCARAMOUCHE.

Air : *Quand je tiens de ce jus d'octobre.*

Renonce au cœur de cette belle,
Ou battons-nous en ce moment.

ARLEQUIN.

Céder les droits que j'ai sur elle !
Me prends-tu pour un lâche amant ?

SCARAMOUCHE, lui présentant les deux épées.

Choisissez.

ARLEQUIN, après avoir examiné comiquement les épées.

Ma foi, je suis bien embarrassé.

SCARAMOUCHE, l'obligeant à en prendre une.

Air : *Pour passer doucement la vie.*

Allons, nous n'avons qu'à nous battre.

ARLEQUIN, faisant le résolu.

Tope.... nous pouvons commencer.
Je vais faire le diable à quatre ;
Mais gardons-nous de nous blesser.

SCARAMOUCHE, se mettant en garde et poussant Arlequin.

Tiens, pare celle-ci.

ARLEQUIN, reculant, avec effroi.

Hé, que diable ! attendez donc, attendez donc.

Air : *Menuet de monsieur de Grandval.*

Vous n'entendez point raillerie.
Ventrebleu ! vous n'y pensez pas.

SCARAMOUCHE.

Je prétends bien t'ôter la vie....
C'est tout de bon que je me bats.

(Il veut pousser encore Arlequin, qui marque sa peur, en cherchant des défaites ; mais en voyant Mezzetin, il commence à faire le brave.)

SCÈNE IX.

ARLEQUIN, SCARAMOUCHE, MEZZETIN.

MEZZETIN, s'empressant à les séparer.

Air : *On n'aime point dans nos forêts.*

Apprenez-moi pourquoi tous deux,
Amis, vous êtes en querelle.

SCÈNE IX.

ARLEQUIN.

Tu vois en nous des outre-preux,
Qui se disputent une belle.
(Enfonçant son chapeau.)
C'est lui qui me la cédera.

(Ils font toutes les démonstrations de deux hommes qui veulent en découdre Mezzetin se met entre eux, et il attrape des coups de batte d'Arlequin.)

MEZZETIN, se frottant le dos (1).

AIR : *Mon père, je viens devant vous.*

Colombine est apparemment
Le bel objet qui vous engage.

ARLEQUIN.

C'est elle-même justement.

SCARAMOUCHE.

A ce nom redouble ma rage.
Par la mort....

ARLEQUIN.

Tais-toi, fanfaron :
Tu te débats comme un poltron.

(Ils veulent encore se battre, et Arlequin donne de nouveaux coups de batte à Mezzetin, qui se met toujours entre eux deux.)

MEZZETIN.

AIR : *Je me ris de qui fait le brave.*

Mes chers enfans, point de querelle.
Pourquoi voulez-vous ferrailler ?
Deux bons amis, pour une belle,

---

(1) Ce personnage, qui a disparu du théâtre, comme le Beltrame, le Capitan, le Scaramouche et quelques autres, fut créé par Angelo Constantini, acteur de la Comédie-Italienne. Constantini, dont nous ne pouvons raconter ici les aventures singulières. avait été appelé par la troupe italienne pour doubler Dominique dans le rôle d'Arlequin. Mais comme il n'avait à jouer que rarement, il imagina un moyen de paraître plus souvent sur la scène, en créant le rôle de *Mezzetin,* qui représentait à peu près le Scapin de la Comédie-Française. Mezzetin est en effet un valet fourbe, adroit, galant, habile aux négociations amoureuses pour le compte de son maître et pour son propre compte. Angelo Constantini, né en 1654, mourut à Vérone en 1729.

Ne doivent jamais se brouiller.
Mes chers enfans, point de querelle.
Pourquoi voulez-vous ferrailler?

SCARAMOUCHE, repoussant Mezzetin.

Laissez-nous faire.

ARLEQUIN.

Rangez-vous, morbleu.

MEZZETIN.

AIR : *Je ne suis né ni roi, ni prince.*

Quoi, dans la fureur qui vous guide,
Vous voulez faire un amicide!
Consultez plutôt le Destin
Sur cet amour qui vous possède;
A vos débats il mettra fin.
Il faut qu'à ses arrêts tout cède.

ARLEQUIN.

Soit... consultons.

SCARAMOUCHE.

AIR : *Réveillez-vous, belle endormie.*

Au Destin je veux bien me rendre :
Son arrêt va nous accorder.

ARLEQUIN, fièrement.

J'y consens.... Nous allons l'entendre.
C'est lui seul qui doit décider.

(Ils rengaînent tous deux, et s'en vont gravement consulter le Destin. Mezzetin les suit.)

SCÈNE X.

Le théâtre change et représente le Temple du Destin. On voit dans le fond un escalier à deux rampes sur le haut duquel paraît le Temps avec sa faulx. Six Heures blanches et six Heures noires sont rangées le long de l'escalier. Sur les ailes sont dépeints des événements extraordinaires, comme autant de marques de la puissance du Destin. Au milieu du Temple s'élève un trône où le Destin, couvert d'un voile, rend ses oracles.

LE DESTIN, voilé; LE GRAND-PRÊTRE,
DEUX MINISTRES DE SA SUITE.

LE GRAND-PRÊTRE.

Air : *De l'opéra de Thétis et Pélée.*

O Destin! quelle puissance
Ne se soumet pas à toi?
Tout fléchit sous ta loi.
Tes ordres n'ont jamais trouvé de résistance.
O Destin! quelle puissance
Ne se soumet pas à toi?

LE GRAND-PRÊTRE ET LES DEUX MINISTRES, ensemble.

O Destin! quelle puissance
Ne se soumet pas à toi?

LE GRAND-PRÊTRE.

Air : *De monsieur Gillier.*

Tu fais, quand il te plaît, une mère précoce,
Ou, dans le célibat, tu laisses sans pitié,
Un beau tendron devenir rosse.
C'est toi qui fais aller cent faquins en carrosse,
Et mille honnêtes gens à pied.

CHŒUR.

O Destin! quelle puissance, etc.

PREMIER MINISTRE.

Lorsqu'on voit un manant sortir de son village,
Et peu de temps après se changer en commis,
  Ce changement est ton ouvrage;
Et l'on suit tes arrêts quand on fait un outrage
  Au front des sujets de Thémis.

CHŒUR.

O Destin! quelle puissance, etc.

DEUXIÈME MINISTRE.

Le monde, quand ton ordre à la Foire l'appelle,
Déserte l'Opéra, ce spectacle pompeux,
  Pour aller voir Polichinelle.
On siffle, quand tu veux, une pièce nouvelle,
  Et souvent, c'est ce que tu veux.

CHŒUR.

O Destin! quelle puissance, etc.

(Les deux ministres du grand-prêtre sortent.)

SCÈNE XI.

LE DESTIN, LE GRAND-PRÊTRE, UN COMÉDIEN DE CAMPAGNE.

LE COMÉDIEN, faisant le petit-maître.

AIR : *Laire la, laire lan laire.*

A cet air plein de majesté,
 Je risque une civilité. (Il salue le grand-prêtre.)
Ce qui ne m'est pas ordinaire.
  Laire la, laire lan laire,
  Laire la, laire lan la.

SCÈNE XI.

LE GRAND-PRÊTRE, à part, après l'avoir regardé.

Air : *O reguingué, ô lon lan la.*

Ce drôle paroît insolent.

LE COMÉDIEN, à part.

Il admire mon air galant.
Faisons bien valoir le talent.
Ici mettons en étalage
Nos meilleurs airs.

(Il grimace.)

LE GRAND-PRÊTRE, à part.

Quel personnage !

LE COMÉDIEN, haut.

Sachons pour qui vous me prenez.

LE GRAND-PRÊTRE.

Pour un marquis des mieux tournés,
O reguingué, ô lon lan la.

LE COMÉDIEN.

Je suis quelquefois davantage.
Vous ne m'entendez pas, je gage.

LE GRAND-PRÊTRE.

Air : *Pour passer doucement la vie.*

Comment pourrois-je vous entendre ?

LE COMÉDIEN.

Je suis tout, et je ne suis rien.

LE GRAND-PRÊTRE.

Oh ! oh ! je commence à comprendre.
N'êtes-vous pas comédien ?

LE COMÉDIEN.

Justement.

Air : *Comme un coucou que l'amour presse.*

Je suis un acteur de province ;
A Paris, je vais débuter.

LE GRAND-PRÊTRE, à part.

Il a la figure un peu mince.
(Haut.)
Vous allez là tout enchanter.

LE COMÉDIEN, prenant du tabac dans une tabatière d'or.

Je m'en flatte.

LE GRAND-PRÊTRE.

Air : *Réveillez-vous, belle endormie.*

Ah ! quelle riche tabatière !

LE COMÉDIEN, la lui donnant à examiner.

Hé ! mais l'ouvrage en est parfait.
Considérez-en la charnière.
Ce n'est pas un colifichet.

LE GRAND-PRÊTRE, lui rendant la tabatière.

Air : *Je ne suis né ni roi, ni prince.*

C'est un présent de quelque femme ?

LE COMÉDIEN, souriant d'un air vain.

Il me vient de certaine dame....
Un beau garçon, des mieux bâtis,
Et dont on court l'adolescence,
Ne donne pas son tems gratis.

LE GRAND-PRÊTRE.

Vous voulez, du moins, qu'on le pense.

LE COMÉDIEN, sautant au cou du grand-prêtre.

Parbleu, mon cher papa, vous avez un air qui me revient.

Air : *Lon lon la, derirette.*

Faisons connoissance tous deux.
Le voulez-vous ?

LE GRAND-PRÊTRE.

Si je le veux !
Lon lon la, derirette.
Tope, soyons amis, Cinna.

(Il lui tend la main.)

LE COMÉDIEN.

Lon lon la, derira.

LE GRAND-PRÊTRE.

Air : *Tes beaux yeux, ma Nicole.*

Mais quel sujet, beau sire,
Vous amène chez nous ?
Vous n'avez qu'à le dire ;
Parlez, que voulez-vous ?

LE COMÉDIEN.

Que le Destin m'apprenne,
Si l'on me recevra,
Et comment, sur la scène,
On me regardera.

LE GRAND-PRÊTRE, au Destin.

Air : *Comme un coucou que l'amour presse.*

Destin, un jeune acteur te prie,
De déclarer s'il entrera
Quelque jour dans la Compagnie,
Et si Paris l'estimera.

LE GRAND-PRÊTRE, s'approche du trône, et l'enthousiasme le prenant, il dit :

Air : *Les Trembleurs.*

Quelle émotion subite !
Quel frémissement m'agite !
Je sens que mon cœur palpite ;
Je sens tout mon corps trembler !
Que chacun ici ressente
Un respect plein d'épouvante.
(Au comédien.)
On répond à ton attente :
Le Destin va te parler.

LE DESTIN.

Air : *O reguingué, ô lon lan la.*

Le jeune acteur on recevra,
Et dans les rôles qu'il fera,
En lui-même il s'applaudira.
Le reste est un profond mystère,
Que je juge à propos de taire.

LE GRAND-PRÊTRE, au comédien.

Air : *Laire la, laire lan laire.*

Cette réponse vous déplaît.

LE COMÉDIEN.

Oh ! ma foi, malgré cet arrêt,
Papa, je suis bien sûr de plaire.
(Il s'en va.)

LE GRAND-PRÊTRE, se moquant de lui.

Laire la, laire lan laire.
Laire la, laire lan la.

SCÈNE XII.

LE DESTIN, LE GRAND-PRÊTRE.

LE GRAND-PRÊTRE.

Air : *Amis, sans regretter Paris.*

Tout ce qui reluit n'est pas or.
  Ils ont tous le génie.
Chacun se croit un Floridor (1).
  La plaisante manie !

SCÈNE XIII.

LE DESTIN, LE GRAND-PRÊTRE, COLIN, COLINETTE.

COLIN.

Air : *Mon père, je viens devant vous.*

Ministre du Destin, bonjour.
Je vous amène Colinette,
De tous les hameaux d'alentour
La bergère la plus parfaite,
De nos jeunes beautés la fleur.

---

(1) Floridor était un comédien remarquable, dont le souvenir vivait encore plus de soixante ans après sa mort. Né d'une famille de gentilshommes, en 1608, Josias de Soulas, sieur de Prinefosse, quitta une place d'enseigne dans le régiment de Rambure, pour se livrer à son goût pour le théâtre. Il joua d'abord la comédie en province, sous le nom de *Floridor*; mais son talent ne tarda pas à le faire remarquer. Il vint, en 1640, à Paris, débuta dans la troupe du Marais, et passa en 1643 à l'hôtel de Bourgogne. « Il remplissoit, dit La Porte, l'emploi des premiers rôles d'une façon si noble et si naturelle, qu'il fit oublier tous les acteurs qui avoient joué avant lui. » Ayant une grande distinction dans la tenue et dans les manières, il possédait encore le don de l'éloquence ; aussi l'avait-on choisi pour l'orateur de la troupe. Les compliments de Floridor faisaient en général autant de plaisir que son jeu sur la scène. Cet excellent acteur, que les comédiens de son temps cherchaient tous à imiter, mourut au mois d'avril 1672, à l'âge de soixante-quatre ans.

COLINETTE.

Colin est un berger flatteur.

LE GRAND-PRÊTRE, à Colin.

Air : *Va-t'en voir s'ils viennent.*

Cet objet apparemment,
   Colin, vous enchante ?

COLIN.

Jusqu'à mon dernier moment,
   Je l'aimerai tendrement.

LE GRAND-PRÊTRE, à Colinette.

Colin a raison, vraiment,
   Vous êtes charmante.

COLIN.

Air : *Allez à vêpres, nonettes.*

Lorsque je vois Colinette
Arriver dans un vallon,
Je prends vite ma musette,
J'en fais entendre le son.
Et, quand je m'approche d'elle,
Pour prendre sa blanche main,
Je m'aperçois que la belle
Fait la moitié du chemin.

COLINETTE, au grand-prêtre.

Air : *Trop de plaisir, cher Tircis, m'inquiète.*

Avec transport, à mes pieds il se jette ;
Il m'entretient de son ardeur secrète.

LE GRAND-PRÊTRE.

Et vous l'aimez, n'est-ce pas, Colinette ?

SCÈNE XIII.

COLINETTE.

Ah! ah! la faute en est faite!

Air : *Ne m'entendez-vous pas ?*

Je ne me repens pas,
D'avoir livré mon âme
Au berger qui m'enflamme;
Mais nous sommes, hélas!
Dans un grand embarras.

COLIN.

Air : *Un inconnu.*

De nos parens la mésintelligence
Nous fait douter du bonheur de nos feux;
De l'espérance
D'un sort heureux,
Nous nous flattons peut-être en vain tous deux.
Nous implorons ici votre assistance.

LE GRAND-PRÊTRE.

Air : *Quel plaisir de voir Claudine.*

Vous allez bientôt apprendre
Si l'hymen doit vous lier,
Ou, malgré votre amour tendre,
S'il faudra vous oublier.

(Au Destin, s'approchant du trône.)

Air : *Grimaudin.*

Destin, deux amans te demandent,
Pleins de frayeur,
Quel succès ils doivent attendre
De leur ardeur.

LE DESTIN, lentement.

Leur amour deviendra si fort,
Qu'il mettra leurs parens d'accord.

(Ils s'en vont.)

SCÈNE XIV.

LE DESTIN, LE GRAND-PRÊTRE, UN VIEUX FRIPIER, SA JEUNE FEMME.

LE FRIPIER.

Air : *Laire la, laire lan laire.*

Vous voyez un bon marguillier,
Homme d'honneur, quoique fripier.

LE GRAND-PRÊTRE, montrant sa femme.

De cet enfant êtes-vous père?

LE FRIPIER, souriant.

Laire la, laire lan laire,
Laire la, laire lan la.

Même air.

Non, parbleu, je suis son époux.

LE GRAND-PRÊTRE.

J'en suis ravi. Qu'elle a l'air doux!
Je la crois d'un bon caractère.
Laire la, laire lan laire, etc.

LE FRIPIER.

Air : *De Jean de Vert.*

Oui, nous passons tous nos momens
En bonne intelligence.
Il ne vient point chez moi d'amans :
Je dors en assurance.
Il n'est point de nœuds plus charmans.
Nous vivons tous deux comme au tems
De Jean de Vert (*ter*) en France.

Air : *Il faut que je file, file.*

Je l'appelle : ma bichonne,
Je la flatte à tout moment.

SCÈNE XIV.

LE GRAND-PRÊTRE, à la femme.

Il ne vous fait point, mignonne,
De chagrin?

LA FEMME.

Oh! non, vraiment.
Il m'en donne, donne, donne,
Il m'en donne rarement.

LE FRIPIER.

Air : *Pour faire honneur à la noce.*

Nous ne songeons qu'à nous plaire;
Mais nous ne sommes pas contens.
Il me faudroit, dans mes vieux ans,
Un enfant pour me satisfaire.
Nous ne songeons qu'à nous plaire,
Mais nous ne sommes pas contens.

LE GRAND-PRÊTRE, au fripier.

Air : *Du cap de Bonne-Espérance.*

Vous paraissez jeune encore.

LE FRIPIER.

A peine ai-je soixante ans;
Je vous jure que j'ignore,
Pourquoi je n'ai point d'enfans.
Toujours même amour m'enflamme,
Je couve des yeux ma femme;
En tous lieux, je suis ses pas.

LA FEMME, levant les yeux au ciel et soupirant.

Hélas! nous n'en aurons pas.

LE FRIPIER.

Air : *Le beau berger Tircis.*

J'y perds tout mon latin!
Par votre ministère,
Puis-je savoir du Destin
Si ma femme sera mère?

LE GRAND-PRÊTRE.

Tu vas sur ce mystère
Cesser d'être incertain.

(Il s'approche du trône, et dit au Destin.

Air : *Menuet d'Hésione.*

Impatient de faire souche,
Un bon bourgeois de soixante ans,
Vient te demander, par ma bouche,
Destin, s'il aura des enfans.

LE DESTIN.

Air : *J'offre ici mon savoir-faire.*

Vieux fripier, malgré ton âge,
Je veux qu'il naisse en ta maison,
Un enfant qui porte ton nom.   } (*bis.*)
Je n'en dirai pas davantage.   }

(Le fripier ne paroît pas content de cet oracle.)

LE GRAND-PRÊTRE, retorque au fripier ce qu'il a dit d'abord.

Il ira chez vous des galans :
Vous ne vivrez plus comme au tems
De Jean de Vert (*ter*) en France.

SCÈNE XV.

LE DESTIN, LE GRAND-PRÊTRE, ARLEQUIN, SCARAMOUCHE.

ARLEQUIN.

Air : *Voulez-vous savoir qui des deux ?*

Ministre barbu du Destin,
Scaramouche, ainsi qu'Arlequin,
Conjurent votre seigneurie
De leur apprendre quel époux
Colombine aura.

SCÈNE XV.

SCARAMOUCHE.

Je vous prie
D'avoir cette bonté pour nous.

ARLEQUIN.

Air : *Menuet de monsieur de Grandval.*

Pour elle, nous avons dispute.

SCARAMOUCHE.

Instruisez-nous de notre sort.

LE GRAND-PRÊTRE.

Le Destin, dans une minute,
Va vous mettre tous deux d'accord.

(Au Destin.)

Air : *Quand je tiens de ce jus d'octobre.*

Destin, ces deux amans prétendent
De Colombine avoir la foi.
Parle. Là-dessus ils attendent
Un arrêt décisif de toi.

LE DESTIN.

Air : *Jardinier, ne vois-tu pas ?*

Colombine franchira
    Les conjugales bornes.
Celui qui l'épousera,
    Sur sa tête portera
Des cornes, des cornes, des cornes.

ARLEQUIN, étonné.

Malepeste !

Air : *Lanturlu.*

La beauté farouche
Qui nous a tant plu,
Doit mettre en sa couche

Ce soir un cocu!
Mon cher Scaramouche,
Je te la cède, en veux-tu?

SCARAMOUCHE, secouant la tête.

Lanturlu, lanturlu, lanturelu.

SCÈNE XVI.

LE DESTIN, LE GRAND-PRÊTRE, ARLEQUIN, SCARAMOUCHE, LE DOCTEUR, COLOMBINE, PIERROT.

LE DOCTEUR, au grand-prêtre.

Air : *Je veux boire à ma Lisette.*

Dans ce temple redoutable,
C'est l'amour qui me conduit.
Aurai-je un sort favorable?
Je voudrois en être instruit.
Dans ce temple, etc.

COLOMBINE, au grand-prêtre.

Air : *D'une main, je tiens mon pot.*

Seigneur, daignez m'écouter.
Je viens vous consulter
Sur le sort que l'on me destine.
Qui doit épouser Colombine?

LE GRAND-PRÊTRE.

L'avenir va se révéler :
Le Destin va parler.

LE DESTIN.

Air : *Quand le péril est agréable.*

A sa Colombine chérie,
L'amoureux docteur s'unira.
Dès ce soir il augmentera
La grande confrérie.

ARLEQUIN, riant et montrant du doigt le docteur, chante :

Fin de l'air : *Jardinier, ne vois-tu pas ?*

Celui qui l'épousera
Sur sa tête portera....

SCARAMOUCHE, au docteur.

Air : *Je reviendrai demain au soir.*

Nous vous cédons de très-bon cœur,
L'objet de notre ardeur. (*bis.*)

ARLEQUIN, au docteur.

Vous méritez bien mieux que nous,
D'en devenir l'époux. (*bis.*)

(Arlequin et Scaramouche s'en vont en se moquant du docteur.)

SCÈNE XVII.

LE DESTIN, LE GRAND-PRÊTRE, LE DOCTEUR, COLOMBINE, PIERROT.

LE DOCTEUR, à Colombine.

Air : *Tu croyois, en aimant Colette.*

Vous venez d'entendre l'oracle :
Belle, mon bonheur est certain,
Si vous n'y mettez point d'obstacle.

COLOMBINE, soupirant.

Qui peut résister au Destin ?

LE DOCTEUR.

Air : *Réveillez-vous, belle endormie.*

Je vais, dans l'ardeur qui me presse,
Chez mon notaire, de ce pas.

(A Pierrot.)

Toi, Pierrot, conduis ta maîtresse
Au logis. Ne la quitte pas.

(Il s'en va.)

SCÈNE XVIII.

LE DESTIN, LE GRAND-PRÊTRE, COLOMBINE, PIERROT.

PIERROT, à Colombine.

Air : *Monsieur Lapalisse est mort.*

Prends pitié de mon malheur,
Charmant tison de ma flamme.
Je vais crever de douleur,
De ne t'avoir point pour femme.

COLOMBINE, lui souriant.

Air : *Pierrot revenant du moulin.*

Tu te chagrines sans raison, (*bis.*)
Te chasse-t-on de la maison,
   Pierrot?
Pierrot est un grand sot.

PIERROT, d'un air gai, lui donnant la main pour la reconduire.

Un grand sot est Pierrot.

(Ils s'en vont tous deux en dansant, et en répétant les derniers vers.)

SCÈNE XIX.

LE DESTIN, LE GRAND-PRÊTRE, LES HEURES.

LE GRAND-PRÊTRE, aux Heures.

Air : *Pour passer doucement la vie.*

Rassemblez-vous en diligence,
 Fugitives filles du Tems,
Heures qui marquez la puissance
Du Destin par tous vos instans.

(On voit aussitôt les Heures descendre des deux côtés de l'escalier. Elles forment une danse qui est suivie de ces couplets.)

SCENE XIX.

BRANLÉ.

Air : *De monsieur Gillier.*

UNE HEURE BLANCHE.

Premier couplet.

Maris, dont l'humeur jalouse
Au devoir prétend ranger
Une jeune et coquette épouse,
Vous hâtez l'heure du berger.

UNE HEURE NOIRE.

Deuxième couplet.

Tel amant qui le jour pleure
M'attend pour le soulager.
De minuit enfin je suis l'heure,
L'heure ordinaire du berger.

UNE HEURE BLANCHE.

Troisième couplet.

Il faut qu'un galant, en France,
De soupirs soit ménager;
Mais qu'il prodigue la finance,
Il touche à l'heure du berger.

UNE HEURE NOIRE.

Quatrième couplet.

On voit des beautés discrètes
Qui craignent de s'engager;
Mais à Paris, près des coquettes,
Toute heure est l'heure du berger.

UNE HEURE BLANCHE.

Cinquième couplet.

Beauté qu'un amant obsède,
Je vous vois fuir le danger;
Hélas ! le moment qui succède
Souvent fait l'heure du berger.

UNE HEURE NOIRE, aux spectateurs.

Sixième couplet.

Rien n'est tel que l'affluence,
Pour nous bien encourager :
Quand nous touchons votre finance,
C'est pour nous l'heure du berger.

FIN.

ARLEQUIN TRAITANT

OPÉRA COMIQUE EN TROIS ACTES, EN PROSE ET EN VAUDEVILLES

PAR DORNEVAL

Représenté le 22 mars 1716, à la foire Saint-Germain

Au mois de mars 1716 parut un édit portant établissement d'une chambre de justice contre les financiers coupables d'exactions envers le peuple, et contre les comptables et les munitionnaires, coupables aussi de péculat envers le roi, etc. Cet édit devint le signal de persécutions violentes contre tous les gens d'affaires, et Dorneval profita de l'état des esprits pour composer aussitôt et faire jouer *Arlequin Traitant,* dont le succès fut d'autant plus grand que l'auteur avait mis en scène des portraits forts connus.

Le second acte de cette pièce se passe dans les Enfers. Arlequin y faisait une plaisanterie qui a été souvent renouvelée depuis. Il désignait du doigt, parmi les spectateurs, un homme qui se levait tout en colère, allait à lui et le frappait de ses gants au visage. La garde venait sur le théâtre, laissant le public dans l'attente d'un événement sérieux ; mais bientôt on riait en reconnaissant que l'offensé était un acteur de la troupe.

Arlequin Traitant fut joué par la troupe d'Octave. Le principal rôle y fut rempli par Lalauze qui devait bientôt diriger lui-même une troupe d'acteurs.

PERSONNAGES

ARLEQUIN, Traitant.
LE DOCTEUR.
ISABELLE, sa fille, promise à Arlequin.
LÉANDRE, amant d'Isabelle.
COLOMBINE, suivante d'Isabelle.
PIERROT, valet de Léandre.
M. BARBARIN, Traitant.
M. BLAZONNET, généalogiste.
Mlle FURET, aventurière.
BONNEMAIN.... \
TRANSPARENT.. } Commis d'Arlequin.
BORDEREAU.... /
LA ROSE et JASMIN, laquais d'Arlequin.
BELPHÉGOR.... \
ASTAROT...... } Démons.
PLUTON....... /
COUPABLES DES ENFERS.
ACTEUR MÊLÉ AUX SPECTATEURS.
VÉNUS ET QUATRE NAÏADES.
UN EXEMPT ET SIX ARCHERS.
M. CABRIL, maître de danse, et six danseurs.

Au premier acte, la scène se passe à Paris ; le second est aux Enfers ; et le troisième, près de Charenton, devant la maison de campagne du docteur.

ARLEQUIN TRAITANT [1]

OPÉRA COMIQUE

ACTE PREMIER.

Le théâtre représente un riche appartement.

SCÈNE I.

LÉANDRE, COLOMBINE.

LÉANDRE.

Air : *Charmante Gabrielle.*

Ma chère Colombine,
Je suis au désespoir.

COLOMBINE.

Votre sort me chagrine.

LÉANDRE.

Quoi ! je la perds ce soir !

COLOMBINE.

Oui, le docteur pour gendre,
Veut Arlequin.
Il préfère à Léandre
Ce laid mâtin.

---

[1] On appelait *Traitants* les financiers qui, sous l'ancienne monarchie, étaient chargés du recouvrement des impôts. Ce nom leur fut donné parce qu'une grande partie des impôts étaient désignés sous le nom de *traites*. Les *traites* n'ont été abolies qu'à l'époque de la Révolution.

LÉANDRE.

Air : *Un sot qui veut faire l'habile.*

Ignore-t-il donc sa naissance ?
Ne sait-il pas qu'il fut valet jadis ?
   Que ce maraud, sans la finance,
Seroit encor....

COLOMBINE.

    C'est ce que je lui dis.
Il me répond : Léandre, qui vous touche,
   Sort de meilleure souche,
   J'en tombe d'accord ;
  Mais j'aime mieux ce qui sort
   D'un bon coffre-fort.

LÉANDRE.

Air : *Qu'on apporte bouteille.*

Et que dit Isabelle ?

COLOMBINE.

Sans cesse dans les pleurs,
Elle maudit la loi cruelle,
Qui va causer tous ses malheurs.

LÉANDRE.

Air : *Amis, sans regretter Paris.*

O ciel ! que ne puis-je expirer
   Avant ce mariage !

COLOMBINE.

Nous allons, pour le différer.
   Mettre tout en usage.

LÉANDRE.

Air : *Sois complaisant, affable, débonnaire.*

   Ah ! faisons mieux,
  Sauvons-nous avec elle,
   Loin de ces lieux !

COLOMBINE.

L'entreprise est fort belle ;
Mais
Je vous réponds qu'Isabelle
Ne l'approuvera jamais.

LÉANDRE.

Et pourquoi ?

Air : *Tes beaux yeux, ma Nicole.*
Recourons à la fuite :
L'amour a de tout tems
Rendu cette conduite
Pardonnable aux amans.
Une triste victime,
Qu'on est prêt à frapper,
Ne fait pas un grand crime
De vouloir s'échapper.

COLOMBINE.

Air : *Grimaudin.*
Je vais lui proposer l'affaire,
Dans le moment.

LÉANDRE.

Mais dis-lui bien....

COLOMBINE.

Laissez-moi faire ;
Je sais comment
Il faut lui parler.

LÉANDRE.

Vas, tu peux
Compter sur un cœur généreux.

COLOMBINE.

Air : *Réveillez-vous, belle endormie.*
Allez dans le jardin m'attendre.
Qu'Arlequin, qui demeure ici,
Ne vienne pas vous y surprendre.
Allez donc vite..... Le voici.

SCÈNE II.

LÉANDRE, seul.

Air : *Nous sommes demi-douzaine.*

Ah ! réponds-moi d'Isabelle,
Amour, protége mes feux !
Je crains, quoique aimé d'elle,
Un traitant amoureux.
Hélas ! son or peut faire une infidèle !
Rien n'est si dangereux !
Hélas ! son or peut faire une infidèle
De l'objet de mes veux !

(Il s'en va.)

SCÈNE III.

ARLEQUIN, seul.

(Il est vêtu d'une robe de chambre de damas à fleurs d'or. Il a un bonnet à la financière de castor brodé, et à la main une tabatière garnie de pierreries. Il crie en entrant :)

Laquais ! hé ! laquais !

Air : *Le fameux Diogène.*

La Rose ! La Jonquille !
En vain je m'égosille :
Point de laquais chez moi.
Me servir de la sorte !
Que le diable m'emporte,
S'ils ont jamais d'emploi.

SCÈNE IV.

ARLEQUIN, LA ROSE.

LA ROSE.

Monsieur, nous voici. Que souhaitez-vous?

ARLEQUIN, le prenant à la gorge.

Parle donc, gueux, où étois-tu?

LA ROSE.

J'écrivois dans l'antichambre pour me faire la main.

ARLEQUIN.

Je reçois l'excuse. Fais descendre mes commis.

SCÈNE V.

ARLEQUIN, seul.

La situation des affaires présentes m'oblige à donner de la casse à tous ces mange-pain. Je n'ai plus besoin d'eux; je vais leur faire une querelle d'Allemand pour les chasser, sans les payer.

SCÈNE VI.

ARLEQUIN, BORDEREAU, TRANSPARENT, BONNEMAIN.

ARLEQUIN.

Vous voilà donc, mes petits Messieurs. Quoi, à sept heures du matin, personne dans mon bureau!

BORDEREAU.

Mais, Monsieur, on n'entre qu'à huit heures dans tous les bureaux.

ARLEQUIN.

Non. Et on s'amuse à jaser à rire, à râper du tabac, tant que la journée est longue. Savez-vous bien que je me lasse de donner cinq cens livres d'appointemens à de mauvais écrivains comme vous, pendant que je trouve de jolis garçons, qui écrivent comme des Sauvages (1), et qui se jettent à ma tête pour quatre cens francs!

BORDEREAU.

Je crois que vous en trouvez beaucoup.

ARLEQUIN.

Oui, oui, j'en trouve. Mais, qui vous a mis ici, monsieur Bordereau?

BORDEREAU.

Madame la vicomtesse de la Tripaudaye.

ARLEQUIN.

Qui? cette vieille Normande dont la nièce m'a joué un si vilain tour? Révoqué, allons, révoqué.

BORDEREAU.

Mais, Monsieur, si....

ARLEQUIN.

Point de *mais*, point de *si*... Et vous, Bonnemain, qui avez-vous pour patron?

BONNEMAIN.

Monsieur Subtil, l'agent de change.

ARLEQUIN.

Monsieur Subtil! fort bien. Il m'a fait éprouver sa subtilité.... Révoqué, révoqué.... Pour vous, Transparent, je suis fort mécontent de votre écriture.

(1) Maitres écrivains célèbres de l'époque.

ACTE I, SCÈNE VI.

TRANSPARENT, lui montrant un papier écrit de sa main.

Quoi, vous trouvez cette écriture-là?...

ARLEQUIN, après avoir jeté les yeux sur le papier.

L'horrible chose! quels pieds de mouche! A la considération de qui vous ai-je reçu?

TRANSPARENT, bas, à Arlequin.

De mademoiselle Catin.

ARLEQUIN, branlant la tête.

Je ne connois point cela.

TRANSPARENT, toujours bas.

Pardonnez-moi, vous allez quelquefois souper avec elle, et....

ARLEQUIN.

Ah! je me la remets. C'est la brune de la rue Tire-Boudin (1).

TRANSPARENT.

Vous y êtes.

ARLEQUIN, prenant le papier des mains de Transparent.

Voyons encore une fois votre écriture. (Regardant le papier.) Mais elle n'est pas si mauvaise; je ne l'avois pas bien considérée. Oui, ces jambages sont bien déliés, ces liaisons bien nourries. Vous resterez chez moi, vous.

BORDEREAU.

Air : *Adieu paniers, vendanges.*

Enfin, Monsieur, puisque vous êtes
Résolu de nous renvoyer,
Il faut, s'il vous plaît, nous payer.

ARLEQUIN, secouant la tête.

Adieu, paniers, vendanges sont faites.

---

(1) Appelée aujourd'hui rue Marie-Stuart.

BONNEMAIN, s'en allant.

Air : *Flon, flon.*

Que le diable t'entraîne.
Tu nous voles, maraud,
Notre temps, notre peine.

ARLEQUIN, les chassant à coups de batte.

Voilà ce qu'il vous faut,
Flon, flon, larira dondaine,
Flon, flon, larira dondon.

SCÈNE VII.

ARLEQUIN, TRANSPARENT.

ARLEQUIN.

Oh ! çà, Transparent, je veux prendre soin de toi. Je te rendrai honnête homme.

TRANSPARENT, lui faisant la révérence.

Monsieur....

ARLEQUIN.

Mais, mon enfant, il faut renoncer à la bagatelle. Tu t'amuses, dit-on, à faire des vers, à lire des poëtes. Veux-tu aller à l'hôpital ?

TRANSPARENT.

Non, parbleu.

ARLEQUIN.

Ne songe donc qu'au solide.

Air : *Vous qui vous moquez par vos ris.*

Renonce au mérite indigent ;
Cherche le nécessaire.
Ne sais-tu pas que sans l'argent

ACTE I, SCÈNE VII.

On ne sauroit rien faire ;
Que, pour en avoir, un sergent
Emprisonna son père.

TRANSPARENT.

Je le connois. Cela est véritable.

ARLEQUIN.

Air : *Amis, sans regretter Paris.*

L'argent donne de la beauté,
Fournit de la naissance ;
Il joint même à la qualité,
Le cœur et la science.

TRANSPARENT.

Peste.

ARLEQUIN.

Air : *Malheureuse journée.*

Veux-tu qu'une cruelle
Réponde à ton ardeur ?
Que l'époux de la belle
Cesse d'être grondeur ?
Accompagne ta flamme
De ce métal chéri.
Il fait parler la femme,
Et taire le mari.

TRANSPARENT.

Vive l'argent ! qu'il est doux d'en avoir !

ARLEQUIN.

Air : *La verte jeunesse.*

Il vient tout se rendre,
Chez le maltôtier.
Je m'offre à t'apprendre
Le fin du métier.
Je prétends plus faire :
Je veux que Catin
Avec toi, compère,
Joigne son destin.

TRANSPARENT, froidement.

Je vous suis bien obligé, Monsieur; mais, ma foi....

ARLEQUIN.

Air : *Zon, zon, zon.*

Tu ne trouveras rien
D'égal à cette fille....

TRANSPARENT.

Monsieur, je le sais bien;

(Souriant d'un air malin.)

Mais vous êtes un drille....
Et zon, zon, zon....

ARLEQUIN, l'interrompant.

Air : *Allons, gai.*

J'attache à cette brune,
Un emploi fort joli;
Et par là ta fortune
Ne fera pas un pli.

TRANSPARENT, sautant de joie.

Allons, gai,
D'un air gai, etc.

ARLEQUIN.

Air : *Ramonez-ci, ramonez-là.*

Je vivrai d'une manière
Chez toi toute familière;
J'y donnerai des repas.

TRANSPARENT.

Ramonez-ci, ramonez là,
La, la, la,
La cheminé du haut en bas.

ARLEQUIN.

J'aperçois un de mes confrères. Va reprendre l'ouvrage, mon enfant..... Nous finirons cette affaire-là incessamment..

SCÈNE VIII.

ARLEQUIN, BARBARIN.

ARLEQUIN.

AIR : *Voulez-vous savoir qui des deux?*

Eh! bonjour, mon cher Barbarin!

BARBARIN, d'un air triste.

Bonjour.

ARLEQUIN.

Vous paroissez chagrin.
D'où procède votre tristesse?

BARBARIN.

Hélas! j'ai lieu d'être affligé.

ARLEQUIN.

Qu'avez-vous donc? Votre maîtresse
Auroit-elle déménagé?

BARBARIN.

AIR : *Talalerire.*

Vraiment, vous avez bonne grâce
De railler dans ce tems fatal.
Ignorez-vous ce qui se passe?

ARLEQUIN.

Je m'en ris.

BARBARIN.

Mais au tribunal,
Sur vos faits qu'aurez-vous à dire?

ARLEQUIN.

Talaleri, talaleri, talalerire.

BARBARIN.

Fort bien. Et vous croyez qu'on se payera de cette monnoie-là ?

ARLEQUIN.

Je ne crains rien, allez. J'ai un bon défenseur.

Air : *Du cap de Bonne-Espérance.*

Ami, je suis créature
D'un diable des plus méchans,
A qui, par ma signature,
Je me donne dans trente ans.
Si l'on me faisoit outrage,
Vous verriez un beau tapage.

BARBARIN, à part.

Ciel ! est-il devenu fou ?

(Haut.)

Mais il vous tordra le cou.

ARLEQUIN.

Oh ! alors, comme alors !... Il y a aujourd'hui trois ans que j'ai fait pacte avec lui. J'en ai encore vingt-sept à mener bonne vie.

BARBARIN.

Je ne suis plus surpris à présent si vous avez fait tant de chemin en si peu de tems.

ARLEQUIN.

Air : *Amis, sans regretter Paris.*

Ma foi, je n'ai jamais connu
D'homme plus véritable.
Belphégor m'a toujours tenu
Parole en brave diable.

BARBARIN.

Parlons d'autre chose.

ACTE I, SCÈNE VIII.

ARLEQUIN.

Air : *Vous m'entendez bien.*

Très-volontiers. Expliquez-vous.

BARBARIN.

Mon cher, vous savez qu'entre nous,
Certaine manigance....

ARLEQUIN.

Hé bien !

BARBARIN.

Mérite récompense,
Vous m'entendez bien.

ARLEQUIN.

Non, parbleu.

BARBARIN, sur le même air.

Pour vous l'expliquer en deux mots,
C'est par moi que nombre de sots
Vous ont ouvert leur bourse.

ARLEQUIN.

Hé bien !

BARBARIN.

Reconnoissez la source.

ARLEQUIN.

Vous n'en aurez rien.

BARBARIN, avec colère.

Quoi ! vous ne voulez pas me faire raison d'un gain aussi légitime que celui-là ?

ARLEQUIN.

Mais vous, monsieur Barbarin, m'avez-vous fait raison du gain que vous avez fait sur l'escompte des billets de notre compagnie ? Vous avez compté de la perte à huit sols en dedans, et vous avez négocié à quatre sols en dehors.

BARBARIN.

Mais vous, m'avez-vous fait part du profit de ces doubles emplois de dépense que vous savez?

ARLEQUIN.

Mais vous, quel compte m'avez-vous tenu de ce coup hardi que j'imaginai dans l'affaire des vivres? Après le naufrage concerté de ces dix bateaux de farine, vous m'avez fait accroire qu'il n'y avoit que quinze cens sacs de plâtre, et je sais qu'il y en avoit plus de quatre mille. Allez, vous êtes le plus grand des fripons.

BARBARIN, ôtant son chapeau.

Après vous, Monsieur.

Air : *Quand je tiens de ce jus d'octobre.*

On n'a point vu d'un misérable
Barbarin escroquer d'*avis.*

ARLEQUIN.

Aussi tes plaisirs et ta table,
N'en ont pas été mieux servis.

BARBARIN.

Je n'ai jamais retenu, comme vous, un sac de louis d'or donné par un confrère pour un sac de mille livres en argent.

ARLEQUIN.

Pourquoi se méprenoit-il? Ce n'est pas ma faute.

BARBARIN.

On ne me reprochera pas, comme à vous....

ARLEQUIN.

Air : *Mon père, je viens devant vous.*

Taisez-vous, insigne coquin.

BARBARIN.

Oui, j'en suis un, je vous le passe;
Mais jamais, ainsi qu'Arlequin,

ACTE I, SCÈNE VIII.

Je n'ai pillé la populace.
Tous ceux que mes vols ont lésés,
Étoient presque tous gens aisés.

ARLEQUIN.

Voler des gens riches !

Air : *Tu croyois en aimant Colette.*

Oh ! voilà de belles prouesses !
N'ai-je pas, moi, mieux mérité ?
J'ai puisé toutes mes richesses
Dans le sein de la pauvreté.
Voilà ce qui s'appelle savoir travailler.

BARBARIN.

Air : *Et zon, zon, zon.*

Ne discourons point tant.
Terminons cette affaire :
Il me faut du comptant.

ARLEQUIN.

Je vais vous satisfaire,

(Le frappant de sa batte.)

Et zon, zon, zon.

BARBARIN.

Ah ! maraud de confrère.

ARLEQUIN, continuant à le frapper.

Et zon, zon, zon,
Vous aurez du bâton.

BARBARIN, outré de colère.

Tiens, traître.

Air : *Et vogue la galère.*

Dans ma juste colère,
Je cours tout déclarer
Au tribunal sévère,
Dussé-je y demeurer.

(Il sort.

ARLEQUIN, faisant l'action de ramer.

Eh bien, après?

   Et vogue la galère,
   Tant qu'elle, tant qu'elle,
   Et vogue la galère,
   Tant qu'elle pourra voguer.

SCÈNE IX.

ARLEQUIN, LE DOCTEUR, ISABELLE, COLOMBINE.

LE DOCTEUR, à Arlequin.

Air : *Réveillez-vous, belle endormie.*

Je vous amène ici ma fille.

ARLEQUIN.

En me donnant ce beau trésor,
Vous faites l'acquit d'un bon drille.

COLOMBINE, à part.

Oh! tu ne le tiens pas encor.

ARLEQUIN, prenant la main d'Isabelle.

Air : *Bannissons d'ici l'humeur noire.*

Vous allez, ma belle maîtresse,
Recevoir dans cet heureux jour,
Tout le produit de ma tendresse
Dans la caisse de votre amour.

(Isabelle soupire.)

ARLEQUIN.

Air : *Je suis la fleur des garçons du village.*

Je vous fais faire un superbe équipage.
On nous prendra pour gens de haut étage,
   Ou pour le moins nous le croirons.

ACTE I, SCÈNE IX.

LE DOCTEUR, à Isabelle.

Air : *Landeriri.*

Mon gendre est grec dans son métier.
C'est un honnête maltôtier,
  Landerirette.
Il a l'air d'être bon mari.

COLOMBINE, d'un ton moqueur.

Landeriri.

ARLEQUIN, au docteur.

Air : *Voulez-vous savoir qui des deux ?*

Elle est muette apparemment.

LE DOCTEUR, à Isabelle.

Ma fille, fais ton compliment.

ISABELLE, d'un air chagrin.

Je demande un délai, mon père,
De six mois....

ARLEQUIN, à Isabelle.

   Vous avez grand tort :
L'amour ne veut pas qu'on diffère.

ISABELLE, à Arlequin.

Monsieur, rien ne presse si fort.

ARLEQUIN.

Air : *Comme un coucou que l'amour presse.*

Quand vous pouvez payer à vue,
Pourquoi demandez-vous du tems ?

LE DOCTEUR.

C'est une chose résolue ;
Il faut finir : je le prétends.
La noce se fera à ma maison de campagne.

ARLEQUIN, au docteur.

Allez toujours m'attendre,
J'irai vous y trouver.

COLOMBINE, bas, à Isabelle.

Je vais dire à Léandre,
Qu'il vienne nous sauver.

(Le docteur, Isabelle et Colombine sortent.)

SCÈNE X.

ARLEQUIN, JASMIN.

ARLEQUIN.

Toi, Jasmin, vas de ma part chez ce fameux maître à danser, M. Cabril, dont on m'a parlé. Qu'il nous vienne trouver, avec ses danseurs, à la maison de campagne du docteur.

SCÈNE XI.

ARLEQUIN, M. BLAZONNET.

ARLEQUIN.

Eh bien, monsieur Blazonnet, m'apportez-vous mes armes?

M. BLAZONNET.

J'en ai là à choisir.

ARLEQUIN.

Voyons.

M. BLAZONNET.

Voici d'abord, un champignon d'or en champ de sable.

ACTE I, SCÈNE XI.

ARLEQUIN.

Un champignon ! cela n'est pas mauvais ; mais je ne voudrois point d'un vilain fond noir comme cela.

M. BLAZONNET.

Si vous voulez, on y mettra du sinople.

ARLEQUIN.

Quelle drogue est-ce que du sinople ?

M. BLAZONNET.

C'est du vert.

ARLEQUIN.

Je suis las des couleurs.

M. BLAZONNET.

Vous aimerez peut-être mieux ce pourceau d'or en champ de gueule.

ARLEQUIN.

Très-bien !

M. BLAZONNET.

Il a trois glands dans le groin, avec cette devise latine : *Virtuti debita merces.*

ARLEQUIN.

Fi ! la vilaine devise !

M. BLAZONNET.

Mais, Monsieur....

ARLEQUIN.

Mais, je n'en veux point. On diroit que j'ai été mercier. Oui, *debita merces*, il a débité de la mercerie.

M. BLAZONNET, souriant.

Laissez-moi faire ; je sais ce qu'il vous faut.

ARLEQUIN.

Combien me demanderiez-vous, monsieur Blazonnet, pour faire passer une noblesse en fraude à mon profit ?

M. BLAZONNET.

Diable! Il y a bien du travail à cela!... Un millier d'écus....

ARLEQUIN.

Comment!

M. BLAZONNET.

En conscience, ce n'est pas trop de mille écus.

ARLEQUIN.

Je ne sais point marchander; je vous donnerai les deux sols pour livre de cette somme-là.

M. BLAZONNET.

Hé, morbleu! vous ne savez pas la peine qu'il coûte à embrouiller certaines rotures qui....

ARLEQUIN.

Quelle peine trouvez-vous à cela?

M. BLAZONNET.

Malepeste! tenez, Monsieur, pour vous parler net, c'est que plus le linge est sale, plus il y faut de savon.

ARLEQUIN, en colère.

Attends, attends, insolent, je vais te donner du savon, moi.

(Il conduit M. Blazonnet à coups de batte.)

M. BLAZONNET, s'enfuyant.

A l'aide! au meurtre! on m'assassine!

SCÈNE XII.

ARLEQUIN, LA ROSE.

LA ROSE.

Air : *Pour passer doucement la vie.*

Une dame à tous nous tient tête,
Et malgré nous reste là-bas.

ARLEQUIN.

Ne t'ai-je pas ordonné, bête,
De dire que je n'y suis pas?

SCÈNE XIII.

ARLEQUIN, LA ROSE, MADEMOISELLE FURET.

MADEMOISELLE FURET, faisant une profonde révérence.
Air : *Je ne suis né ni roi, ni prince.*
Pardonnez-moi, je vous supplie,
Monsieur....

ARLEQUIN, à part.
Peste! qu'elle est jolie!

MADEMOISELLE FURET.
Ce procédé trop indiscret.

ARLEQUIN, haut.
Entrez, ma fille.

MADEMOISELLE FURET.
Je suis femme.

ARLEQUIN.
Tant mieux.

MADEMOISELLE FURET.
Je me nomme Furet.

ARLEQUIN, à La Rose.
Pourquoi faire attendre madame?

LA ROSE.
Air : *La verte jeunesse.*
Mais, monsieur l'ordonne,
Et dit, en un mot,
Qu'on n'ouvre à personne.

ARLEQUIN.

Vas, tu n'es qu'un sot,
Jamais de ma porte
Doit-on repousser,
Un minois qui porte
Son laissez-passer.

(La Rose se retire.)

SCÈNE XIV.

ARLEQUIN, MADEMOISELLE FURET.

MADEMOISELLE FURET.

Air : *Les filles de Nanterre.*
Je vous suis redevable.

ARLEQUIN.

Tudieu! quel embonpoint!
Permettez, mon aimable,
Que.... (Il lui met la main sous le menton.)

MADEMOISELLE FURET.

Ne badinez point.

(Arlequin continue de badiner.)

Air : *Les filles de Montpellier.*
Ah! Monsieur....

ARLEQUIN.

Point de rigueur ;
Bannissez toute grimace.
Voulez-vous dans votre cœur,
Me sous-fermer une place?

MADEMOISELLE FURET.

Ahi! ahi! ahi!
Ahi! ahi! ahi! de grâce,
De grâce, ahi! ahi! ahi!

ARLEQUIN.

Air : *Ma raison s'en va bon train.*

Oh! çà donc, venons au fait.
Que voulez-vous?

MADEMOISELLE FURET, lui passant la main sous le menton.

Mon poulet,
Je voudrois de vous,
Un bon....

ARLEQUIN.

Mes yeux doux,
Que faut-il pour vous plaire?

MADEMOISELLE FURET.

Un bon emploi pour mon époux.

ARLEQUIN.

Je ferai son affaire,
Lon la,
Je ferai son affaire.

Air : *Quel plaisir d'aimer sans contrainte.*

Voulez-vous qu'il soit sédentaire?

MADEMOISELLE FURET.

Mais vraiment, non, Monsieur, au contraire.

ARLEQUIN.

Bon, nous l'enverrons à la campagne.
Je le fourre au fond de la Bretagne.

MADEMOISELLE FURET.

Monsieur, c'est un gâte ménage ;
Défaites-m'en par quelque emploi.
Depuis trois ans de mariage,
Il faut que tout roule sur moi.

ARLEQUIN.

Air : *Hélas! la pauvre fille.*
Hélas! la pauvre femme!
Elle a le mal de tout!

Air : *Réveillez-vous, belle endormie.*
Je vous délivrerai, princesse,
De cet incommode mâtin.

MADEMOISELLE FURET.

Quand tiendrez-vous votre promesse?

ARLEQUIN.

Mais.... repassez quelque matin.

MADEMOISELLE FURET, passant la main sous le menton d'Arlequin.
Air : *Joconde.*
Maintenant, ne pourriez-vous pas?...

ARLEQUIN.

Non, ma foi, dont j'enrage.
Je me trouve dans l'embarras,
D'un nouveau mariage;
Mais, sans cela, mon petit cœur,
Vous sortiriez contente.....
Je suis bien votre serviteur.

MADEMOISELLE FURET, d'un air mécontent, faisant la révérence.
Je suis votre servante.

ARLEQUIN.

Dame! ce n'est pas ma faute.

SCÈNE XV.

ARLEQUIN, LA ROSE, BELPHÉGOR, sous les habits d'un homme.

LA ROSE, arrêtant Belphégor à la porte.
Je vous dis que vous n'entrerez pas.

ACTE I, SCÈNE XVI.

BELPHÉGOR.

Air : *Du haut en bas.* (Rondeau.)

Oh ! j'entrerai.

LA ROSE.

En ce jour, il n'entre personne.

BELPHÉGOR, le repoussant.

Oh ! j'entrerai.

LA ROSE, s'opposant toujours à Belphégor.

Mais, Monsieur....

BELPHÉGOR, lui donnant un coup dans l'estomac.

Je t'étranglerai.

ARLEQUIN.

Quel est l'insolent qui raisonne ?

LA ROSE, à Belphégor.

Vous voyez bien qu'on nous l'ordonne.

BELPHÉGOR, renversant La Rose.

Oh ! j'entrerai.

(La Rose se relève et se sauve.)

SCÈNE XVI.

ARLEQUIN, BELPHÉGOR.

ARLEQUIN.

Air : *Je ne suis pas si diable.*
Eh bien ! quelle est l'affaire....

BELPHÉGOR, lui montrant un papier.

C'est un billet, seigneur.

ARLEQUIN, à part.

Tant pis.

BELPHÉGOR.

Auquel j'espère
Que vous ferez honneur.

ARLEQUIN.

Oh! prenez patience.

BELPHÉGOR.

Vous serez obligeant.

ARLEQUIN.

Ma caisse, en conscience,
Est sans argent.

BELPHÉGOR, souriant.

Air : *Le fameux Diogène.*

Le billet qui m'amène,
De votre caisse pleine
Ne prétend rien ôter.

ARLEQUIN.

C'est parler en brave homme.

BELPHÉGOR.

Vous-même êtes la somme
Que je veux emporter.

ARLEQUIN, riant.

Ah! j'entends! (A part.) C'est quelque courtier de Cythère qui vient me chercher.

Belphégor laisse tomber ses habits d'homme, et paroît sous la figure d'un diable avec deux cornes qui s'élèvent tout à coup sur sa tête.

ARLEQUIN, épouvanté de cette métamorphose.

Air : *Foudres d'Alceste.*

Quel fantôme en ces lieux,
O justes dieux!
Tout à coup s'offre à mes yeux!

ACTE I, SCÈNE XVI.

BELPHÉGOR, arrêtant Arlequin qui fuit.

Halte-là, monstre odieux.

ARLEQUIN.

Venez, laquais, à mon secours.
A qui puis-je avoir recours?

BELPHÉGOR.

Tes gens viendroient vainement
Tous dans ce moment.
Tiens ton serment.
Ne m'as-tu pas donné ta foi? (Le prenant au collet.)
Scélérat, subis ma loi.

ARLEQUIN.

Qui? moi?

BELPHÉGOR.

Ne reconnois-tu pas Belphégor?

ARLEQUIN.

Mais à vous je ne suis point encor.

BELPHÉGOR, lui montrant son billet.

Regarde ton billet, butor.

ARLEQUIN.

Je sais le tems;
C'est dans trente ans.

BELPHÉGOR.

Voilà ton seing;
Démens ta main.

ARLEQUIN.

Repassez demain.

BELPHÉGOR.

Non, non, il faut soudain
Venir dans les enfers,
Y payer dans les fers
Tous les maux que par toi les peuples ont soufferts.

Lis ton billet.

ARLEQUIN, prend son billet et lit :

Air : *Joconde.*

Puisque Belphégor m'a promis
L'infernale assistance;
Qui fait d'un malheureux commis
Un traitant d'importance,
Je veux, par un juste retour,
Digne de son élève,
Que dans trois ans, à même jour,
Ce grand diable m'enlève.

A Paris, le 22 mars 1713.

Arlequin.

Arlequin, prévenu qu'il doit y avoir trente ans, dit d'abord *trente;* mais Belphégor le reprend, et le fait recommencer jusqu'à ce que Arlequin, ne pouvant plus douter qu'il n'y ait *trois* et non trente, s'écrie :

Ah! le traître! Il a gratté le zéro! Il y avoit trente; il n'y a plus que trois.

BELPHÉGOR.

Maraud, que veux-tu dire? Si je....

ARLEQUIN.

Air : *Voulez-vous savoir qui des deux?*

Ce n'est pas là mon numéro;
Remettez, de grâce, un zéro.
C'est à vos griffes charitables
Demander peu. Vous savez bien
Qu'entre nous traitans et vous diables
Un zéro ne nous coûte rien.

ACTE I, SCÈNE XVI.

BELPHÉGOR, *prenant Arlequin entre ses bras.*

Non, non, point de quartier.

ARLEQUIN.

Air : *2ᵉ Rigaudon de Galatée.*

Mais ce soir. Isabelle
Couronne mon amour.
En faveur de la belle,
Accordez-moi ce jour.
Je voudrois bien danser.

BELPHÉGOR.

Oh! tu viendras
Cabrioler là-bas.

Dans ce moment la terre s'ouvre. Belphégor s'abîme avec Arlequin. Il sort du gouffre quatre démons, qui forment une danse, par laquelle ils expriment la part qu'ils prennent à la tromperie que Belphégor a faite à Arlequin.

FIN DU PREMIER ACTE.

ACTE DEUXIÈME.

Le théâtre représente le Tartare, où paroissent plusieurs personnes dans différens supplices.

SCÈNE I.

BELPHÉGOR, ARLEQUIN, Coupables.

BELPHÉGOR, aux coupables.

Air : *Je suis la fleur des garçons du village.*

Tristes sujets de cet empire sombre,
Je vous amène un gros traitant;
Des malheureux il vient grossir le nombre.
Chantez ce nouvel habitant.

CHŒUR DE COUPABLES.

Air : *Y avance, y avance.*

Goûtons dans nos tourmens affreux
Le seul plaisir des malheureux.
Viens, camarade de souffrance,
Y avance, y avance, y avance;
Viens recevoir ta récompense.

ARLEQUIN.

Air : *Menuet de monsieur de Grandval.*

Ah! quelle musique endiablée!
Quel chien de chorus est-ce là?
Je démêle en cette assemblée,
Nombre de voix de l'Opéra.

BELPHÉGOR.

Eh! mais, nous n'en manquons pas.

ACTE II, SCÈNE I.

AIR : *Quand je tiens de ce jus d'octobre.*

Puisque désormais tu dois être
Compagnon de ces garnemens,
Il faut qu'on te fasse connoître
La cause de leurs châtimens.

ARLEQUIN, montrant un criminel à qui un vautour déchire le cœur.

AIR : *Comme un coucou que l'amour presse.*

Ne vois-je pas là Prométhée
Qui filouta le feu des cieux?

BELPHÉGOR.

Non. Sa peine étoit limitée;
Nous l'avons mis en d'autres lieux.
Dans les Champs-Élysées.

ARLEQUIN.

AIR : *Le démon malicieux et fin.*

Et qui donc le remplace à présent?

BELPHÉGOR.

Un gascon, vain, fripon, médisant.

ARLEQUIN.

Qu'a-t-il fait?

BELPHÉGOR.

De mainte honnête femme
Il déchira la réputation.
Ce vautour, en lui déchirant l'âme,
Au crime égale la punition.

ARLEQUIN.

AIR : *Bannissons d'ici l'humeur noire.*

Si vous mettez à telle gêne
Ceux qui tiennent pareils discours,
Seigneur Démon, je suis en peine
Où vous trouverez des vautours.

BELPHÉGOR, lui montrant un homme attaché à une roue.

AIR : *Mon père, je viens devant vous.*

Regarde avec attention.

12.

Cet homme qu'on tourne sans cesse,
A pris la place d'Ixion.

ARLEQUIN.

Eh bien, dites-moi quel homme est-ce?

BELPHÉGOR.

C'est un célèbre médecin.

ARLEQUIN.

Ergo, très-célèbre assassin.

BELPHÉGOR.

Justement.

AIR : *Du cap de Bonne-Espérance.*

Sur celui de certain livre
Il établissoit son plan ;
Croyant que l'homme pour vivre
N'avoit pas besoin de sang.

ARLEQUIN.

Il le tiroit?

BELPHÉGOR.

Oui, sans doute ;
Jusqu'à la dernière goutte
Monsieur le laissoit couler,
Pour le faire circuler.

ARLEQUIN.

Fort bien. Et vous faites circuler le docteur à son tour.

AIR : *Tu croyois en aimant Colette.*

Mais quel est ce grand escogriffe
Qui roule un rocher sur ce mont?
N'est-ce pas le pauvre Sisyphe?

BELPHÉGOR.

C'est le poëte Rodomont.

ARLEQUIN.

Oh! oh!

ACTE II, SCÈNE 1.

BELPHÉGOR.

Air : *L'autre jour au bord d'une fontaine.*

Ce pied-plat de poëte lyrique
    Fit grand nombre d'opéra ;
Partout il y défigura
Les Dieux et la gent diabolique.
Aussi les vit-on trébucher
    Toujours comme ce rocher.

ARLEQUIN.

Air : *Quand on a prononcé ce malheureux oui.*

Y sera-t-il longtemps ? Quand lui ferez-vous grâce ?

BELPHÉGOR.

Lorsqu'un pareil auteur viendra prendre sa place.

ARLEQUIN.

S'il ne faut qu'un auteur d'un mauvais opéra,
J'en vois un près d'ici qui le remplacera.

Arlequin montre du doigt un homme assis sur le théâtre, parmi les spectateurs. Cet homme se lève en colère, et apostrophant Arlequin, lui dit :

L'HOMME.

A qui en veut donc ce maraud ? (Aux personnes qui sont à côté de lui.) Laissez-moi passer, s'il vous plaît, Messieurs.

Il s'avance sur le théâtre d'un air furieux, et dit, en donnant de ses gants par le visage d'Arlequin et de Belphégor.

Vous êtes de plaisantes canailles de....

ARLEQUIN, se démasquant.

Comment, Monsieur, est-il permis de venir ainsi sur un théâtre interrompre un spectacle ?

L'HOMME, lui donnant un coup de poing.

Tais-toi, gueux.

ARLEQUIN, criant de toutes ses forces :

A la garde ! à la garde !

La garde arrive sur le théâtre, ce qui laisse le spectateur dans l'attente d'un événement sérieux ; mais l'homme, qui se trouve être un acteur, chante :

Air : *Voulez-vous savoir qui des deux ?*

Je vous trouve bien insolens
De critiquer d'honnêtes gens.

Il est interrompu en cet endroit par les cris de surprise des spectateurs qui reconnoissent agréablement leur erreur.

C'est bien à des acteurs de foire,
Trop indignes de mon courroux,
D'oser ici flétrir ma gloire.

ARLEQUIN, remettant son masque.

Hé, pourquoi le prendre pour vous?

BELPHÉGOR.

Air : *Je ne suis né ni roi, ni prince.*

Cet homme de peu de cervelle
Vient se brûler à la chandelle :
Il arrive fort à propos.
Oui, pour prix de son incartade,
Je vais lui mettre sur le dos
La pierre de son camarade.

Belphégor l'emmène au fond du théâtre, où il lui met sur les épaules la pierre de Sisyphe, mais l'acteur la replace sur le dos du poëte qui en étoit chargé, et il se retire. Belphégor revient et continue à faire remarquer à Arlequin les criminels :

Air : *Réveillez-vous, belle endormie.*

Observe ces femmes perfides
Qui veulent remplir ce tonneau.

ARLEQUIN.

Seroient-ce encor les Danaïdes?

BELPHÉGOR.

Non, vraiment; c'est du fruit nouveau.

Air : *On n'aime point dans nos forêts.*

Ce sont des filles de Paris,
Qui, pour fournir à leur dépense,
Réduisirent leurs favoris
A la plus affreuse indigence,
Sans en avoir jamais assez.

ARLEQUIN.

C'étoient de vrais tonneaux percés.

Et ces pauvres diables qui sont en presse sous cette grosse montagne?

BELPHÉGOR.

Air : *Si dans le mal qui me possède.*

C'est une clique téméraire
D'auteurs, grands ennemis du grec ;
Des modernes qui, sans respect,
Se sont élevés contre Homère (1).

ARLEQUIN.

Vous recevrez en peu de tems
Un café plein de ces Titans.

BELPHÉGOR.

Air : *Je ne veux point troubler votre ignorance.*

Tourne les yeux sur cette onde fatale.
Reconnois-tu cet honnête habitant?

ARLEQUIN.

A son maintien, je le prends pour Tantale.

BELPHÉGOR.

Ce n'est plus lui, c'est un fameux traitant.

---

(1) L'auteur fait ici allusion à la querelle qui s'éleva entre Houdart de La Motte et Mme Dacier. Dans la préface de son abrégé ou plutôt de sa parodie de l'*Iliade* d'Homère, La Motte s'était permis de juger assez sévèrement le prince des poëtes. Mme Dacier releva avec une certaine vivacité cette critique dans son traité *des Causes de la corruption du goût,* et le monde savant se divisa alors en deux camps. D'un côté, on vit entre autres l'abbé Terrasson, de l'Académie des sciences, et le P. Hardouin, de la Compagnie de Jésus, prendre le parti de La Motte ; mais, d'autre part, Mme Dacier, qui d'ailleurs n'avait pas besoin d'être soutenue, se voyait particulièrement appuyée par Gacon, le poëte sans fard, et par l'académicien Fourmont, professeur au Collége de France. Houdart de La Motte fut vaincu dans cette lutte, mais on doit reconnaître qu'il succomba avec esprit.

ARLEQUIN.

Un traitant! Ciel! qu'a-t-il donc fait?

BELPHÉGOR.

Demande-le lui.

ARLEQUIN.

Air : *Perroquet mignon.*

Traitant, mon garçon,
Dis-moi sans façon
Pour quel sujet te punit-on
De cette manière?

LE TRAITANT.

J'ai calculé,
J'ai doublé,
J'ai triplé.
J'ai volé,
En faisant ma carrière,
De même que toi,
Le peuple et le roi.

ARLEQUIN.

Air : *Comme un coucou que l'amour presse.*

Que je te plains, mon cher confrère!
Hélas! je voudrois te sauver.

BELPHÉGOR.

Vraiment, l'ami, tu vas le faire;
C'est toi qui dois le relever. (Il tiraille Arlequin.)

ARLEQUIN.

Miséricorde! Mais, mais, attendez donc....

BELPHÉGOR.

Ta résistance est vaine.

ARLEQUIN.

Et quand me relèvera-t-on, moi?

BELPHÉGOR.

Air : *Je ne suis né ni roi, ni prince.*

Lorsque dans ces lieux quelque diable
Nous amènera ton semblable.

ARLEQUIN.

Hélas! j'y suis donc pour longtems!
Mes pareils ne pouvant plus mordre
Vont devenir honnêtes gens :
Là-haut on y donne bon ordre.

Ahi-ouf. (Il pleure.)

Belphégor veut le mettre à la place de l'autre traitant, lorsque Astarot arrive.

SCÈNE II.

ARLEQUIN, BELPHÉGOR, ASTAROT, COUPABLES

ASTAROT.

Air : *Les Trembleurs.*

Que l'on me prête silence.
Pluton veut qu'en diligence,
Pour célébrer sa naissance,
On déchaîne tous ces gens.
Il prétend qu'en son empire
Nul aujourd'hui ne soupire.

(A Belphégor.)

Il m'a chargé de te dire
De lâcher jusqu'aux sergens.

ARLEQUIN.

Bon. C'est autant de rabattu.

BELPHÉGOR.

Air : *Menuet d'Hésione.*

Quoi! n'a-t-il pas assez de diables
Pour cet effet, dans son enfer?

ASTAROT.

Il le veut.

BELPHÉGOR.

A ces misérables
Ces plaisirs coûteront bien cher!

(Astarot s'en retourne.)

SCÈNE III.

ARLEQUIN, BELPHÉGOR, Coupables.

ARLEQUIN.

Air : *O reguingué, ô lon lan là.*

Hélas! qu'as-tu fait, Arlequin
En traitant avec ce coquin?

BELPHÉGOR.

Comment donc? Que dit ce faquin?

ARLEQUIN.

Un procureur dans son étude
A ses clercs n'est guère plus rude.

BELPHÉGOR, aux coupables, après les avoir déchaînés.

Air : *Bouchez, naïades, vos fontaines.*

Pour quelques momens je vous laisse.
Je vais revenir. (Il sort.)

ARLEQUIN.

Rien ne presse.
Puisses-tu te casser les bras!

UN DES COUPABLES.

Tu te fais de belles affaires.
Quand on ne le ménage pas,
Il vous met avec les notaires.

ARLEQUIN.

Hoïmé.

SCÈNE IV.

ARLEQUIN, Coupables.

DEUX FILLES.

Air : *Bannissons d'ici l'humeur noire.*

Profitons d'un jour favorable;
Goûtons ces momens précieux.
Quand le plaisir est peu durable,
Il en est plus délicieux.

UN DES COUPABLES.

Air : *Cotillon des Fêtes de Thalie.*

Dansons le nouveau cotillon,
Rions, chantons tous, faisons carillon;
Venez, danseuses,
Tricoteuses,
Montrez-nous ces pas,
Qui faisoient valoir vos appas.
Dansons le nouveau cotillon;
Rions, chantons tous, faisons carillon.

Alors quatre Danseurs et quatre Danseuses, vêtus à la Romaine, viennent danser. Après la danse, un des coupables va prendre Arlequin qui s'étoit retiré au fond du théâtre, où, pendant la danse, il a paru triste et rêveur, et lui dit :

UN DES COUPABLES.

Air : *On n'aime point dans nos forêts.*

Viens te divertir avec nous;
Quitte ton air mélancolique.

ARLEQUIN.

Ma foi, vous êtes de grands fous.
Laissez la danse et la musique.
Mes amis, il vaut beaucoup mieux
Tâcher de sortir de ces lieux.

UN DES COUPABLES.

Air : *Du cap de Bonne-Espérance.*

Par où veux-tu qu'on en sorte ?

ARLEQUIN.

J'en trouverai le moyen.

LE COUPABLE.

Nous avons à cette porte
Un épouvantable chien,
Le Cerbère à triple tête.

ARLEQUIN.

Allez, ce n'est qu'une bête.
Fondez sur lui tout à coup
Et vous en viendrez à bout.

CHŒUR DE COUPABLES.

Fondons sur lui tout à coup
Et nous en viendrons à bout.

LE POETE, qui étoit à la place de Sysiphe.

Air : *Je ne suis né ni roi, ni prince.*

Combattans, courez à la gloire :
Je chanterai votre victoire.

ARLEQUIN.

A propos, l'ami, tu peux bien
Nous aider de ton ministère.
Tu fais des vers à tuer chien,
Fais-nous en pour tuer Cerbère.

Çà, camarades, pendant que les diables sont en débauche, profitons de l'occasion. (L'orchestre joue un air de combat.)

CHŒUR DE COUPABLES.

Air : *De monsieur de la Croix.*

Allons, amis, tenons pied ferme !

Arlequin, pendant le choc, saute par-dessus Cerbère et se sauve.

ACTE II, SCÈNE V.

Notre libérateur a déjà su passer.

Cerbère terrasse tous les coupables, qui demeurent immobiles, et la porte des Enfers se referme avec grand bruit.

UN DES COUPABLES, effrayé.

Mais quoi, la porte se referme :
Cerbère vient tout terrasser.
L'antre éclate, Pluton menace,
Ah! quels affreux mugissemens.
Tristes effets de notre vaine audace,
Que vous nous annoncez de rigoureux tourmens.

SCÈNE V.

PLUTON, BELPHÉGOR, Coupables, Démons.

Les Démons, par une marche de fureur, annoncent l'arrivée du Dieu des Enfers.

PLUTON.

Air : *Quand on a prononcé ce malheureux oui.*

Comment donc, malheureux, vous avez l'insolence,
De vouloir vous soustraire à mon obéissance.

CHŒUR DE COUPABLES.

Pluton, ô grand Pluton, ayez pitié de nous!

PLUTON.

Vos larmes, scélérats, redoublent mon courroux.

BELPHÉGOR.

Air : *Voulez-vous savoir qui des deux?*

De tes bontés vois les effets.

PLUTON.

Qu'on les renchaîne pour jamais.

BELPHÉGOR.

Mais, quoi? Je ne vois point paroître
Notre partisan Arlequin?

UN DES COUPABLES.

Il s'est sauvé.

BELPHÉGOR, s'apprêtant à poursuivre Arlequin.

Cherchons le traître.

PLUTON, le retenant.

Ne cours point après ce coquin.

Air : *Joconde.*

Puisque nous sommes dans un tems
  Contraire à la finance,
Et que, délivré des traitans,
  Chacun respire en France,
Nous pouvons compter qu'un maraud
  Dont l'âme est si vénale,
Mieux qu'ici va souffrir là-haut
  Le tourment de Tantale.

CHŒUR DE DÉMONS ET DE COUPABLES.

Air : *De monsieur de la Croix.*

Que la faim lui livre la guerre;
Que le bonheur d'autrui blesse toujours ses yeux;
Qu'il puisse souffrir sur la terre
Les maux qu'il méritoit de souffrir en ces lieux.

(L'acte finit par une danse de Démons.)

FIN DU DEUXIÈME ACTE.

ACTE TROISIÈME.

Le théâtre représente une maison de campagne dans les ailes, et une rivière dans l'enfoncement.

SCÈNE I.

ISABELLE.

Air : *Le jeune berger qui m'engage.*

Tendres oiseaux de ce bocage,
Hélas! que vous êtes heureux!
Vous pouvez, par un doux ramage,
Chanter vos plaisirs amoureux.
Vous n'avez point de loi sévère.
Tous libres dans ce beau séjour,
Vous ne connoissez plus de père,
Dès que vous connoissez l'amour.

SCÈNE II.

ISABELLE, COLOMBINE.

COLOMBINE.

Air : *J'entends déjà le bruit des armes.*

Allons! Madame, le tems presse;
Léandre ici vient d'arriver.
N'écoutez que votre tendresse,
Venez, il va nous enlever.

ISABELLE, soupirant.

Hélas!

COLOMBINE.

Partons : point de foiblesse,
Peut-on autrement vous sauver?

ISABELLE.

Air : *L'autre jour ma Chloris.*

O devoir rigoureux!
Hélas! que dois-je faire?
Dois-je immoler mes feux,
Ou fuir loin de mon père?
J'écoute tour à tour,
Le devoir et l'amour.

SCÈNE III.

ISABELLE, COLOMBINE, LÉANDRE.

LÉANDRE.

Air : *Réveillez-vous, belle endormie.*

Madame, une nacelle est prête
Pour vous éloigner de ces lieux.

ISABELLE, tremblante.

O juste ciel!

COLOMBINE.

Qui vous arrête?
Craignez un hymen odieux.

LÉANDRE.

Air : *Ah! qu'il y va gaîment.*

Ah! si vous m'aimez tendrement,
Venez dans ce moment,
Sauvez-vous avec votre amant.

Tout le long de la rivière,
Ah! qu'il ira, ma bergère,
Ah! qu'il ira gaîment.

ISABELLE.

Je veux bien suivre votre sort;
Mais, pour me satisfaire,
Employons un dernier effort
Sur l'esprit de mon père.

LÉANDRE.

Je l'aperçois: il vient à nous.
Parlons tous deux, Madame.

COLOMBINE.

Tombons tous trois à ses genoux,
Pour mieux toucher son âme.

SCÈNE IV.

ISABELLE, COLOMBINE, LÉANDRE, LE DOCTEUR.

LE DOCTEUR, d'un air brusque.

AIR : *Quel plaisir de voir Claudine.*

Vous, ici! Seigneur Léandre,
Je suis surpris de vous voir.
Hé, que pouvez-vous prétendre?

LÉANDRE.

Vous marquer mon désespoir.

(Se jetant aux pieds du docteur.)

AIR : *Malheureuse journée.*

Entrez dans les alarmes
Que me cause ce jour.

ISABELLE, tombant aux genoux de son père.

Voyez couler mes larmes.

LÉANDRE.

Ecoutez mon amour.

COLOMBINE, se jetant aussi aux pieds du docteur

De ces amans fidèles
N'aurez-vous point pitié?
Ce sont deux tourterelles
Qui vont sécher sur pié.

LE DOCTEUR, attendri, tire son mouchoir pour essuyer ses pleurs.

Air : *O reguingué, ô lon lan la.*

Mes enfans, je sens vos douleurs;
Je ne puis retenir mes pleurs.

COLOMBINE, à part.

Il est touché de nos malheurs.

LE DOCTEUR.

Mais, je suis homme de parole.
(A Isabelle.)
Ma fille, à regret je t'immole.

ISABELLE, apercevant La Rose.

Air : *Pour passer doucement la vie.*

Oh ciel! Arlequin va paroître!
Un de ses laquais vient ici.

SCÈNE V.

ISABELLE, COLOMBINE, LÉANDRE, LE DOCTEUR, LA ROSE.

LE DOCTEUR.

Quelles nouvelles de ton maître?

LA ROSE, essoufflé.

Ah! Monsieur, j'ai bien du souci.

ACTE III, SCÈNE V.

LE DOCTEUR.

Où y a-t-il donc?

LA ROSE.

Air : *Je ne suis né ni roi, ni prince.*

Il a disparu....

LE DOCTEUR.

Quoi ! La Rose !

LA ROSE.

Sans qu'on puisse en savoir la cause.
Je l'ai cherché dans cent maisons,
J'ai parcouru toute la ville,
Visité toutes les prisons,
J'ai pris une peine inutile.
Il faut que le diable l'ait emporté.

LÉANDRE, à part.

Qu'entends-je !

COLOMBINE.

Oh! oh!

ISABELLE.

Que vient-on nous dire?

LÉANDRE.

Air : *Quand le péril est agréable.*

Il a peut-être pris la fuite.

LA ROSE.

C'est ce que pensent ses amis.
On dit même que l'on a mis
Des gens à sa poursuite.

ISABELLE.

Air : *L'autre nuit, j'aperçus en songe.*

Ce bruit n'est pas sans vraisemblance,
Puisqu'il ne paroît point ici.

13.

LE DOCTEUR.

Je commence à le croire aussi.

COLOMBINE.

Déterminez-vous.

LE DOCTEUR.

Patience,
Attendons encore un moment.

COLOMBINE.

Pourquoi ce vain retardement?

LÉANDRE, au docteur.

Air : *Comme un coucou que l'amour presse.*
Un pareil bruit doit vous suffire,
Pour rompre tout engagement.

COLOMBINE.

Oui, vous n'avez qu'à vous dédire.

LA ROSE.

Et vous ferez fort sagement.

COLOMBINE.

Air : *Ménuet de monsieur de Grandval.*
Où pourrez-vous trouver un gendre
Qui soit égal à celui-ci?

LE DOCTEUR.

A vos raisons il faut se rendre,
Le traitant ne.... Mais le voici.

SCÈNE VI.

LE DOCTEUR, ISABELLE, LÉANDRE, COLOMBINE, LA ROSE, ARLEQUIN, habillé richement.

LÉANDRE.

Que vois-je!

ISABELLE.

O ciel!

COLOMBINE.

Que la peste le crève.

ARLEQUIN, sans les apercevoir.

Air : *Robin, turelure lure.*

Ma foi, monsieur Belphégor,
Vous perdez votre capture;
Et je vais au peuple encor
  Turelure,
Donner de la tablature,
Robin, turelure lure.

Apercevant le docteur, qui vient au-devant de lui, et l'esprit encore plein de Démons, il dit avec effroi :

Comment! encore des diables!

LE DOCTEUR.

Air : *Je passe la nuit et le jour.*

Eh! mon gendre, d'où sortez-vous?
Vous nous avez mis fort en peine.

ARLEQUIN, tout essoufflé.

J'étois....

LE DOCTEUR.

Parlez, dites-le nous.

ARLEQUIN.

Oh! laissez-moi reprendre haleine....
Vous ne savez peut-être pas,
Que je sors.... d'un grand embarras,
  Grand embarras. (*bis.*)
Que je sors d'un grand embarras.

LE DOCTEUR.

Comment donc?

ARLEQUIN.

Je viens d'être arrêté en chemin par une comtesse
qui est folle de moi, et que je n'aime point.

LÉANDRE, à part.

Le fat !

ARLEQUIN.

AIR : *J'ai fait souvent résonner ma musette.*

Cette beauté, me voyant peu traitable,
De m'enlever avoit fait les apprêts.
Elle vouloit.... Tenez. C'étoit un diable,
Qui fort longtems m'a serré de bien près.

LE DOCTEUR, riant.

AIR : *Du cap de Bonne-Espérance.*

Ah ! la méchante comtesse !

COLOMBINE.

Admirez le bel oiseau.

ARLEQUIN, regardant Léandre, qui parle bas à Isabelle.

Mais auprès de ma maîtresse,
Quel est donc ce damoiseau ?

LE DOCTEUR.

Comme ami de la famille,
Il félicite ma fille.

ARLEQUIN.

Ami, tant qu'il vous plaira,
Le drôle décampera.
Oh ! ventrebleu ! j'ai vu le feu, moi.

(A Léandre d'un air menaçant.)

AIR : *On n'aime point dans nos forêts.*

Parlez, monsieur le doucereux,
Vous plaît-il de quitter la place ?

LÉANDRE, mettant la main sur la garde de son épée.

Que veux-tu dire, malheureux ?

ACTE III, SCÈNE VI.

ARLEQUIN, au docteur.

Mais, voyez un peu son audace.
Il se fera rouer de coups.

LE DOCTEUR, à Léandre.

Allez, Monsieur, retirez-vous.
Je ne veux point de bruit chez moi.

LÉANDRE, à Isabelle.

Air : *Je reviendrai demain au soir.*

Si je ne puis vous conquérir,
    Je veux du moins périr. *(bis.)*

(Il met l'épée à la main, et courant sur Arlequin.)

Il faut que ton sang répandu....

ARLEQUIN, se cachant derrière le docteur.

A moi, je suis perdu ! *(bis.)*

COLOMBINE.

Heu ! le poltron !

LE DOCTEUR, retenant le bras de Léandre.

Arrêtez, Léandre.... Vous oubliez....

LÉANDRE, remettant son épée.

Air : *Réveillez-vous, belle endormie.*

Eh bien, soit, je vous sacrifie
Ma fureur.

ARLEQUIN.

Je ne te crains pas.

LÉANDRE.

Insolent, tu ne dois la vie
Qu'au respect qui retient mon bras.

ARLEQUIN.

Voilà un rival bien redoutable!

Air : *Tu croyois, en aimant Colette.*

Ton fer est ta seule ressource.
Tu veux te battre en estafier;
Moi, je mets la main à la bourse :
C'est le combat du financier.

(Le docteur s'approche d'Arlequin, pour lui parler à l'oreille.)

LÉANDRE, s'adressant alors à Isabelle.

Air : *Menuet d'Hésione.*

Sauvons-nous, ma chère Isabelle;
Vous ne devez plus balancer.

ISABELLE.

Je me rendrois trop criminelle,
Léandre, il n'y faut plus penser.

LÉANDRE.

O ciel! que dites-vous?

LE DOCTEUR, prenant Arlequin par la main.

Air : *Ce n'est point par effort qu'on aime.*

Rentrons tous. Suivez-moi, mon gendre.

LÉANDRE, à Isabelle.

Vous n'avez point pitié de moi.

ISABELLE, saluant tristement Léandre.

Hélas! je ne puis me défendre
De suivre une barbare loi.

COLOMBINE, suivant sa maîtresse, qui se retire.

Nous voilà sans espoir, Léandre.

ARLEQUIN, à Léandre, d'un air insultant.

Vous êtes tondu, par ma foi.

LÉANDRE, avec désespoir.

Grands Dieux!

ARLEQUIN, effrayé du regard de Léandre.

Hoïmé! ce n'est pas moi.

(Il pousse, fait tomber le docteur, et saute par-dessus pour se sauver dans la maison.)

SCÈNE VII.

LÉANDRE, seul.

Air : *Menuet de monsieur de Grandval.*

Tout près d'épouser Isabelle,
Je vois renverser mon espoir.
Quel coup! O fortune cruelle,
Tout fléchit sous votre pouvoir.

SCÈNE VIII.

LÉANDRE, PIERROT.

PIERROT, tout essoufflé.

Air : *L'amour me fait, lon, lon la.*

Qui, diantre, vous arrête?
Vous me faites courir....
Monsieur, la barque est prête.

LÉANDRE.

Ah! laisse-moi périr!
L'amour me fait, lon-lan-la,
L'amour me fait mourir.

PIERROT.

Air : *L'autre nuit j'aperçus en songe.*

Qui vous trouble donc la cervelle?

LÉANDRE.

L'événement le plus fatal.
Apprends qu'un indigne rival
Va posséder mon Isabelle.
Il faut, pour terminer mon sort,
Que je me donne ici la mort.

(Il tire son épée, et veut s'en percer.

PIERROT, lui saisissant le bras.

Air : *Quand on a prononcé ce malheureux oui.*

Mais vous n'y pensez pas. Morgué, quelle sottise
De faire tant de train pour cette marchandise!
Vous en aurez un jour tout chargé votre cou,
Et vous direz alors : Bon Dieu, que j'étois fou!

LÉANDRE, cherchant à se débarrasser.

Air : *La ceinture.*

Laisse-moi.

PIERROT, lui arrachant son épée.

Non, je ne veux pas.

LÉANDRE.

Rends-moi ce fer.

PIERROT.

Vaine prière.

LÉANDRE.

Je vais donc chercher le trépas
Dans cette profonde rivière.

(Léandre s'échappe des mains de Pierrot, le renverse, et va se précipiter dans la rivière. N'ayant pas le courage de se jeter à l'eau pour sauver son maître, Pierrot s'écrie :

Ah! mon pauvre maître!... Au feu! au feu!.... Allons chercher monsieur le docteur.

(Il sort en courant.)

SCÈNE IX.

VÉNUS, seule, dans sa conque.

Air : *Amis, sans regretter Paris.*

Naïades, courez au secours
De cet amant fidèle.
Vénus s'intéresse à ses jours :
Marquez-lui votre zèle.

Vénus disparoît. En même temps on voit sortir du sein des eaux quatre Naïades, qui prennent Léandre entre leurs bras et le portent sur le rivage.)

SCÈNE X.

LÉANDRE, QUATRE NAIADES.

LES NAÏADES.

Air : *L'autre jour, mon beau serviteur.*

Témoignons notre empressement
A l'aimable déesse.
Qu'à sauver ce fidèle amant,
A l'envi l'on s'empresse.
Vénus a voulu de son sort
Changer l'arrêt funeste.

(A Léandre.)

Amant, nous vous mettons à bord,
L'amour fera le reste.

Naïades déposent Léandre sur le rivage ; puis elles disparoissent en plongeant.)

SCÈNE XI.

LÉANDRE, LE DOCTEUR, ISABELLE, COLOMBINE, ARLEQUIN, PIERROT.

PIERROT.

Air : *Mon père, je viens devant vous.*

Oui, tenez, c'est dans ce lieu-là
Qu'il s'est jeté dans la rivière.

(Apercevant Léandre couché sur le rivage.)

Mais, Dieu me sauve, le voilà
Tout étendu sur la poussière.

(A Léandre, en le soulevant.)

Monsieur....

LE DOCTEUR.

Nos soins sont superflus.

ISABELLE.

Ah ! mon cher amant ne vit plus !

COLOMBINE.

Quel malheur !

ISABELLE.

Air : *Qu'on apporte bouteille.*

Léandre, mon fidèle,
Répondez à ma voix.

LÉANDRE, entr'ouvrant les yeux.

Hé quoi, c'est ma chère Isabelle !

PIERROT, gaiement, en relevant Léandre.

Mon cher maître, je vous revois.

ARLEQUIN.

Oh ! oh ! le défunt n'est pas mort !

ISABELLE.

Je n'en puis plus.

(Elle s'évanouit dans les bras de Colombine.)

COLOMBINE, au docteur.

Vous allez perdre votre fille, Monsieur, si vous ne la donnez à Léandre.

(Elle frotte les narines d'Isabelle d'eau de la reine de Hongrie.)

LE DOCTEUR, à Léandre.

J'admire des feux si constans,
Un si rare courage ;

(Montrant Arlequin.)

Mais à monsieur, depuis longtems,
Ma parole l'engage.

PIERROT, montrant son maître.

Dites, monsieur le médecin,
Qu'on lui baille un verre de vin.

C'est le plus pressé. Ça l'accommodera mieux à cette heure qu'une femme.

LE DOCTEUR.

Air : *Tout le long de la rivière.*

Chez moi qu'on l'emmène.

ARLEQUIN.

Il faut le jeter
Plutôt dans la Seine.
Laissons-le flotter
Tout le long de la rivière,
Laire, lon lon la,
Tout le long de la rivière.

COLOMBINE, à Arlequin.

Je te voudrois là.

SCÈNE XII.

LE DOCTEUR, ISABELLE, LÉANDRE, COLOMBINE, ARLEQUIN, UN EXEMPT, six archers.

ARLEQUIN.

Air : *Allons-nous-en, toutes ces filles.*

Mais ici quel homme s'avance?
C'est justement ce que j'attends.
(A l'exempt.)
L'ami, serons-nous bien contens?
Vous êtes, je pense,
Le maître de danse....

L'EXEMPT.

Oui, Monsieur, depuis quelque tems,
Je montre à danser aux traitans,
(Montrant ses archers.)

Air : *D'une main je tiens mon pot.*

Et voici les violons.
(Aux archers.)
Allons, enfans, allons;
Empoignez-moi ce misérable.

ARLEQUIN, tirant sa bourse.

Oh! je vais vous rendre traitable!
Acceptez....

L'EXEMPT.

Non, point de raison.
Vous viendrez en prison.
(Les archers prennent Arlequin au collet.)

ARLEQUIN.

Ah, morbleu! me voilà tombé de fièvre en chaud mal!

ACTE III, SCÈNE XII.

LÉANDRE, appuyé sur Pierrot.

Quel espoir me rappelle à la vie?

ISABELLE.

Dois-je croire ce que j'entends?

COLOMBINE.

Quel bonheur!

LE DOCTEUR, à l'exempt.

Air : *Menuet de monsieur de Grandval.*

Vous vous méprenez; c'est mon gendre.

L'EXEMPT.

N'est-il pas traitant?

LE DOCTEUR.

Oui, Monsieur.

L'EXEMPT.

Je ne saurois donc me méprendre,
Quand je le prends pour un voleur.

ARLEQUIN, se jetant aux pieds du docteur.

Monsieur le médecin, ne m'abandonnez pas.

L'EXEMPT, voulant faire marcher Arlequin.

Air : *Le fameux Diogène.*

Ça, marchons.

ARLEQUIN.

Eh! beau-père,
Par votre savoir-faire,
Rendez-les moi perclus!
Lâchez-moi, je vous prie,
Quelque paralysie
Sur tous ces pousse-culs.

LE DOCTEUR.

Mais, monsieur l'exempt....

L'EXEMPT.

Mais, monsieur le docteur, ne vous mêlez point de cet homme-là.

Air : *Sens dessus dessous.*

C'est bien le plus grand des fripons ;
Et c'est moi qui vous en réponds.
Il auroit mis la France entière,
   Sens dessus dessous,
   Sens devant derrière,
Si l'on n'eût arrêté ses coups,
   Sens devant derrière,
   Sens dessus dessous.

LE DOCTEUR, à Arlequin.

Air : *Un petit moment plus tard.*

Je t'abandonne, malheureux.

(A Léandro.)

Approchez, Léandre.
C'en est fait, je comble vos vœux.

LÉANDRE.

Que viens-je d'entendre ?

COLOMBINE, à Isabelle.

C'est un grand coup de hasard
Qui vous a secourue.

ISABELLE.

Un petit moment plus tard,
J'étois, j'étois perdue.

L'EXEMPT, poussant Arlequin.

Dépêchons-nous.... Marche !

(Dans ce moment, le maître à danser qu'on attendoit arrive avec des danseurs.

SCÈNE XIII.

LES ACTEURS DE LA SCÈNE PRÉCÉDENTE,
M. CABRIL, maître à danser, SIX DANSEURS.

M. CABRIL, à ses danseurs.

Air : *L'autre jour dans un bocage.*

Avancez, troupe brillante.
Il faut faire de votre mieux,
Dans ces lieux.
Ma foi, mon ballet m'enchante !
Ah ! ah ! ah ! qu'il est gracieux !
Il plaira, je vous assure,
Mais allez donc, plus de mesure,
Ta ra la, la, la.

(Apercevant Arlequin.)

Ah ! vous voilà.
Remarquez bien cela.

ARLEQUIN.

Non, mon cher, il n'est plus tems ;

(Montrant l'exempt.)

Voici le maître que je prends ;
Mais c'est malgré moi, je vous jure.

(Le maître à danser croit que l'exempt est un autre maître qui vient sur ses brisées. Il enfonce son chapeau, et mettant la main sur la garde de son épée.)

M. CABRIL.

Comment ? quel soufflet
Pour mon ballet !
Nous allons voir
Qui des deux doit l'avoir.

(Il tire son épée et attaque l'exempt. Les archers d'une part et les danseurs de l'autre se chargent avec furie.)

ARLEQUIN se sauve dans la maison du docteur, en criant :

Sauve qui peut !

LE DOCTEUR.

Messieurs, ne faites point de bruit. C'est une méprise. On attendoit....

L'EXEMPT.

Air : *Mon père, je viens devant vous.*

Je crois que tous ces gens sont fous.
Ai-je l'air d'un maître de danse ?

(Regardant M. Cabril d'un air dédaigneux.)

Si je n'avois pitié de vous,
Je rabattrois votre insolence.

M. CABRIL.

Comment donc ? Voyez ce faquin.

L'EXEMPT, inquiet.

Mais je ne vois plus Arlequin.

(L'exempt et les archers vont à la recherche d'Arlequin dans la maison du docteur.)

SCÈNE XIV.

LE DOCTEUR, ISABELLE, LÉANDRE, COLOMBINE, PIERROT, M. CABRIL, LES DANSEURS.

M. CABRIL, à Colombine.

Air : *Charivari.*

Dites-moi que signifie
Tout ce beau train.

COLOMBINE.

On vient, pour friponnerie,
Prendre Arlequin,
Et voilà ce qui cause ici,
Charivari.

M. CABRIL, à la compagnie.

Air : *Par bonheur ou par malheur.*

Que deviendra mon ballet?

COLOMBINE, lui caressant le mouton.

On s'en servira, poulet.

LE DOCTEUR.

Allez.... j'en fais mon affaire.

LÉANDRE.

L'ami, vous serez content.

PIERROT.

Il saura vous satisfaire,
Quoiqu'il ne soit pas traitant.

SCÈNE XV.

LES ACTEURS DE LA SCÈNE PRÉCÉDENTE, L'EXEMPT, ARCHERS, ARLEQUIN.

Arlequin arrive ayant du foin sur son chapeau, dans ses manches et entre le juste-au-corps et la chemise. Deux archers le tiennent par les bras.)

L'EXEMPT.

Air : *On n'aime point dans nos forêts.*

A la fin, nous l'avons trouvé.

ARLEQUIN.

Hélas! quartier, je vous en prie.

LE DOCTEUR.

Mais où s'étoit-il donc sauvé?

L'EXEMPT.

Dans le grenier, sur l'écurie.

ARLEQUIN.

Ma foi, je n'étois pas bien loin ;
Je m'étois caché dans le foin (1).

COLOMBINE.

On le voit bien.

L'EXEMPT.

Air : *Quel plaisir de voir Claudine.*

Archers, vite qu'on l'entraîne ;
Paris compte les instans.
Il ne peut être à la chaîne
Assez tôt ni trop longtems.

ARLEQUIN, au docteur.

Air : *Le Ciel bénisse la besogne.*

Docteur, cette affaire n'est rien ;
Allez, je m'en tirerai bien..
Suivi d'un très-nombreux cortége,
J'en sortirai (2) blanc comme neige.

L'EXEMPT, pressant Arlequin.

Marche, coquin.

ARLEQUIN.

Attendez donc, attendez donc.... (Les archers l'emportent, et il crie :) A moi, traitans ! à moi, la livrée !

COLOMBINE.

La belle débâcle !

---

(1) A cette époque un homme d'affaires, que les archers cherchaient chez lui, fut trouvé caché dans des bottes de foin. Ce souvenir divertissait beaucoup le public.

(2) En faisant amende honorable.

SCÈNE XVI.

LE DOCTEUR, ISABELLE, LÉANDRE, COLOMBINE, PIERROT, M. CABRIL, LES DANSEURS.

M. CABRIL.

AIR : *Si dans le mal qui me possède.*

Par ma foi, c'eût été dommage
Qu'un beau ballet comme le mien,
Eût servi pour un tel vaurien.

(A Léandre.)

Pour vous, Monsieur, nous ferons rage.

(Aux danseurs.)

Allons, enfans, faites-nous voir
Comment vous danserez ce soir.

(On danse.)

FIN DU TROISIÈME ET DERNIER ACTE.

LES
AMOURS DE NANTERRE

OPÉRA COMIQUE EN UN ACTE

par

AUTREAU, LESAGE & DORNEVAL

Représenté à la foire Saint-Laurent, en 1718.

La foire de cette année fut plus brillante et plus remarquable que les précédentes. Peut-être était-ce parce que le bruit courait que l'on devait supprimer l'Opéra-Comique. Quoi qu'il en soit, on y applaudit des acteurs tels que Lalauze, Hamoche, Desjardins, le célèbre sauteur Francisque, fort remarquable dans les rôles d'Arlequin, Mlles Delisle et d'Aigremont. Cette dernière, connue dans le public sous le nom de *la Camuson*, débuta dans le rôle de Madame Thomas, et contribua puissamment au succès de la pièce.

En même temps que *les Amours de Nanterre*, on joua une autre pièce de Lafont, mais à laquelle Lesage et Dorneval prirent également part. Elle avait pour titre : *le Monde renversé*, et formait avec la précédente un spectacle qui mérita d'être joué sur le théâtre du Palais-Royal.

Les Amours de Nanterre furent repris et parfaitement accueillis du public le 3 mars 1731.

PERSONNAGES

MADAME THOMAS, riche fermière.
COLETTE, fille de madame Thomas.
MATHURINE, cousine de Colette.
M. GRIFFART, procureur fiscal, père de Valère.
VALÈRE, officier d'infanterie, amant de Colette.
LUCAS, valet de madame Thomas.
LE MAGISTER.
ARLEQUIN, tambour de Valère.
TROUPE DE PAYSANS ET DE PAYSANNES DANSANS.

La scène se passe dans le village de Nanterre.

LES
AMOURS DE NANTERRE
OPÉRA COMIQUE

Le théâtre représente le village de Nanterre.

SCÈNE I.

COLETTE, MATHURINE.

MATHURINE.

Air : *Je ne suis né ni roi, ni prince.*

Qu'as-tu donc, ma chère Colette?
Tu parois chagrine, inquiète.
Eh! d'où vient cette sombre humeur?
Ne me cache rien, ma mignonne :
Découvre-moi ton petit cœur.

COLETTE.

Tu ne le vois que trop, friponne.

Air : *Nanette, dormez-vous?*

Qu'une fille à vingt ans, (*bis.*)
Est fille avec chagrin, dans de certains instans!
Peut-on l'être toujours, quand on l'est trop longtems?

MATHURINE.

Paix, ma cousine.

Air : *J'offre ici mon savoir-faire.*

Fille sage, avec constance
Attend l'hymen.

COLETTE.

Ah! que dis-tu?
Plus elle est fille de vertu,
Et plus elle a d'impatience.

MATHURINE.

Il est vrai que cela coûte.

COLETTE.

Je t'en réponds.

Air : *Nanon dormoit.*

Quand un amant
Auprès de nous badine
Trop librement,
On fait bien la mutine;
Mais, hélas! en secret
On sent (*ter.*) qu'on l'a fait à regret!

Imite ma franchise, cousine. Ne serois-tu pas bien aise aussi d'être mariée?

MATHURINE.

Hé, mais....

COLETTE.

Tu fais la sotte. Achève.

MATHURINE.

Je n'en serois pas fâchée.

COLETTE.

Tu t'imagines que c'est un grand bonheur, n'est-ce pas?

MATHURINE.

Sans doute.

COLETTE.

Air : *Trop de plaisir, cher Tircis.*

Même en dormant un faux hymen peut plaire.
Dans un sommeil je rêvois à Valère :
On m'éveilla : que j'en fus en colère!
Ah! ah! l'hymen s'alloit faire!

MATHURINE.

Ah! ah! c'est donc Valère que vous aimez?

COLETTE.

N'en vaut-il pas bien la peine?

MATHURINE.

Oui, vraiment.

COLETTE.

Il est déjà sous-lieutenant d'infanterie.

MATHURINE.

Peste! il est bien avancé!

COLETTE.

C'est qu'il a de grands amis, aussi.

MATHURINE.

Mais il est fils du procureur fiscal, et toi, la fille de madame Thomas.

COLETTE.

Ma cousine, je comprends. Je sais que le procureur fiscal et ma mère sont brouillés. Peut-être ma mère ne voudra-t-elle pas que j'épouse Valère. Je vais prier le magister Nicolas de les réconcilier.

MATHURINE.

Le magister est homme d'esprit : je compte beaucoup sur lui.

COLETTE.

Je vais le trouver pour le presser de faire cet accommodement.... Ma mère vient, je te laisse avec elle.

SCÈNE II.

MATHURINE, Mme THOMAS.

MATHURINE.

Bonjour, ma tante.

MADAME THOMAS, d'un air chagrin.

Bonjour, ma nièce.

MATHURINE.

Air : *Le beau berger Tircis.*

D'où vient ce sérieux,
Cet air triste et sauvage?
Tout vous rit dans ces beaux lieux ;
Au plaisir tout vous engage.

MADAME THOMAS.

Que l'état de veuvage,
Me paroît ennuyeux !

MATHURINE.

Vous ne pleurez pas votre mari, peut-être?

Air : *Quand le plaisir est agréable.*

Un vieil époux sombre et sévère,
N'est regretté que faiblement :
L'époux même le plus charmant,
Quelquefois ne l'est guère.

MADAME THOMAS.

Ah! ma chère nièce, tel que fut mon pauvre mari, il m'étoit d'un grand secours !

Air : *Je ne suis né ni roi, ni prince.*

Que de soins mon état renferme !
Une grande fille, une ferme ;
Toujours des procès sur les bras ;
Tantôt acheter, tantôt vendre.
Sans mon pauvre valet Lucas,
Saurois-je par quel bout m'y prendre?

Oui. Ce garçon-là fait toute ma consolation.

MATHURINE.

Oh ! pour cela, il a bien du mérite !

MADAME THOMAS.

N'est-ce pas, ma nièce ?

MATHURINE.

Oui, vraiment, ma tante.

MADAME THOMAS.

Air : *Tique, tique, taque.*

Il n'est rien de plus parfait   (*bis*.)
Que cet aimable valet.   (*bis*.)
A l'ouvrage il se démène :
Tique, tique, taque, et lon lan la :
Il en vaut une douzaine.

MATHURINE.

Le bon valet que voilà !

MADAME THOMAS.

Tous les autres sont des fainéants ; lui seul est né pour le travail.

MATHURINE.

C'est la pièce de résistance.

MADAME THOMAS.

Vous avez de l'esprit, ma nièce ; et je vous crois capable de me donner conseil sur une affaire importante. Je songe à me remarier.

MATHURINE, surprise.

Ah, ah !

MADAME THOMAS.

Air : *Quand on a prononcé ce malheureux oui.*

Ne t'imagine pas que ce soit par caprice ;
Mais je veux empêcher que mon bien ne périsse.
J'ai besoin d'un mari vigilant, entendu ;
Et je pense à Lucas. Que me conseilles-tu ?

MATHURINE, froidement.

Tout ce qu'il vous plaira, ma tante.

MADAME THOMAS.

Air : *Quand le péril est agréable.*
Il est grand, il a belle face.
Là, franchement, ne crois-tu pas,
Qu'il puisse du défunt Thomas,
Fort bien remplir la place ?

MATHURINE, d'un air mécontent.

C'est votre affaire, ma tante.

MADAME THOMAS.

Mais, est-ce que tu n'approuves pas mon choix ?

MATHURINE.

Si vous voulez que je vous parle naturellement, je ne vois pas qu'il soit nécessaire que vous l'épousiez, puisqu'il fait vos affaires avec zèle.

MADAME THOMAS.

Air : *Pour passer doucement la vie.*
Oh ! ce sera bien autre chose,
Quand j'aurai joint son sort au mien.

MATHURINE.

Quelle erreur !
Valet qui jamais ne repose,
Devenu maître, ne fait rien.

MADAME THOMAS.

Je ne pense pas comme cela, moi. Je trouve que ce garçon-là est bien mon fait.

MATHURINE.

Croyez-moi, vous devriez plutôt penser à marier ma cousine.

MADAME THOMAS.

Oh ! cela ne presse pas.

MATHURINE.

Mais songez à ce que dira tout le village, si....

SCÈNE III.

MADAME THOMAS.

Air : *Le cabaret est mon réduit.*

Je sais qu'il en sera grand bruit;
Mais, ma foi, je n'en fais que rire :
Quand les gens auront tout dit,
Ils n'auront plus rien à dire,
Ils n'auront plus rien (*ter.*) à dire.

MATHURINE.

C'est fort bien fait à vous.

MADAME THOMAS, fièrement.

Ne suis-je pas maîtresse de mes volontés?

MATHURINE.

Assurément. Tenez, voilà votre Lucas. Je vous laisse libres. Allez. (D'un air moqueur.) Adieu, ma tante.

MADAME THOMAS, sèchement.

Adieu, ma nièce. Allez, on n'a pas besoin de votre consentement pour faire cette affaire-là. (En colère.) Voyez un peu cette bégueule.

(Mathurine lui fait la révérence, et s'en va.)

SCÈNE III.

Mme THOMAS, LUCAS.

LUCAS.

Qu'y a-t-il donc, notre maîtresse? Il semble que vous soyez en grogne.

MADAME THOMAS.

Air : *Tu croyois, en aimant Colette.*

Mon ami, c'est contre ma nièce,
Qui veut me donner des leçons.

LUCAS.

Voyez un peu la bonne pièce.
Mais, ma foi, je nous en gaussons.

MADAME THOMAS.

Pour cela, oui. Et, dans le fond, je suis bien bonne de m'amuser à consulter une petite bête.

LUCAS.

C'est, morgué, biah dit. Vous ne devez consulter que vous-même, surtout pour la chose dont il s'agit.

MADAME THOMAS.

Comment donc, Lucas! Sais-tu de quoi il étoit question entre nous?

LUCAS.

Oh! pargué, je ne suis pas un sot. Tenez, vous li parliaiz de ça.

(Il se met un doigt sur le cœur, et il montre celui de Mme Thomas; ce qu'il fait deux ou trois fois de suite.)

MADAME THOMAS.

De quoi?

LUCAS.

AIR : *Ne m'entendez-vous pas?*

Ne m'entendez-vous pas?
Est-ce un si grand mystère?
Vous voulez un compère
Fait tout comme Lucas.
Ne m'entendez-vous pas?

MADAME THOMAS.

Je t'entends à merveille. Tu as fort bien deviné.

LUCAS.

Oui, dame! Je devine les fêtes quand elles sont arrivées.

MADAME THOMAS, d'un air attendri.

Que tu as d'esprit, coquin!

SCÈNE III.

LUCAS.

D'autres que moi en avont itout de l'esprit, je vous en avertis.

MADAME THOMAS.

Hé, qui donc?

LUCAS.

Gros-Jean, maître Piarre le tavarnier et Blaise le veigneron. Je les accoutis tous trois jaboter hier au soir au travers d'une haie. Tâtigué, comme il en dégoisiont!

MADAME THOMAS.

Que disoient-ils?

LUCAS.

Voyez-vous ste madame Thomas, ce faisiont-ils, voyez-vous comme alle se redresse. (D'une voix grosse.) Je gagerois, ce disoit Gros-Jean, qu'al' ne sera pas encor tres mois sans reprendre du poil de la bête. (D'une voix aigre.) Pargué, ce faisoit maître Piarre, est-ce qu' vous ne savez pas bian qu'alle lorgne son valet Lucas? (D'une voix enrouée.) Par ma foi, ce disoit Blaise, ils se connoissont bien tous deux ; et si alle fait ce marché-là, al' n'achetera pas chat en poche.

MADAME THOMAS.

Voyez un peu les médisans! Mais je sais le moyen de les faire taire.

LUCAS.

Et moi, itout. Je n'avons besoin pour ça que du curé et du tabellion.

MADAME THOMAS.

C'est ce que je voulois dire, mon cher Lucas.

AIR : *Lampons, lampons.*

Oui, malgré tous les jaloux,   (*bis.*)
Tu deviendras mon époux ;   (*bis.*)

Je ferai ce mariage
A la barbe du village.
Je veux, je veux,
Mon ami, te faire heureux.

LUCAS, ôtant son chapeau.

C'est bien de l'honneur pour moi, dà. Mais il faudra que cela vase.

(Il fait l'action de compter de l'argent.)

MADAME THOMAS.

Tu seras content. Mais sais-tu bien, mon poulet, ce que j'ai fait pour toi?

Air : *Ton humeur est, Catherine.*

J'ai méprisé la tendresse,
Des plus huppés du canton.

LUCAS.

Je vous pourrois bien, maîtresse,
Parler sur le même ton.
Vingt filles des plus fringantes,
Qui grillont pour mon musiau,
Se trouveriont bian contentes
De se charger de ma piau.

MADAME THOMAS.

Si j'avois voulu écouter certaines propositions, je serois à l'heure qu'il est une grosse madame de Paris; mais j'aime mieux un bon paysan qu'un monsieur.

LUCAS.

Vous avez raison. Les paysans avont l'amiquié plus farme.

MADAME THOMAS.

Cours vite t'acquitter de la commission que je t'ai donnée. Je vais t'attendre au logis.

LUCAS.

Air : *Quand le péril est agréable.*

Allez, je vas biantôt vous suivre.

MADAME THOMAS.

Mon cher ami, ne tarde pas :
Tu sais que la pauvre Thomas
Sans toi ne sauroit vivre.

(Ils sortent tous deux, l'un d'un côté et l'autre de l'autre.)

SCÈNE IV.

COLETTE, LE MAGISTER.

Air : *Réveillez-vous, belle endormie.*

Cela suffit, belle Colette ;
J'entreprends l'accommodement.
La chose sera bientôt faite :
Je n'entreprends rien vainement.

COLETTE.

Air : *Tu croyois, en aimant Colette.*
Vous allez donc trouver ma mère ?

LE MAGISTER.

Oui, ma mignonne, de ce pas.

COLETTE.

Parlez-lui bien....

LE MAGISTER.

   Laissez-moi faire.

COLETTE.

Mais....

LE MAGISTER, *s'en allant.*

Ne vous embarrassez pas.

SCÈNE V.

COLETTE, seule.

Laissons agir maître Nicolas, et si par malheur il ne réussit pas dans son entreprise, nous aurons recours à d'autres expédients.

Air : *La jeune Isabelle*.

L'amour, cher Valère,
Nous unit tous deux.
Si le sort contraire
Traverse nos feux,
Le Dieu de Cythère,
Propice à nos vœux,
Fera son affaire
De nous rendre heureux.

SCÈNE VI.

COLETTE, VALÈRE.

COLETTE.

Air : *Malheureuse journée*.

Ah! je vous vois, Valère!

VALÈRE.

Eh! Colette, c'est vous!
(Se jetant avec transport à ses genoux.
Permettez-moi, ma chère,
D'embrasser vos genoux.

COLETTE.

Vous faites trop paroître
D'empressement....

SCÈNE VI.

VALÈRE.

Hélas!
De moi puis-je être maître,
Quand je vois tant d'appas?
Un baiser, ma chère Colette.

Air : *Ma raison s'en va beau train.*

Un doux baiser seulement.

COLETTE, le repoussant.

Ah! Valère, doucement.

VALÈRE.

Ma reine, quel tort?....

COLETTE.

Calmez ce transport :
Votre ardeur est trop grande.
C'est à Paris qu'on prend d'abord;
Au village on demande,
Lonlà,
Au village on demande.

VALÈRE.

Je vous le demande aussi. Allons, ne faites donc point la villageoise. Un peu moins de sévérité.

COLETTE.

Air : *Je suis Madelon Friquet.*

Vous allez bien vite au fait;
Connoissez un peu mieux Colette,
Vous allez bien vite au fait.
Quittez ce trop libre caquet;
Vous en seriez mal satisfait.
Je pourrois de ma main blanchette
Je vous le dis franc et net....

VALÈRE.

Oh! Je vais m'exposer à tout. (Il veut la baiser, elle lui donne un soufflet.)

COLETTE.

Je prendrai mon sérieux.

VALÈRE.

Vous vous fâchez! Cela ne vous convient pas : un air enjoué vous sied mieux.

COLETTE.

Air : *Sois complaisant, affable, débonnaire.*

Mon enjoûment
Vous donne un faux présage :
D'un tendre amant
J'aime fort le langage ;
Mais,
Avant notre mariage,
Rengaînez tous vos souhaits.

VALÈRE.

Mais je ne vous demandois que les arrhes du marché.

COLETTE.

Plus on donne de gages pour ce marché-là, et moins il tient.

VALÈRE.

Franchement, votre vertu sent le village.

COLETTE.

Je suis là-dessus paysanne et demie.

VALÈRE.

Ah! belle Colette, connoissez mieux Valère à votre tour.

Air : *Je me plaignois d'une inhumaine.*

Votre sévérité m'enchante,
Bien loin de me rendre confus.
Plus la faveur paroît charmante,
Et plus j'en aime le refus.

COLETTE.

Parlons sérieusement de nos affaires. Notre magister s'est chargé de réconcilier nos parens.

VALÈRE.

Mais, s'il n'y réussit pas?

COLETTE.

J'ai un autre moyen tout prêt.

VALÈRE.

J'en ai aussi imaginé un, qu'Arlequin, mon tambour, est sur le point d'exécuter; mais si tous ces moyens deviennent inutiles, que ferons-nous?

COLETTE.

Il faudra nous séparer.

VALÈRE.

Air : *On n'aime point dans nos forêts.*

Nous séparer! qu'ai-je entendu!
Non, non; vous n'aimez plus Valère.

COLETTE.

Mais, quand tout espoir est perdu,
Cher amant, que voulez-vous faire?

VALÈRE.

En attendant un meilleur sort,
Nous aimer jusques à la mort.

J'aperçois mon père avec maître Nicolas. Retirons-nous.

SCÈNE VII.

LE MAGISTER, M. GRIFFART, PROCUREUR FISCAL.

LE MAGISTER.

Or sus, monsieur le procureur fiscal, je crois vous en avoir assez dit pour vous persuader que vous devez vous réconcilier avec madame Thomas.

MONSIEUR GRIFFART.

Je me rends à vos raisons. Mon ressentiment s'éteint ; et je suis prêt à vivre en bonne union avec madame Thomas, si elle le veut.

LE MAGISTER.

Oh! je vous réponds d'elle. La voici. Tenez-vous un peu à l'écart. Je vais la prévenir.

SCÈNE VIII.

LE MAGISTER, M. GRIFFART, Mme THOMAS.

LE MAGISTER.

Air : *Voulez-vous savoir qui des deux ?*

Arrêtez, Madame. Deux mots.
Vous arrivez fort à propos.
Ne faites plus mauvaise mine
A notre procureur fiscal ;
Je vous prétexte, ma voisine,
Qu'il veut....

MADAME THOMAS, brusquement.

Que veut cet animal ?

MONSIEUR GRIFFART, à part.

Elle fait la fâchée.

LE MAGISTER.

Air : *Le fameux Diogène.*

Eh! parlez sans colère !

MADAME THOMAS.

Vraiment, j'ai bien affaire....

LE MAGISTER.

Oh! Point d'emportement !
D'un cœur franc et sincère,

Avec vous il veut faire
Son raccommodement.

MADAME THOMAS.

Ah! Il veut se raccommoder tout de bon?

LE MAGISTER.

Tout de bon.

Air précédent.

Répondez, je vous prie,
Madame, à son envie.

MADAME THOMAS.

Eh bien, soit. J'y consens.

LE MAGISTER.

Ma foi, c'est un bon diable.

MADAME THOMAS.

Puisqu'il est raisonnable,
C'est assez. Je me rends.

LE MAGISTER, au procureur fiscal.

Monsieur Griffart, vous l'entendez. Madame Thomas est un bon petit cœur de femme. Allons, embrassez vous.

MONSIEUR GRIFFART, après avoir salué Mme Thomas, lui présente la main en disant :

Air : *La ceinture.*

Oublions tous deux le passé;
Vivons en bonne intelligence.

MADAME THOMAS.

De mon cœur tout est effacé.

(L'embrassant.)

Voilà quelle en est l'assurance.

Malgré mon courroux, monsieur Griffart, je n'ai pas cessé de vous estimer.

LE MAGISTER.

J'en suis témoin.

MONSIEUR GRIFFART.

Quoique prévenu contre vous, madame Thomas, je vous ai toujours regardée comme une femme de mérite.

LE MAGISTER.

Pour cela, oui.

MADAME THOMAS.

Quand j'ai rencontré des gens qui vouloient attaquer votre probité, je vous ai toujours rendu justice.

LE MAGISTER.

Elle est généreuse.

MONSIEUR GRIFFART.

Quand je me suis trouvé avec des médisans qui vouloient me rendre votre vertu suspecte, oh! je leur ai bien dit ce que j'en pensois!

LE MAGISTER.

Il est charitable, monsieur le procureur fiscal. Jarnicoton! Je ne me sens pas d'aise d'avoir rapatrié deux esprits d'un si bon caractère. Que je vous embrasse.
(Il les embrasse.)

Air : *Je reviendrai demain au soir*.

Que cette paix, mes chers enfans,
    Puisse durer longtems.   (*bis*.)
Maudit le festin malheureux
    Qui vous brouilla tous deux. (*bis*.)

MADAME THOMAS.

Il est vrai que ce jour-là monsieur le procureur fiscal n'étoit pas de bonne humeur.

MONSIEUR GRIFFART.

De bonne humeur! Oh! pardi, c'est vous qui prîtes un travers.

MADAME THOMAS.

Un travers! Moi, prendre un travers! Oh! j'ai trop

SCÈNE VIII.

d'esprit pour cela. C'est vous qui n'entendez quelquefois ni rime ni raison.

LE MAGISTER.

Eh! Laissons-là ce festin!

MADAME THOMAS.

Vous n'êtes qu'un bourru, qu'un brutal, qu'un emporté.

MONSIEUR GRIFFART, d'un ton menaçant.

Madame Thomas!

MADAME THOMAS, du même ton.

Monsieur Griffart!

LE MAGISTER.

Que diable....

MADAME THOMAS, en colère.

Allez. Si je vous jetai une assiette à la tête, vous le méritiez bien.

LE MAGISTER.

Eh! madame Thomas!

MONSIEUR GRIFFART.

Et vous, vous méritiez bien aussi tous les noms que je vous donnai.

LE MAGISTER.

Mais, mais, mais....

MADAME THOMAS, criant de toute sa force.

Tous les noms! Tous les noms! Allez, mon ami, vous êtes un plaisant sot.

MONSIEUR GRIFFART, fort irrité.

Vous croyez parler encore à votre benêt de mari. Vous êtes une extravagante.

MADAME THOMAS, voulant se jeter sur lui.

Ah! fripon, il faut que je te...

LE MAGISTER, arrêtant Mme Thomas.

Que voulez-vous faire?

MADAME THOMAS.

Le dévisager.

MONSIEUR GRIFFART, bouillant de colère.

Allez. Vous êtes une.... Vous êtes une.... Vous êtes une femme.

M. Griffart et Mme Thomas se retirent chacun de son côté fort irrités.

SCÈNE IX.

LE MAGISTER, seul.

Voilà de la besogne bien faite! Je les ai mis plus mal ensemble qu'ils n'étoient.

SCÈNE X.

LE MAGISTER, COLETTE, MATHURINE.

COLETTE, au magister.

Air : *Vous y perdez vos pas, Nicolas.*

Eh bien, quelles nouvelles
Avez-vous fait la paix?

LE MAGISTER.

Hélas! Ils sont, mes belles,
Plus divisés que jamais. (Il s'en va.)

MATHURINE, à Colette.

Il a perdu ses pas,
Nicolas,
Voilà votre hymen à bas.

SCÈNE XI.

COLETTE, MATHURINE.

COLETTE.

Oh! que non! Puisque le magister n'a pas réussi, je vais employer la ruse que je t'ai dite.

MATHURINE.

Feindre de l'amour pour Lucas?

COLETTE.

Justement. Cela donnera de la jalousie à ma mère.

Air : *Les feuillantines.*

Qui, dans son jaloux effroi,
Je le croi,
Va se défaire de moi.

MATHURINE.

Vous êtes ingénieuse.

COLETTE.

C'est que je (*bis.*) suis amoureuse.

MATHURINE, bas.

Eh! Le voilà, Lucas!

COLETTE.

Parlons de lui, sans faire semblant de l'apercevoir.

SCÈNE XII.

COLETTE, MATHURINE, LUCAS, à l'écart.

COLETTE.

Air : *Iris au bord de Seine.*

Apprends, mais sois discrète,
Que j'aime ce Lucas.

S'il savoit sur Colette
Ce qu'ont fait ses appas,
Que deviendrois-je, hélas!

LUCAS.

Oh! oh! Alles parlont de moi! Acoutons.

MATHURINE.

Air : *Quel plaisir de voir Claudine.*
Lucas a donc su vous plaire?

COLETTE.

Je te l'avoue aujourd'hui,
T'étonnes-tu que ma mère
Ait pris tant de goût pour lui?

MATHURINE.

Non, vraiment.

LUCAS, à part.

Colette m'aime! Qui diantre l'auroit deviné?

COLETTE.

Air : *Tourelourirette.*
Sa taille est charmante.

MATHURINE.

J'admire sa voix.

LUCAS, riant.

Hé, hé, hé, hé, hé, hé!

COLETTE.

Mais, ce qui m'enchante,
C'est son beau, tourelourirette,
C'est son beau, lan la derirette,
C'est son beau minois.

LUCAS, à part.

Tâtigué, comme alle en tient!

SCÈNE XII.

COLETTE.

Air : *Quand ma mère étoit jeunette.*

Oui, je prétends satisfaire
    Ma nouvelle flamme;
De Lucas, malgré ma mère,
    Je veux être femme.
Si l'on ne m' donn' ce garçon-là,
On verra tout ce qu'on verra.
    J'en ferai la folie,
        Ma mie,
    J'en ferai la folie.

LUCAS, paroît et chante.

Air : *Vous avez raison, La Plante.*

Vous avez raison, La Plante,
Il est bon sur ce ton-là,
    Larira.

COLETTE, feignant d'être surprise, pousse un grand cri.

Ah!

LUCAS.

Oh, oh! vous m'aimez donc, mademoiselle Colette?
Eh! vous n'en sonniez mot.

COLETTE.

Air : *Un petit moment plus tard.*

Mais qui t'a donc mis dans l'esprit,
    Que Colette t'aime?
Puis-je savoir qui te l'a dit?

LUCAS.

Parguié, c'est vous-même.
Vous disiez présentement....

COLETTE.

Quoi! tu m'as entendue?

LUCAS.

Que vous m'aimiez tendrement.

COLETTE.

Je suis, je suis perdue!

LUCAS.

Le grand malheur!

COLETTE.

Assurément, c'en est un ; car tu l'iras peut-être dire à ma mère.

LUCAS.

Nennin, nennin, je ne li dirai pas. Al' ne sait morgué pas tout ce que je fais. Après tout, quand al' le sauroit, est-ce qu'al me rabattroit ça sur mes gages?

MATHURINE.

Tu la connois. Elle feroit un beau vacarme.

LUCAS.

Hé! palsangué, qui s'en soucie? Acoutez, mademoiselle Colette. Il gn'y a qu'un mot qui sarve. Si vous v'lez je l'enverrai au barniquet.

MATHURINE.

C'est parler net.

COLETTE.

Air : *La ceinture.*

Quoi, Lucas, tu voudrois pour moi,
Renoncer au cœur de ma mère ?

LUCAS.

J'aime mieux être, par ma foi,
Son gendre, que votre biau-père.

MATHURINE, à Colette.

Te voilà ravie, ma cousine.

LUCAS.

Air : *Talalerire.*

Ah! j'ai le cœur chaud comme braise,
Charmante Colette, pour vous!

SCÈNE XII.

COLETTE.

Fripon, tu seras donc bien aise,
Quand tu deviendras mon époux ?

LUCAS.

Nuit et jour, vous m'entendrez dire :
Talaleri, talaleri, talalerire.

(Il veut l'embrasser.)

COLETTE, se défendant.

Air : *De quoi vous plaignez-vous ?*

Ah ! Lucas, tenez-vous !
Gardez la politesse,
Ah ! Lucas, tenez-vous !
Et craignez mon courroux.

LUCAS.

Moi, j'aime à rire sans cesse,
A batifoler toujours,
Et j'exprime ma tendresse,
Sans faire de longs discours.

MATHURINE.

Quel drôle !

COLETTE.

Tu prends un mauvais parti.

LUCAS.

Air : *Est-ce ainsi qu'on prend les belles ?*

On dit qu'avec les fumelles,
Il faut être comme ça.

COLETTE.

Non, non, toujours auprès d'elles,
Un air poli l'emporta.
C'est ainsi qu'on prend les belles.
Lon, lan la, o gué, lon la.

LUCAS.

Serpedié ! vous ne chassez pas de race.

COLETTE.

Que veux-tu dire par là?

LUCAS.

Je veux dire que votre mère n'aime pas tant la poulitesse que vous.

SCÈNE XIII.

COLETTE, MATHURINE, LUCAS, Mme THOMAS,
derrière eux, sans être aperçue.

MADAME THOMAS, à part.

Ah, ah! Lucas avec ma fille!

LUCAS, riant.

Hé, hé, hé, hé, hé.

COLETTE.

Qu'as-tu à rire?

MATHURINE.

Pourquoi ris-tu?

LUCAS.

Je ris de ce que.... (Il rit encore.) Hé, hé, hé, hé, hé.

COLETTE.

Explique-toi donc.

LUCAS.

Je ris de ce que votre mère.... (Il continue à rire.) Hé, hé, hé, hé, hé!

MATHURINE.

Hé bien?

LUCAS.

Alle croit bonnement que je l'épouserai; mais, prrr.

SCÈNE XIII.

MADAME THOMAS, à part.

Qu'entends-je?

LUCAS.

Al' a déjà fait avartir les ménétriers pour note noce. Alle payera les violons; mais, jarnonbille, je danserons pour elle.

MADAME THOMAS, à part.

Le coquin !

COLETTE.

Diantre ! cela est déjà bien avancé.

LUCAS.

Le bon de l'affaire, c'est qu'al' ne sait pas que Colette m'aime, et que j'aime itout Colette.

MADAME THOMAS, à part.

Le traître !

LUCAS.

Air : *Mirlababibobette.*

Tàtigué! madame Thomas,
Mirlababibobette,
Queu fracas,
Alle fera, belle Colette.
Mirlababi, sarlababo, mirlababibobette....

MADAME THOMAS, en furie, se montrant tout à coup, et continuant l'air.

Sarlababorita.

COLETTE, contrefaisant l'épouvantée.

Ah!

MATHURINE.

O ciel!

LUCAS, étonné, et achevant l'air.

Oh! la voilà.

MADAME THOMAS, à Colette.

Air : *Malheureuse journée.*

Petite impertinente,
Comment donc à mes yeux....

MATHURINE.

Ne grondez point, ma tante.

MADAME THOMAS, à Colette et à Mathurine.

Otez-vous de ces lieux.

(A Lucas.)

Et toi, traître, volage !...

LUCAS, à part.

Que ne suis-je en un trou ?

MADAME THOMAS, se jetant sur Lucas.

Il faut que dans ma rage,
Je te coupe le cou.

MATHURINE.

Air : *Voici les dragons qui viennent.*

Quelle fureur est la sienne !
Vite sauvons-nous.

(Elles s'en vont.)

LUCAS.

Couper le cou, tatiguienne !
Il est bon que le cou tienne.

(A Mme Thomas, qui le houspille.)

Arrêtez-vous. (*bis.*)

SCÈNE XIV.

LUCAS, Mme THOMAS.

MADAME THOMAS, toujours en colère.

Air . *Quand on a prononcé ce malheureux oui.*

Tu m'abandonnes donc aujourd'hui pour Colette,
Toi que depuis quinze ans j'élève à la brochette !

SCÈNE XIV.

LUCAS.

Mais, madame Thomas....

MADAME THOMAS.

Ah! perfide, tais-toi!
Où seras-tu jamais plus heureux que chez moi?

Air : *Mon père, je viens devant vous.*

Ne trouves-tu pas le matin,
Pour te raccommoder la panse,
Du pain blanc et d'excellent vin?
On double au dîner ta pitance;
Au souper, ne garde-t-on pas
Le jus de l'éclanche à Lucas?

LUCAS.

Si vous me nourrissez bian, je travaille de même. La besogne est forte cheux vous.

MADAME THOMAS.

Eh bien, petit inconstant, petit scélerat, j'y consens. Va, épouse Colette. Mais tu n'auras pas le sou, je t'en avertis.

LUCAS, à part.

Ah! ce n'est pas là mon compte.

MADAME THOMAS.

Tu mourras de faim.

LUCAS, à part.

Malepeste! serviteur à Colette. Tenons-nous au gros de l'arbre.

MADAME THOMAS.

Grand-Jacques profitera de ta folie; je l'épouserai.

LUCAS, haut.

Ah! voyez donc comme alle se fâche!

MADAME THOMAS.

Je n'en ai pas sujet, n'est-ce pas?

LUCAS.

Bon. Allez, tout ce que j'ai dit à Colette n'étoit que pour rire..

MADAME THOMAS.

Pour rire !

LUCAS.

Vous croyez donc que je ne vous ai pas aparçue ? Eh non ! j'ai dit comme ça, à part moi : V'là madame Thomas qui vient à pas de loup pour nous acouter ; baillons-li un peu la venette.

MADAME THOMAS.

Quoi, Lucas, il n'est donc pas vrai que tu aimes Colette ?

LUCAS.

Fi donc ! v'là encore une plaisante morveuse. Vous m'avez dégoûté, madame Thomas, vous m'avez dégoûté de la jeunesse.

MADAME THOMAS.

Air : *L'autre jour j'aperçus en songe.*

Est-il bien vrai, m'es-tu fidèle ?

LUCAS.

Oui, je le suis, n'en doutez pas.
Vos écus ont bien plus d'appas
Que les yeux d'une péronnelle.

MADAME THOMAS, lui tendant la main.

Sur ce pied-là, faisons la paix :
Lucas, lions-nous pour jamais.

Attends-moi ici. Je vais parler au tabellion. Je reviendrai te joindre.

SCÈNE XV.

LUCAS, seul, riant.

Comme les femmes qui aimont baillent dans le pagniau.... Ah, ah! voici le tambour de la compagnie de monsieur Valère.

SCÈNE XVI.

LUCAS, ARLEQUIN, tambour.
Il a une bouteille pendue à sa ceinture et deux verres à son chapeau.

ARLEQUIN, chante en battant du tambour.

Air : *Grand duc de Savoie, à quoi penses-tu?*

Fi des villageoises
Avec leur fierté!
Vivent nos grivoises!
J'en suis enchanté.
Souvent au village,
On nous fait souffrir;
Au camp, la plus sage
A nous vient s'offrir.

LUCAS.

Courage, courage, monsieur Arlequin. Vous êtes toujours un drôle de corps.

ARLEQUIN.

Air : *Du haut en bas.* (Rondeau.)

Tambour battant,
Mon cher Lucas, je me promène,
Tambour battant.
De mon sort je suis fort content;

Bon pain, bon vin, bon capitaine,
Avec un tendron que je mène
Tambour battant.

LUCAS.

Pardi! vous n'engendrez pas de mélancolie, monsieur Arlequin.

ARLEQUIN.

Non, vraiment. Ni vous non plus, monsieur Lucas, vous qui êtes la coqueluche de Nanterre, et le *factoton* de madame Thomas.

LUCAS.

Je ne suis encore que le garçon de la farme, mais, entre nous, j'en serai bientôt quelque chose de plus, dà.

AIR : *Et je l'ai pris pour un valet*.

Je vais de madame Thomas,
Terminer le veuvage.

ARLEQUIN, sautant au cou de Lucas.

Que je t'embrasse, cher Lucas.
C'est une veuve sage.
Elle te prend pour son mari,
A cause de ton teint fleuri.

LUCAS, sautant et répétant les deux derniers vers.

Elle me prend pour son mari,
A cause de mon teint fleuri.

ARLEQUIN.

Je l'en estime davantage. C'est une brave femme. Il faut boire à sa santé.

LUCAS.

Tope.

ARLEQUIN, ayant donné un verre à Lucas, et lui ayant versé du vin.

AIR : *Les fanatiques*.

Allons, buvons à la santé
De cette grosse mère. (Ils boivent.)

Sans oublier la beauté,
    Dont est charmé Valère. (Ils boivent encore.)
Trinquons à la postérité,
    Dont tu dois être père. (Ils recommencent à boire.

LUCAS.

Morgué! v'là du bon vin. Varsez-m'en encore. A vous et à moi présentement.

ARLEQUIN, choquant avec lui.

Allons, à nous deux.

LUCAS, après avoir vidé son verre.

Hoça, à st'heure, à qui boirons-je? Pargué, à votre amoureuse, monsieur Arlequin.

ARLEQUIN, lui versant encore du vin.

Je vous remercie, mon ami.

Air : *Pavane d'Énée.*

Lucas est un bon garçon,
Il s'entend bien à vider un flacon.
    Oh! par ma foi, c'est grand dommage
    Qu'il croupisse en un village!
        Il auroit fait l'ornement
        Du plus célèbre régiment.

LUCAS.

Oui, mais il ne faut qu'un coup seulement,
    Pour bouttre un homme au monument.

ARLEQUIN.

Tu crains la mort, parce que tu n'y es pas fait. Si tu avois seulement deux campagnes par devers toi, tu écouterois ronfler le canon comme une flûte douce.

LUCAS.

Jarni! si je savois ça, je me bouttrois tout à l'heure dans le sarvice.

ARLEQUIN.

Tu t'y accoutumeras, te dis-je.

LUCAS.

J'aimerois à ne sarvir que dans les revues.

ARLEQUIN.

Sur ce pied-là, tu peux t'engager à présent. Nous sommes en paix; il n'y a rien à risquer. Buvons un coup. Un verre de vin porte conseil.

(Ils boivent de nouveau.)

LUCAS, après avoir bu.

Air : *Bannissons d'ici l'humeur noire.*

Oh! ce n'est pas que je balance!
J'ai du cœur comme un enragé;
Mais, si la guerre recommence,
Je prétends avoir mon congé.

ARLEQUIN.

Cela va sans dire. Allons, mon brave, à la santé du roi. (Il lui verse encore du vin.)

LUCAS, choquant son verre.

Allons, oui. Vive la guerre pendant la paix.

(Il signe un papier qu'Arlequin lui présente.)

SCÈNE XVII.

LUCAS, ARLEQUIN, VALÈRE.

ARLEQUIN, à part.

Bon, voici monsieur Valère.

VALÈRE, à part.

Je ne sais si Arlequin aura réussi.

ARLEQUIN, à Lucas.

Camarade, saluez votre officier. (A Valère.) Monsieur, vous voyez dans ce garçon-là un des meilleurs soldats de votre compagnie.

VALÈRE.

Cela me fait plaisir. Lucas est un bon enfant. Çà, mes amis, j'ai ordre de partir demain pour aller joindre le régiment en Flandre. Nous allons apparemment recommencer la guerre.

LUCAS.

Oui? Je demande donc mon congé. Je ne me suis engagé qu'à condition que je ne sarvirois pas pendant la guerre.

VALÈRE, prenant Lucas par l'épaule.

Allons, allons, point tant de raisons. Tu es engagé, tu marcheras.

(Lucas se met à pleurer et crier de toutes ses forces.)

SCÈNE XVIII ET DERNIÈRE.

VALÈRE, ARLEQUIN, LUCAS, Mme THOMAS, COLETTE, MATHURINE.

Troupe de paysans et de paysannes dansans.

MADAME THOMAS, effrayée.

Qu'y a-t-il donc, Lucas? Que t'a-t-on fait?

LUCAS, pleurant.

Ce sont ces vendeurs de chair humaine qui m'avont enroullé pour la guerre.

MADAME THOMAS, à Valère.

AIR : *Menuet de monsieur de Grandval.*

Allez, allez, monsieur Valère,
Je m'en souviendrai plus d'un jour.
Vous voulez venger votre père,
En me jouant ce mauvais tour.

16.

VALÈRE.

Madame, vous me jugez mal..... La suite vous désabusera.

LUCAS, d'un ton piteux.

Oui ; mais il faudra donc toujours que je marche à bon compte.

ARLEQUIN.

Sans doute ; c'est déjà trop perdre de temps. Partons.

LUCAS, pleurant.

Eh! madame Thomas!

MADAME THOMAS.

Tout beau, Messieurs. J'ai de quoi le racheter. Combien vous faut-il?

ARLEQUIN.

Cent pistoles.

Air : *Les feuillantines.*

Grand, carré, de bon aloi,
Dans l'emploi,
Il servira bien le roi.
Peut-on trop payer sa taille?

MADAME THOMAS.

Mais, cent pistoles !

ARLEQUIN.

Sans en rabattre une maille.

MADAME THOMAS.

Même air.

S'il est propre pour le roi,
Par ma foi,
Il l'est encor plus pour moi.
Pour payer sa délivrance
Voilà de bonne finance.

SCÈNE XVIII.

(Tirant sa bourse.) Puisqu'il n'y a rien à rabattre, je vais vous compter les cent pistoles. (A Lucas.) Heu! l'étourdi! vois ce que tu me coûtes.

LUCAS.

Air : *Ma raison s'en va beau train.*

Eh! là, là, maman Thomas,
Ne me le reprochez pas !
Je bêcherai tant,
Je piocherai tant :
Un peu de patience ;
Ne pleurez pas votre comptant,
J'en tirerons quittance,
Lon la,
J'en tirerons quittance.

(Mme Thomas présente sa bourse à Valère, qui la refuse.)

VALÈRE.

Votre argent ne me tente point, Madame ; la possession de l'aimable Colette peut seule me toucher. Ce n'est qu'à cela que la liberté de Lucas est attachée.

ARLEQUIN.

Vous voyez bien que nous nous mettons à la raison.

MADAME THOMAS, regardant Colette.

Air : *Tes beaux yeux, ma Nicole.*

Je vois tout le mystère.
Ah! coquine, c'est vous....

COLETTE.

Maman, point de colère.
Donnez-moi cet époux.
Par là, vous allez faire,
D'une pierre deux coups ;
En m'accordant Valère,
Lucas sera pour vous.

LUCAS.

C'est bian dit.

MADAME THOMAS, à Valère.

Monsieur, j'ai des raisons pour vous refuser ma fille.

VALÈRE.

Madame, j'ai aussi les miennes pour vous refuser Lucas.

MADAME THOMAS.

Ma fille demeurera auprès de moi.

VALÈRE.

Lucas demeurera dans le régiment. (A Lucas, le prenant au collet et le secouant.) Allons, marche.

LUCAS, pleurant.

Madame Thomas !

VALÈRE.

Vous avez pris votre parti, Madame. Adieu.

ARLEQUIN, à Lucas, lui donnant un coup de poing dans l'estomac.

Marche.

LUCAS, pleurant.

Vous m'abandonnez donc, madame Thomas.

MADAME THOMAS, à Valère.

Arrêtez, Valère. J'aime mieux vous donner deux cents pistoles.

COLETTE.

Ma chère mère, épargnez votre argent.

VALÈRE.

Madame, cela est inutile.

ARLEQUIN.

Non, non, nous allons joindre le régiment. (A Lucas, lui appuyant le pied sur le ventre.) Marche, gueux, marche.

SCÈNE XVIII.

LUCAS, criant de toutes ses forces.

Madame Thomas. Eh! baillez-li votre fille!

MADAME THOMAS, à Valère.

Monsieur, voulez-vous mille écus?

VALÈRE.

Madame, vous m'en offririez cent mille inutilement.

ARLEQUIN.

Il n'en démordra pas.

MADAME THOMAS, poussant un grand soupir.

Puisqu'on ne peut s'en tirer autrement, je vous accorde donc ma fille.

COLETTE, transportée de joie.

Ma chère mère!...

VALÈRE, embrassant Mme Thomas.

Madame, vous me rendez le plus heureux des hommes.

LUCAS, sautant.

Vivat! mon enroullement a fait merveilles.

ARLEQUIN, présentant Lucas à Mme Thomas.

Et moi, par reconnaissance, je vous donne Lucas.

MADAME THOMAS.

Que tous ceux que j'avois invités à mes noces viennent célébrer ce double mariage.

(On danse.)

MATHURINE, après la danse, chante l'air suivant.

AIR : *De monsieur Gillier*.

Madame Thomas,
Épouse Lucas.
Célébrons ce mariage.
Elle agit en femme sage!
Il fait déjà son tracas;
Il est fait à son ménage.

ARLEQUIN, à Mme Thomas.

Air : *De monsieur Gillier*.

Madame Thomas,
En prenant Lucas,
Vous prenez la fleur de Nanterre.
Vous ôtez au Dieu des combats
Un vrai fier-à-bras,
Un foudre de guerre.

(La danse reprend, et finit la pièce.)

FIN DES AMOURS DE NANTERRE

LA FORÊT DE DODONE

PIÈCE EN UN ACTE

Par FUZELIER, LESAGE et DORNEVAL

Représentée à la foire Saint-Germain de 1721

~~~~~~~~~~~~

A l'époque où cette pièce fut représentée, aucun entrepreneur n'avait obtenu de privilége d'Opéra-Comique. Cependant, à la considération de quelques personnes de distinction, la troupe de Francisque fut autorisée à jouer *la Forêt de Dodone*, quoique cette pièce fût mêlée de vaudevilles dont le sieur Aubert avait composé la musique.

Ce fut pendant le cours de cette foire que l'on commença à remarquer une charmante petite fille, nièce de Francisque, qui était alors à peine âgée de sept ans. On la nommait la petite Sallé : elle entra, six ans plus tard, à l'Opéra, où elle ne tarda pas à briller, même à côté de Mlle Prévost, et mourut en 1741, regrettée de tous ceux qui l'avaient connue.

Est-il besoin de dire que les auteurs rappelaient d'une manière assez plaisante l'oracle de Jupiter que les Grecs allaient consulter à Dodone, ancienne ville de l'Épire. Le temple du Dieu était placé au centre d'une vaste forêt, et les prêtres interprétaient les réponses de Jupiter, soit par le murmure des feuilles agitées par le vent, soit par le bruit d'une source qui jaillissait du pied d'un chêne fatidique, soit enfin par le choc de divers bassins de cuivre suspendus aux portiques du temple. — On croit reconnaître les ruines de Dodone au village de Gardiki, à 7 kilomètres au nord de Janina dans l'Albanie.

PERSONNAGES

Deux vieux chênes, parlant.
Un jeune chêne male, parlant et dansant.
Un jeune chêne femelle, dansant.
Un grand chêne, pour porter Arlequin.
ARLEQUIN, voleur.
SCARAMOUCHE, voleur.
M. BOLUS, apothicaire.
Mme BOLUS, sa femme.
Mlle SUZON, maîtresse de M. Bolus.
DAMIS, amant de Céphise.
CÉPHISE.
M. RIGAUDON, maître à danser.
COLIN, nouveau marié.
COLINETTE, sa jeune femme.
GROS-JEAN, oncle de Colin.
GUILLOT, cousin de Colinette.
Garçons et filles de la noce de Colin.

La scène est dans la forêt de Dodone.

LA FORÊT DE DODONE
PIÈCE EN UN ACTE

Le théâtre représente une forêt. On voit dans le milieu quatre chênes isolés, creux, et dans lesquels il y a des hommes qui peuvent marcher et remuer leurs branches comme des bras. A chaque arbre est une ouverture, en façon de petit châssis qui s'ouvre et se referme quand on veut ; de manière que l'homme qui est dedans montre sa tête et la cache quand il lui plaît. Il a un masque vert et des cheveux de mousse.

SCÈNE I.

DEUX VIEUX CHÊNES.

(Ils ouvrent leur petite fenêtre et montrent leur tête.)

PREMIER CHÊNE.

Air : *Je ne suis né ni roi, ni prince.*

Fameuse forêt de Dodone,
Hélas ! chacun vous abandonne !
Les hommes venoient autrefois
A genoux consulter vos chênes.
La foule à présent est aux bois
Et de Boulogne et de Vincennes.

DEUXIÈME CHÊNE.

Je n'en suis point surpris, mon compère.

Air : *Faire l'amour la nuit et le jour.*

D'un amoureux secret
Nous ne pouvons nous taire :
On cherche un bois discret
Où, sans risque, on peut faire
L'amour,
La nuit et le jour.

SCÈNE II.

LES DEUX VIEUX CHÊNES, UN JEUNE CHÊNE.

LE JEUNE CHÊNE.

(Il arrive en dansant et chantant.)

Air : *Si la jeune Annette.*

Fille du village,
Avec son galant,
Vient sous mon ombrage
Pour y chercher du....
Taleri, taritatou,
Talera, lire,
Pour y chercher du gland.

(Au premier chêne.) Bonjour et bon an, cousin chêne.

PREMIER CHÊNE.

Cousin!... Apprenez, petit étourdi, qu'il s'en faut de plus d'un quarteron de fagots que nous ne soyons de la même branche.

LE JEUNE CHÊNE.

Comment donc?

PREMIER CHÊNE.

Taisez-vous.

LE JEUNE CHÊNE.

Air : *Petit Boudrillon.*

D'où vient cette humeur vaine?

DEUXIÈME CHÊNE.

Taisez-vous, vous dit-on,
Boudrillon,
Vous tranchez du grand chêne.
Rabaissez votre ton,
Boudrillon,

SCÈNE II.

Petit boudrillon,
Boudrillon, dondaine,
Petit boudrillon,
Boudrillon, dondon.

LE JEUNE CHÊNE.

Oh! si je ne suis pas encore reçu oracle, je suis d bois dont on les fait.

PREMIER CHÊNE.

Vous raisonnez comme un sapin. Il faut que vous ayez été enté sur quelque marronnier d'Inde.

LE JEUNE CHÊNE.

Oui dà! je raisonne, et tout aussi bien qu'un homme.

PREMIER CHÊNE.

Le bel éloge! Un arbre se piquer de raisonner comme les hommes qui raisonnent comme des bûches.

DEUXIÈME CHÊNE.

Par ma foi, ce petit drôle-là s'ingère quelquefois de rendre des oracles, oui!

PREMIER CHÊNE.

Ce sont des oracles bien fagotés.

LE JEUNE CHÊNE.

Qu'ai-je donc dit de si impertinent?

DEUXIÈME CHÊNE.

Vous avez conseillé, par exemple, à une jeune fille d'épouser l'agioteur qui la recherchoit, l'assurant qu'elle feroit une bonne affaire. Elle vous a cru, et elle n'a pas de pain à présent.

LE JEUNE CHÊNE.

Et n'aviez-vous pas dit vous-même quelques jours auparavant à cet agioteur qui vint vous consulter sur son destin :

Il sortira de toi de très-grandes richesses?

PREMIER CHÊNE.

Mais, petit benet, ne sentez-vous pas dans cette réponse l'équivoque prophétique?

DEUXIÈME CHÊNE.

Vous avez encore dit tout crûment à un procureur qu'il étoit cocu.

LE JEUNE CHÊNE.

Est-ce que cela n'est pas vrai?

PREMIER CHÊNE.

Pardonnez-moi; mais un oracle qui sait son métier doit couvrir par une honnête amphibologie des vérités trop odieuses.

DEUXIÈME CHÊNE.

Vous mériteriez bien que le maître-clerc vînt vous abattre pour servir de mai à la Bazoche (1).

LE JEUNE CHÊNE.

Mais....

PREMIER CHÊNE.

Mais, mais, vous êtes un sot. Il faudroit vous élaguer la langue. Retirez-vous dans ce coin-là, et écoutez pour apprendre.

(Le jeune chêne se retire à côté. Le premier continue de parler au second.)

J'ai le cœur serré, mon compère, de nous voir presque entièrement abandonnés. Ah! les hommes d'aujourd'hui ne s'attachent plus qu'à l'écorce du bonheur! Ils ne prennent plus conseil que d'eux-mêmes.

---

(1) Le 1er mai était jadis, dans beaucoup de villages, un jour férié. Les paysans avaient la coutume de planter un arbre qu'on appelait le *mai*. Il y eut même des contrées où cet usage devint une obligation féodale. A Paris, diverses corporations, entre autres celle des orfèvres, offraient un *mai* à Notre-Dame; et les Bazochiens, ou clercs de la Bazoche, plantaient chaque année un arbre dans la cour du Palais; c'est pourquoi cette cour avait aussi reçu le nom de *cour du Mai*.

DEUXIÈME CHÊNE.

Tant pis pour eux.... En sommes-nous moins heureux, parce que nous n'avons pas la fumée de leur encens, et qu'ils ignorent la meilleure partie des dons que nous avons reçus des Dieux ?

PREMIER CHÊNE.

Quoi ? ne devroient-ils pas....

DEUXIÈME CHÊNE.

Allez, mon compère, ne vous échauffez plus la séve là-dessus, et gardez-vous de la vanité que nous avons tant de fois reprochée aux hommes. Mais taisons-nous. Voici quelqu'un qui s'avance.

(Ils referment leurs fenêtres, ce qu'ils font d'ailleurs toutes les fois qu'il paroît du monde.)

SCÈNE III.

LES CHÊNES, ARLEQUIN.

ARLEQUIN.

Au diable soit Scaramouche qui me fait ici croquer le marmot ! Il est parti, il y a plus de trois heures, pour aller à deux pas d'ici nous chercher des provisions, et il n'est pas encore revenu.... Ouais ! ce fripon-là ne seroit-il pas à voler quelque marchand à mon insçu, pour me frustrer de ma part ?... Non. La bonne foi n'a jamais manqué parmi nous autres, et Scaramouche m'a toujours rendu bon compte, tant que nous avons travaillé ensemble dans la rue Quincampoix (1).... Après cela,

(1) La rue Quincampoix, aboutissant d'un côté à la rue Aubry-le-Boucher, et de l'autre à la rue aux Ours, était alors habitée par les banquiers et les trafiquants de papier. Comme il n'existait pas alors de Bourse, où les commerçants pussent se réunir pour acheter ou vendre des marchandises et des effets publics, on venait

nous avons vu toutefois bien des honnêtes gens qui ne
e sont plus à présent.... Peut-être aussi que ces gueux
d'archers l'auront *pincé*.... Mais le voici, à la fin.

SCÈNE IV.

LES CHÊNES, ARLEQUIN, SCARAMOUCHE, arrivant tout essoufflé.

ARLEQUIN.

Eh! d'où diable viens-tu donc, à l'heure qu'il est?

SCARAMOUCHE.

Bona nevelle, mon ami, *bona* nevelle!

ARLEQUIN.

Comment, bonne nouvelle! et tu arrives les mains vides.

SCARAMOUCHE.

Bona nevelle, te dis-je. Je viens de ce gros village ici proche, où j'ai été à la noce.

ARLEQUIN.

Fort bien, monsieur Scaramouche. C'est à-dire que vous avez rempli votre ventre, sans vous mettre beaucoup en peine du mien.

chez les banquiers de la rue Quincampoix s'informer des cours et négocier des valeurs. Ce fut dans la maison de cette rue portant le numéro 47, que s'établit le célèbre Law, quand il fonda sa banque d'escompte dont le succès fut si grand dans les premières années du XVIIIe siècle. Aux acheteurs et aux vendeurs réels, on vit bientôt se joindre les spéculateurs et les filous, puis les fripons et les escrocs qui, profitant des embarras causés par la foule, dépouillaient les niais trop occupés des papiers qu'ils tenaient pour songer à leurs poches. C'est à cette industrie des voleurs et des coupeurs de bourse qu'Arlequin fait allusion ici.

SCÈNE IV.

SCARAMOUCHE.

Hé non! je ne suis pas entré dans la noce; *ma* j'ai vou la marinée.

ARLEQUIN.

La marinée! Une marinade, tu veux dire.

SCARAMOUCHE.

Ce n'est pas cela. C'est *una figlia* qui est marinée.

ARLEQUIN.

Mais ce n'est pas à cette sauce-là que....

SCARAMOUCHE.

Tou ne m'entends pas. C'est *una figlia* nommée Colinette qui a apoussé un mitron.

ARLEQUIN.

Qui a poussé un mitron! Elle l'a fait tomber apparemment.

SCARAMOUCHE.

Non pas. Elle a apoussé ce mitron; elle l'a *pigliato per* son apoux *in matrimonio*.

ARLEQUIN.

Et qu'est-ce que cela me fait?

SCARAMOUCHE.

Tou vas voir. *Sta* paysanne est ben gentille, et....

ARLEQUIN.

Mais cela n'emplit pas la panse.

SCARAMOUCHE.

Laisse-moi donc achever. *Sta* Colinette est fiolle de la dame du village.

ARLEQUIN.

C'est une fiole, à cette heure.... Est-elle pleine, cette fiole?

SCARAMOUCHE.

Che Diavolo! Tou n'as point d'entendement. Je te dis que la dame du village est la marraine.

ARLEQUIN.

Hé bien!

SCARAMOUCHE.

Hé bien! comme elle a beaucoup de l'amitié *per* sa fiolle, elle lui donne de quoi se mariner. Elle a voulu aussi qu'elle fût *ben* brave : elle lui a mis autour d'elle tous ses couliers, ses bajoux.

ARLEQUIN.

Des bajoues! Quoi? des bajoues de cochon, de....

SCARAMOUCHE.

O che bestia! Tou ne sais pas ce que c'est que des bajoux? des pierres, des diamans?

ARLEQUIN.

Des diamans! Peste! cela est bon.

SCARAMOUCHE.

Il faudroit tâcher d'escamoter ces bajoux.

ARLEQUIN.

Oui, ma foi; mais comment faire pour...

SCARAMOUCHE.

Viens-t'en avec moi. Nous parlerons de cela.

SCÈNE V.

LES CHÊNES.

PREMIER CHÊNE.

Voilà deux maîtres coquins. On verra cela, au premier jour, au crochet du grand prévôt.

DEUXIÈME CHÊNE.

Oui, mais il faudra encore, après avoir servi de retraite à ces fripons-là, qu'on vienne abattre quelqu'un de nous pour leur faire des potences.

PREMIER CHÊNE.

Chut! j'entends du monde.

SCÈNE VI.

LES CHÊNES, M. BOLUS, APOTHICAIRE, MADEMOISELLE SUZON.

M. BOLUS, en entrant.

Air : *Je suis saoûl de ma femme.*

Je suis saoul de ma femme;
L'aurai-je toujours?

Elle ne nous croit pas ici, assurément.

MADEMOISELLE SUZON.

Oh! pour cela, non.

Air : *Laire la, laire lan laire.*

La bonne dupe, sans façon,
A bien avalé le goujon.
Qu'en dis-tu, mon apothicaire?

M. BOLUS.

Laire la, laire lon laire,
Laire la, laire lon la.

SUZON.

Vous lui avez dit que vos affaires ne vous permettoient pas de la mener à la noce de Colinette. Moi, de peur qu'elle ne soupçonnât que nous étions de concert, je m'offre d'abord à l'y accompagner. Elle en est charmée. Je l'amène, et pendant qu'elle danse, zeste, je m'esquive sans rien dire, et je viens ici à notre rendez-vous.

17.

BOLUS.

Le panneau n'étoit pas mal tendu.

SUZON.

Si elle savoit ce qui se passe!...

BOLUS.

Diable! elle feroit un beau carillon. Comme elle est fort vertueuse, elle feroit un bruit....

SUZON.

Trêve de vertu. N'en parlons point, je vous en prie.

BOLUS.

Soit. Parlons de nos amours.

Air : *Sais-tu la différence?*

M'aimez-vous sans partage?

SUZON.

Oh! très-fidèlement.

PREMIER CHÊNE, en écho.

Elle ment.

DEUXIÈME CHÊNE, en écho plus éloigné.

Elle ment.

SUZON.

Otons-nous du passage.

PREMIER CHÊNE, en écho.

Pas sage.

DEUXÈME CHÊNE, aussi en écho.

Pas sage.

BOLUS.

J'entends, je crois, l'écho.

PREMIER CHÊNE.

Crois l'écho.

DEUXIÈME CHÊNE.
Crois l'écho.

SUZON, riant.
Il est plaisant! ho! ho!

PREMIER CHÊNE.
Ho! ho!

DEUXIÈME CHÊNE.
Ho! ho!

BOLUS, regardant derrière lui.
Ah! morbleu, nous sommes perdus! Voici ma femme.

SUZON.
Laissez-moi faire. Je vais encore lui tailler une bourde.

SCÈNE VII.

LES CHÊNES, BOLUS, SUZON, MADAME BOLUS.

MADAME BOLUS, à part.
On m'a fait un rapport fidèle. Je n'en puis plus douter.

SUZON, allant au-devant de Mme Bolus.
Que diantre, madame Bolus, vous aviez bien affaire de venir si tôt. Vous rompez toutes nos mesures.

MADAME BOLUS, froidement.
Je m'en aperçois.

SUZON.
Nous allions vous jouer le plus joli tour du monde.

MADAME BOLUS.
Je le crois.

SUZON.

Nous avions dessein de vous surprendre, en paroissant tout à coup devant vous à la noce.

MADAME BOLUS, donnant un soufflet à son mari.

Tiens, traître, prends toujours cela, jusqu'à ce que nous soyons à la maison.

BOLUS.

Mais, ma chère femme, nous ne voulions pas....

MADAME BOLUS, pleurant.

Tais-toi, perfide. Que ne suis-je moins sage, pour me venger de toi, comme tu le mérites.

SUZON.

Je crois, Dieu me pardonne, que c'est tout de bon.

MADAME BOLUS.

Oui, c'est tout de bon, indigne amie; et cela est bien vilain à vous d'en agir de la sorte.

SUZON.

Vous êtes bien brutale de me parler en ces termes.

MADAME BOLUS.

Vous êtes une plaisante effrontée, vous. Si je vous....

BOLUS, se mettant entre elles deux.

Eh! point de bruit!

SUZON.

Voyez un peu cette folle.

MADAME BOLUS.

Air : *A la façon de Barbari.*

Retirez-vous d'ici, guenon.

SUZON.

Vous êtes bien hardie
De m'apostropher sur ce ton,
Moi qui sais votre vie.

SCÈNE VII.

MADAME BOLUS

Je suis femme de bon renom.

SUZON, d'un ton moqueur.

La faridondaine, la faridondon.

MADAME BOLUS.

Je suis fidèle à mon mari.

SUZON, à M. Bolus.

Biribi,
A la façon de Barbari,
Mon ami.

Demandez-lui comment se portoit hier soir ce jeune médecin qui vous fait tant d'amitiés depuis un mois.

BOLUS.

Quoi donc, ma femme? Seroit-il possible que....

MADAME BOLUS.

Oh! elle en a bien menti!

SUZON.

Vous savez le contraire. J'ai la preuve en main.

BOLUS, rêvant.

Hom! cela me rappelle....

MADAME BOLUS, le caressant.

Eh, non! mon petit chaton, cela ne doit rien vous rappeler. Je voudrois que ces chênes parlassent comme on dit qu'ils faisoient autrefois, je les prierois de rendre témoignage de ma conduite.

BOLUS, se grattant l'oreille.

Oh! je le voudrois bien aussi;
Mon soupçon seroit éclairci.

PREMIER CHÊNE.

Mon ami, ne te plains point d'elle.

BOLUS, à part.

Quelle joie !

PREMIER CHÊNE, continuant l'air.

Elle est autant que toi fidèle.

BOLUS, à part.

Ouf !

MADAME BOLUS.

Eh bien ! cher ami, êtes-vous content ?

BOLUS, froidement.

Oui.

MADAME BOLUS, à Suzon.

Air : *Les feuillantines.*

Pardonnez-moi ma fureur.

SUZON.

De bon cœur,
Je confesse mon erreur.

MADAME BOLUS.

De ceci je suis ravie.

BOLUS.

Et moi j'en, et moi j'enrage ma vie.

(Ils s'en vont.)

SCÈNE VIII.

LES CHÊNES.

PREMIER CHÊNE, au jeune.

Vous voyez bien, petit garçon, de quelle manière doit parler un oracle dans une affaire délicate.

LE JEUNE CHÊNE.

Malepeste ! vous l'entendez !

DEUXIÈME CHÊNE.

Paix ! paix ! il nous vient encore de la pratique.

SCÈNE IX.

LES CHÊNES, DAMIS, M. RIGAUDON, maitre a danser.

DAMIS.

Je vous apprendrai, monsieur Rigaudon, à venir sur les brisées d'un homme comme moi.... Allons, l'épée à la main.

M. RIGAUDON.

Puisque vous le voulez absolument, il faut vous satisfaire.

(Ils se battent.)

SCÈNE X.

LES CHÊNES, DAMIS, M. RIGAUDON, CÉPHISE.

CÉPHISE, accourant éperdue.

O ciel! ô Damis! que voulez-vous faire?

DAMIS, la repoussant.

Retirez-vous, Céphise.

CÉPHISE.

Non ; finissez, ou je me jette au travers de vos épées.

DAMIS, à M. Rigaudon.

Monsieur, vous voyez qu'il n'y a pas moyen de continuer. Adieu, nous nous reverrons.

M. RIGAUDON, s'en allant.

Je ne me cache point.

SCÈNE XI.

LES CHÊNES, DAMIS, CÉPHISE.

DAMIS.

Air : *Les rats.*

Cachez-vous, infâme.
Voilà donc comment
Vous payez la flamme
D'un fidèle amant!

CÉPHISE.

Cher Damis, vous n'êtes pas sage;
Cher Damis, vous n'y pensez pas.
　　Ah! ce sont vos rats,
Qui vous font prendre de l'ombrage;
　　Oui, ce sont vos rats,
Qui causent tout ce beau fracas.

DAMIS.

Oh! n'espérez pas m'en faire accroire, perfide! La noce de Colinette m'a fait connoître votre indigne caractère.

CÉPHISE.

Allez, vous êtes fou. Faut-il pour un rien....

DAMIS.

Un rien! Vous vous enfoncez dans un bosquet avec Rigaudon.

CÉPHISE.

Il m'alloit faire répéter un *cotillon* que j'avois oublié.

DAMIS.

Fort bien. Et quand il vous mettoit la main... sous le menton?

SCÈNE XI.

CÉPHISE.

C'étoit pour me faire tenir droite.

DAMIS.

La faire tenir droite, oui, la faire tenir droite.

CÉPHISE.

Cessez, cruel, d'outrager ma fidélité.

DAMIS.

Oh! bien! nous allons voir si je l'offense... Voici des chênes qui pourront me l'apprendre.

(Aux chênes.)

AIR : *Quand le péril est agréable.*

Arbres, qui des rois avec pompe,
Autrefois étiez consultés,
Si vos talens vous sont restés.
Parlez.

PREMIER CHÊNE.

Elle te trompe.

DAMIS.

O Dieux! après cela, traîtresse, puis-je encore en douter?

CÉPHISE.

Eh quoi? n'entendez-vous pas ce que cela veut dire?

DAMIS.

Que trop, hélas!

CÉPHISE, le prenant par la main.

Venez çà, tenez.... Vous me croyez perfide et je vous suis fidèle.... Je vous trompe donc.... Voilà le sens de l'oracle.

DAMIS, mollissant.

Vous pensez que l'intention du chêne....

CÉPHISE.

Sans doute, faut-il jamais prendre à la lettre les réponses des oracles ?

DAMIS, rêvant.

Mais, non.

CÉPHISE.

Ne sont-elles pas toujours ambiguës ?

DAMIS.

Il est vrai.

CÉPHISE.

Elles signifient ordinairement le contraire de ce qu'elles semblent dire.

DAMIS.

Air : *Allons, gai.*

J'ai tort, je le confesse.

CÉPHISE.

J'excuse votre amour.

DAMIS.

Allons, chère maîtresse,
Achever ce beau jour.

TOUS DEUX, s'en allant.

Allons, gai,
D'un air gai, etc.

SCÈNE XII.

LES CHÊNES.

PREMIER CHÊNE, au second.

Eh bien ! compère : le cavalier ne l'a-t-il pas bien pris ?

DEUXIÈME CHÊNE.

Oui, parbleu. Il faut avouer que les femmes trouvent de grandes ressources dans leur esprit.

PREMIER CHÊNE.

Taisons-nous, quelqu'un vient encore. Ma foi, notre crédit va repousser.

SCÈNE XIII.

LES CHÊNES, ARLEQUIN, SCARAMOUCHE, COLINETTE, parée de diamans.

SCARAMOUCHE, riant.

Ah! ah! ah! ah! le bon coup de filet!

ARLEQUIN, à part, considérant Colinette.

Ah, morbleu! que de charmes! que de richesses! Les beaux yeux! Les beaux diamans! Je ne sais par où je dois commencer.

COLINETTE.

Air : *Landeriri.*

Mais, Messieurs, où me menez-vous?

ARLEQUIN.

Nous voulons faire à votre époux,
Landerirette,
Perdre l'argent d'un gros pari,
Landeriri.

SCARAMOUCHE.

Il a parié que nous ne pourrions pas vous enlever.

COLINETTE.

Colin m'avoit dit de l'attendre dans le cabinet de verdure. Vous venez là; vous m'enlevez, et je ne sais seulement pas si vous êtes de la noce.

ARLEQUIN.

Nous en serons, nous en serons.

COLINETTE.

Qui êtes-vous donc, s'il vous plaît?

SCARAMOUCHE.

Nous sommes des étrangers de *sta* pays.

COLINETTE.

Air : *Talalerire.*

Tenez, je suis épouvantée.

SCARAMOUCHE.

N'ayez point de mauvais soupçons.
C'est une affaire concertée
Entre nous et tous les garçons.

COLINETTE.

Eh quoi! ce n'est donc que pour rire?

SCARAMOUCHE.

Non, vraiment.

ARLEQUIN ET SCARAMOUCHE.

Talaleri, talaleri, talalerire.

COLINETTE.

Ah! que ce sera drôle!

ARLEQUIN.

Oui, ma foi.

SCARAMOUCHE, bas à Arlequin.

Profitons de l'occasion.

ARLEQUIN, bas à Scaramouche.

Oui, allons.... Mais attends.... Je pense qu'il faut d'abord songer au plus pressé, boire et manger. Voilà la bouteille et l'andouille que j'ai volées sur le buffet de la noce.

SCÈNE XIV.

SCARAMOUCHE, toujours bas.

Je le veux bien. En attendant, mettons la belle dans la cahute qui est à l'horée (1) de la forêt.

COLINETTE.

Mais que dites-vous donc là tout bas?

ARLEQUIN.

Air : *Réveillez-vous, belle endormie.*

Pour un peu souffrez qu'on vous mette
En lieu sûr.

COLINETTE.

Pour quelle raison?

ARLEQUIN.

Il faut cela, pendant qu'on traite
Avec Colin de la rançon.

COLINETTE.

Oui dà?

ARLEQUIN.

Vous voyez bien que cela est nécessaire. Allons, ma poulette, allons. — (Ils l'emmènent.)

SCÈNE XIV.

LES CHÊNES.

PREMIER CHÊNE.

Quel dommage que cette pauvre innocente soit la proie de ces brigands.

---

(1) Ce terme qui a vieilli, mais dont les écrivains des siècles passés faisaient un assez fréquent usage pour désigner l'entrée d'une forêt, doit être écrit *orée* et non *horée*. Bernardin de Saint-Pierre, dans ses *Études de la nature*, a dit : « Cependant, à l'orée du bois, on voit déjà fleurir les primevères. » Le mot *horée* n'aurait aucun sens ici : il signifiait une grande pluie d'orage qui dure environ une heure.

SCÈNE XV.

LES CHÊNES, COLIN, GROS-JEAN, GUILLOT,
GARÇONS ET FILLES DE LA NOCE.

COLIN.

Ah! pauvre Colin, ils t'avont enlevé ta femme, et tu n'as seulement pas eu le temps de danser avec elle.

GUILLOT.

Ne te boute pas en peine, cousin, je la retrouverons.

GROS-JEAN.

Va, va, mon neveu, ste marchandise-là est comme les dés : ça ne se perd jamais.

COLIN.

Et de quel côté je tournerons ty? Si j'allons par ici, ils seront peut-être allés par ilà.

GUILLOT.

Pargué, cousin, te v'là bien embarrassé. Que ne sarmonnes-tu ces arbres? Nan dit comme ça qu'ils savont tout çan qui se fait, et qu'ils jasont queuquefois comme des pies dénichées.

COLIN.

Ça, non, par ma figuette! Pendant que je lentibornerons à leu demander quoi, et qu'est-ce? Colinette sera.... (Il pleure.) Ah! ah! ah! si je savions encore par où ces coquins-là avont enfilé.

GROS-JEAN.

La commère Simone a dit qu'ils aviont tiré vars ce chemin-ici.

GUILLOT.

Tenez, Gros-Jean. Allez-vous-en tout finement droit par là avec sti-ci. Je m'en vas avec sti-là par ce petit sentier; et le cousin prendra par là avec stelles-là.

(Ils s'en vont tous.)

SCÈNE XVI.

LES CHÊNES.

PREMIER CHÊNE.

A votre aise, monsieur Colin, à votre aise. Vous ne voulez pas vous donner la peine de nous consulter. Tant pis pour vous.

SCÈNE XVII.

LES CHÊNES, ARLEQUIN, SCARAMOUCHE.

SCARAMOUCHE.

Nous avons mis Colinette en sûreté.

ARLEQUIN.

La porte est bien barricadée ?

SCARAMOUCHE.

Oui, parbleu.

ARLEQUIN.

Air : *Lampons, lampons.*

Nous aurons des diamans.   (*bis.*)

SCARAMOUCHE.

Un tendron des plus charmans.   (*bis.*)

ARLEQUIN.

Célébrons notre victoire.
Nous avons là de quoi boire.

TOUS DEUX.

Lampons, lampons,
Camarade, lampons. (Ils boivent.)

(On entend dans le lointain les voix de trois ou quatre paysans qui crient en appelant : Colinette! Colinette!)

ARLEQUIN, épouvanté.

Hoïmé!

SCARAMOUCHE, fuyant.

Sauve! sauve! voilà les gens de la noce.

SCÈNE XVIII.

LES CHÊNES, ARLEQUIN.

ARLEQUIN.

Ahi! sono perduto! (Il court de tous côtés, sans pouvoir se déterminer sur le chemin qu'il prendra.) Où vais-je me fourrer?... Grimpons et cachons-nous sur cet arbre.

(Il monte sur un chêne.)

PAYSANS, qu'on ne voit pas, appelant :

Colinette! Colinette!

ARLEQUIN, sur l'arbre.

Que me voilà bien ici,
Dans ma petite cachette.

PAYSANS, qu'on ne voit toujours pas.

Colinette! Colinette!

ARLEQUIN.

AIR parodié d'*Amadis*.

Bois épais, redouble ton ombre,
Tu ne saurois être trop sombre ;
Tu ne peux trop cacher un malheureux fripon.

(Le chêne sur lequel il est se remue. La peur saisit Arlequin, qui dit :)

O poveretto me! L'arbre se déracine et se remue. (Le chêne marche.) Il marche! Eh! monsieur l'arbre, doucement! Où allez-vous donc?... Laissez-moi descendre; je vous incommode peut-être.... Eh! arrêtez donc; vous me faites mourir de peur! (Le chêne le secoue.) Ahi! ahi! ahi! Si vous continuez à me secouer les tripes, il m'arrivera quelque accident qui pourroit salir vos belles feuilles vertes.... Holà donc! holà donc! vous prenez le mors aux dents.... Ah! c'en est fait, je perds les étriers. (Il tombe en bas de l'arbre.) Peste soit de la mariée.... me voilà tout éreinté.

SCÈNE XIX.

LES CHÊNES, ARLEQUIN, COLIN, GROS-JEAN, GUILLOT.

COLIN.

Ah! mon ami Guillot, je sis tout parturbé de ne rian trouver.

ARLEQUIN, à part.

Comment diable me tirer d'ici? Faisons le dormeur.

(Il se met à ronfler.)

GROS-JEAN.

Il faut aller avartir la marichaussée.

COLIN.

Journée de mal-encontre!

GUILLOT, apercevant Arlequin, à Colin.

Aga tian, cousin, j'avise là un homme qui dort. Enquetons-nous de li s'il n'a rien vu. (Il s'avance vers Arlequin et le pousse.) Parlez l'homme! (Arlequin continue de ronfler.) Parlez donc, hé.

GROS-JEAN.

Réveillez-vous, mon ami.

ARLEQUIN, se relevant et parlant du ton d'un homme ivre.

Allons, mon ami, allons.... A votre santé. (Il chante en bâillant:)

Tanlaleri, tanlaleri.

GUILLOT.

N'a vous pas vu la femme à Colin ?

ARLEQUIN.

Air : *Va-t'en voir s'ils viennent.*

La femme à Colin Tampon....

COLIN.

Laisse là st'homme, Guillot. Vois-tu pas bian qu'il n'a point de raison à li.

GUILLOT.

Nennin, nennin. Morgué, il me porte bien la mine d'être un des fripons qui ont fait le coup.

ARLEQUIN.

Messieurs, il ne s'agit pas de ça. Je suis honnête homme, et ça ne se fait point, entendez-vous ?

GROS-JEAN, aux chênes, ôtant son chapeau.

Messieurs les arbres, baillez-nous votre mot, s'il vous plaît, là-dessus.

PREMIER CHÊNE.

C'est un des ravisseurs de la jeune épousée.

ARLEQUIN, s'approchant du chêne.

Vous en avez menti.

LE CHÊNE, lui donnant un soufflet d'une de ses branches.

Tiens, de ton démenti reçois le châtiment.

ARLEQUIN.

Miséricorde ! un arbre qui parle et qui donne des soufflets !

GUILLOT.

Ah! ah! c'est donc toi !

COLIN.

Çà, te v'là attrapé. Tu nous rendras Colinette tout comme alle étoit quand tu l'as prise, ou bien je t'allons boutter en prison.

ARLEQUIN.

Ah, maudit arbre! Ah, chien d'arbre! fusses-tu disséqué en cotrets!

SCÈNE XX.

LES CHÊNES, ARLEQUIN, COLIN, GROS-JEAN, GUILLOT, SCARAMOUCHE, COLINETTE, GARÇONS ET FILLES DE LA NOCE.

UN GARÇON.

Tian, Colin, v'là t'n épousée. J'avons attrapé ce coquin-là qui s'enfuyoit (Montrant Scaramouche qui fait la révérence.) Je l'avons tant bâtonné, qu'il nous a tout dégoisé, et nous a menés là où ils avoient enfarmé Colinette.

ARLEQUIN, à Scaramouche.

Ah! poltron, tu en auras ta part.

COLIN, sautant au cou de Colinette.

Ma pore Colinette! tu me reboutes le cœur au ventre. Ces pendards-là ne t'avont-ils point pris de tes bijoux?

COLINETTE.

Oh! pour cela, non.

ARLEQUIN.

On ne lui a pas ôté un cheveu.

GROS-JEAN.

Enfans, que ferons-nous de ces vaurians-là?

ARLEQUIN.

J'opine pour qu'on nous fasse crever à force de boire et de manger.

SCARAMOUCHE.

Je suis de l'avis de monsieur.

GUILLOT.

Ils mériteriont bien d'aller faucher le grand pré.

COLIN.

Non, non, ils paroissent bons guiables. Je parions qu'ils n'avoient fait ça que pour me faire charcher.

ARLEQUIN.

Oui, vraiment. Ce n'étoit que pour rire... Demandez plutôt à Colinette.

COLINETTE.

C'est vrai ; car ils me l'ont dit eux-mêmes.

COLIN.

Grand marci, messieurs les chênes.

PREMIER CHÊNE, aux paysans.

Air : *J'ai fait souvent résonner ma musette.*

Ne songez plus, mes enfans, à vos peines ;
Chantez, dansez, ayez le cœur joyeux.

(Aux jeunes chênes.)

A leurs plaisirs, prenez part, jeunes chênes,

(A Arlequin et à Scaramouche.)

Et vous, fripons, fuyez loin de ces lieux.

ARLEQUIN.

Vous n'avez que faire de nous le recommander. Nous n'aimons point les arbres babillards.

(Aussitôt il sort de deux jeunes chênes deux enfans habillés de feuillage qui se joignent aux paysans pour danser. Après la danse, on chante le branle suivant :)

Air : *De monsieur Aubert.*

Premier couplet.

COLIN.

Ici les bois savent parler.
Il ne faut pas leur révéler

SCÈNE XX.

Ce qu'on ne dit qu'à la matrone.
Bien en prend qu'autour de Paris,
On ne greffe pas les taillis
Avec du chêne de Dodone.

CHŒUR.

Bien en prend, etc.

Deuxième couplet.

COLINETTE.

On ne sait pas que dans Auteuil,
La veuve Iris, pendant son deuil,
Ne répand que du vin de Beaune.
Bien en prend qu'autour de Paris,
On ne greffe pas les taillis
Avec du chêne de Dodone.

CHŒUR.

Bien en prend, etc.

Troisième couplet.

ARLEQUIN, aux spectateurs.

Messieurs, serrez vos flageolets,
Qui font de si beaux ricochets,
Quand une pièce n'est pas bonne.
Au jugement qu'ont vos sifflets,
On diroit qu'ils ont été faits
Du bois de chêne de Dodone.

CHŒUR.

Au jugement, etc.

FIN DE LA FORÊT DE DODONE

LE RÉMOULEUR D'AMOUR

PIÈCE EN UN ACTE

Par LESAGE, FUSELIER et DORNEVAL

*Représentée le 5 février 1722,
sur le théâtre des Marionnettes de Laplace
à la foire Saint-Germain.*

Nous n'avons donné cette pièce que parce qu'elle nous permet de rappeler un fait curieux se rattachant aux persécutions dont les spectacles forains furent si souvent victimes.

A cette époque, le privilége de l'Opéra-Comique avait été encore une fois supprimé, quoique Francisque eût signé, avec sa troupe, un bail de neuf ans. Dans ces circonstances, Lesage, Fuzelier et Dorneval trouvèrent un moyen de tourner la loi qui défendait aux acteurs de parler et de chanter. Ils louèrent, sous le nom de La Place, une salle à la foire Saint-Germain, et ils y firent jouer, par des *marionnettes*, des pièces de leur composition qui furent très-goûtées du public. Ces pièces étaient : *Pierrot-Romulus*, parodie de la tragédie de *Romulus* par La Motte ; *le Rémouleur d'amour* et *l'Ombre du cocher-poëte*, qui servait de prologue à ces deux pièces.

PERSONNAGES

L'Amour.
PIERROT, rémouleur.
FANCHETTE, couturière aimée de Pierrot.
Un Petit-maitre.
Une Coquette.
VIROSOLI, maître de pension.
COLIN, paysan.
CLAUDINE, paysanne.
Un Suisse.
Troupe de Pèlerins et de Pèlerines de Cythère.

La scène se passe d'abord dans une rue de Paris,
et ensuite dans les jardins de Cythère.

LE
RÉMOULEUR D'AMOUR

PIÈCE EN UN ACTE

Le théâtre représente une rue au milieu de laquelle on voit Pierrot, qui fait l'action de repasser des couteaux sur une meule de gagne-petit.

SCÈNE I.

PIERROT, seul.

Air : *Le gagne-petit.*

Premier couplet.

Promener la brouette
   Tout le long du jour :
Boire avec la brunette
   Le soir au retour :
(Il repasse sur sa meule.)
  Braver l'insomnie
   Dans un mauvais lit ;
  Or, voilà la vie
   Du gagne-petit.   (Il repasse.)

Deuxième couplet.

Je suis du remoulage
   La plus fine fleur :
Et le plus fort ouvrage
   Ne me fait point peur.   (Il repasse.)
Quand femme gentille
   Vient à m'appeler,

Vous voyez un drille
Prompt à travailler.

(Il repasse.)

SCÈNE II.

PIERROT, FANCHETTE.

PIERROT.

Eh! bonjour, mademoiselle Fanchette.

FANCHETTE.

Vous voilà donc, monsieur l'affronteur?

PIERROT.

Air : *Je ne suis né ni roi ni prince.*

Qu'avez-vous, belle couturière,
Ma petite fleur printannière?

FANCHETTE.

Rengaînez tous ces doux propos.
Ma maîtresse est fort courroucée.
Sa grande paire de ciseaux....

PIERROT.

Ne l'ai-je pas bien repassée?

FANCHETTE.

Elle ne se plaint pas de cela; mais le clou de ses ciseaux ne tient plus.

PIERROT.

Ce n'est pas ma faute.

Air : *Il étoit trois filles qui filoient du lin.*

C'est qu'elle est trop vive :
Parbleu le moyen !

SCÈNE II.

Aux clous que je rive
Il ne manque rien;
Car je les cogne, cogne,
Car je les cogne bien.

FANCHETTE, lui donnant des petits soufflets.

Çà, monsieur le raisonneur.

Air : *Pierrot reviendra tantôt.*

Quand voulez-vous passer chez nous? (*bis.*)

PIERROT, lui mettant la main sous le menton.

Dès demain matin, mes yeux doux.

FANCHETTE, le repoussant.

Pierrot!...
Pierrot, venez-y tantôt.

PIERROT, continuant à la caresser.

Tantôt, vous verrez Pierrot.

FANCHETTE.

Tenez-vous, s'il vous plaît.

PIERROT.

Air : *Qu'on apporte bouteille.*

Tu viens toujours, brunette,
Badiner avec moi;
Et tu ne veux jamais, folette,
Que Pierrot badine avec toi.

FANCHETTE.

Air : *Du haut en bas.*

Gagne-petit,
Je n'écoute point la fleurette,
Gagne-petit.

PIERROT.

Mais pour quelque garçon gentil,
Peut-être êtes-vous plus doucette.

FANCHETTE.

Non. Tout homme est près de Fanchette,
Gagne-petit.

PIERROT.

Air : *Margueton allant au moulin.*

Si pourtant, mon petit tendron,
Je vous convenois pour mignon,
Vous auriez un bon compagnon.

(Il la tourmente.)

Lanfin, lanfa,
Lantourelourifa.

FANCHETTE, se défendant.

Arrêtez-vous donc. Fi donc, badin ! Laissez-moi là.
Oh ! je n'aime point du tout cela !

(Elle se débarrasse de ses mains, et s'enfuit.)

L'orchestre joue la Descente de l'Amour ; et l'on voit ce dieu qui vient en volant se présenter devant Pierrot.

SCÈNE III.

PIERROT, L'AMOUR.

PIERROT.

Air : *Dondaine, dondaine.*

Quel enfant vient dans ce séjour ? (*bis.*)
Il paraît plus beau que le jour
Je l'aime, je l'aime.
Il ressemble à l'Amour.

L'AMOUR

C'est l'Amour même

SCÈNE III.

PIERROT.

Air : *Petit boudrillon.*

Sur les bords de la Seine,
Vous venez en frelon,
Boudrillon,
Faire à quelque inhumaine
Sentir votre aiguillon,
Boudrillon,
Petit boudrillon,
Boudrillon, dondaine,
Petit boudrillon,
Boudrillon, dondon.

L'AMOUR.

Air : *Ho! ho! Ha! ha! Et pourquoi donc?*

J'aurois beau le vouloir,
Mon cher Pierrot, hélas!
Je n'ai plus de pouvoir!
Tire-moi d'embarras.

PIERROT.

Ho! ho! Ha! ha!
Et pourquoi donc? Comment cela?

L'AMOUR.

Air : *Le rémouleur.*

Depuis qu'à coups de flèche,
Aux cœurs je fais brèche,
Mes traits lancés
Se sont émoussés;
Par toi qu'ils soient repassés.
Gentil rémouleur,
Reçois cet honneur.

PIERROT.

J'y consens de bon cœur.
Je remoudrai,
J'aiguiserai;

Pour vous ma meule tourne,
Tourne, retourne.
Vous avez fort bien rencontré.

L'AMOUR.

Air : *Comme un coucou que l'amour presse.*

Allons, sans tarder davantage,
Je te conduis dans mon palais.
Là, je t'instruirai de l'usage,
Que je veux faire de mes traits.

(L'Amour embrasse Pierrot, et l'enlève.)

PIERROT, en partant, fredonne l'air :

Suivons l'Amour, c'est lui qui nous mène.

Le théâtre change en cet endroit, et représente les jardins de Cythère dans les ailes, avec une mer dans le fond. Il paroît une barque remplie de pèlerins et de pèlerines de Cythère, conduite par deux Amours. Les pèlerins vont débarquer dans les coulisses. Pendant ce tems-là, l'orchestre joue une musette pour l'arrivée, et pour la marche des pèlerins qui suit le débarquement.

SCÈNE IV.

TROUPE DE PÈLERINS ET DE PÈLERINES.

UN PÈLERIN.

Air : *Pour la baronne.* (Rondeau.)

On voit la rose
Naître en ces lieux, à tout moment ; (*bis.*)
Et dès l'instant qu'elle est éclose,
Avec un tendre empressement,
L'Amour l'arrose.

UNE PÈLERINE.

Air : *De monsieur de La Croix.*

Les rossignols sous cet ombrage
  Lui rendent hommage
   Par leurs doux chants :
Mais, ce qui lui plaît davantage,
  C'est le badinage
   Des moineaux francs.

(Ils se retirent tous.)

SCÈNE V.

COLIN, CLAUDINE.

COLIN.

Air : *Ton himeur est, Cathereine.*

Oui, nous voici, ma Claudeine,
Dans l'isle du dieu d'Amour,
Et je sens que ma poitreine
Deviant plus chaude qu'un four.

CLAUDINE.

Je me sens itout de même ;
Comme toi, Colin, je beus :
Il m'est avis que je t'aime
Ici plus fort que cheux nous.

COLIN.

C'est le tarroir qui fait ça.

Air : *Les feuillantin's.*

Foin du procureux fiscal,
  Mon rival,
Qui nous baille tant de mal !
Ton père est-il fou de prendre
Ce vieux co, ce vieux coquin pour son gendre ?

CLAUDINE.

Air : *Tian, morgué, tian, si tu savois.*
Pourquoi veut-il me donner
Ce bon-homme qui radote?
On ne peut l'en détourner.

COLIN.

Que diantre aussi, c'est ta faute!
Tian, morgué, tian, si tu voulois,
Tous deux tu les attraperois :
Mais tu fais trop la sotte.

CLAUDINE.

Air : *Ah! voyez donc, ah! voyez donc.*
Colin, de suivre ta leçon,
Je ne suis pas si folle;
J'y veux un peu plus de façon.
Ah! voyez donc,   (*bis.*)
Comme il s'y prend, le drôle!

COLIN.

Air : *Réveillez-vous, belle endormie.*
Ah! voici le dieu de Cythère!
De tout ce qu'il conseillera,
Ne faut pas aller au contraire.

CLAUDINE.

Mais c'est suivant ce qu'il dira.

SCÈNE VI.

COLIN, CLAUDINE, L'AMOUR.

COLIN, saluant l'Amour.

Air : *Voulez-vous savoir qui des deux?*
Votre valet, monsieur l'Amour.

L'AMOUR.

Qui peut vous conduire à ma cour?

SCÈNE VI.

COLIN.

C'est pour vous dire notre peine.
Un barbon avec ses ducats
Voudroit me dénicher Claudeine.
Tirez-nous de ce mauvais pas.

CLAUDINE.

Air : *La ceinture.*

Mettez fin à notre tourment,
Aimable dieu de la tendresse :
Délivrez-nous de cet amant ;
Otez-lui le trait qui le blesse.

L'AMOUR.

Je vais lui décocher une flèche plus puissante.

Air : *L'onguent miton mitaine.*

Belle, calmez votre effroi.
Pour subir une autre loi,
Il va quitter la vôtre.

COLIN.

C'est fort bian dit, par ma foi ;
Car un clou chasse l'autre.

CLAUDINE, faisant la révérence.

Que je vous sommes obligés!

COLIN, à Claudine.

Air : *Morgué! je t'aime, Bastienne.*

Tatigué! que j'ai, Claudeine,
Le cœur joyeux !
Boute ta main dans la mienne :
Nargue du vieux.
Pour moi, je sis dans mes biaux ans ;
Par la morgué! combien d'enfans
J'aurons tous deux,   (*bis.*)

(Ils saluent l'Amour, et s'en vont.)

SCÈNE VII.

L'AMOUR, PIERROT.

PIERROT, lui présentant un paquet de flèches.
Air : *Flon, flon.*

Après bien de la peine,
J'ai rempli vos souhaits.
Courez la prétentaine,
Vos aiguillons sont prêts :
    Flon, flon,
  Larira, dondaine,
    Flon, flon,
  Larira, dondon.

L'AMOUR.

Air : *Quand je tiens de ce jus d'octobre.*

J'en vais faire l'expérience,
Je reviendrai dans peu de tems.
Pour moi, Pierrot, donne audience
A tous les tendres supplians.

(L'Amour s'envole.)

SCÈNE VIII.

PIERROT, seul.

Air : *Prenez bien garde à votre cotillon.*

L'Amour s'envole vers Paris.
Que de cœurs vont être surpris !
Il va faire un beau carillon !
Mesdames, prenez garde à votre cotillon,
    A votre cotillon.

SCÈNE IX.

PIERROT, UN PETIT-MAITRE.

LE PETIT-MAÎTRE.

Holà, Grivois! n'appartiens-tu pas à l'Amour?

PIERROT.

C'est moi qui repasse ses flèches.

Air : *On dit que vous aimez les fleurs.*

Vous, Monsieur, qui m'interrogez,
Vous m'avez bien l'air d'être,
D'être petit, d'être petit,
L'air d'être petit-maître.

LE PETIT-MAÎTRE.

Cela est vrai.

Air : *O reguingué, o lon lan la.*

Seconde moi, beau rémouleur,
Je poursuis un rebelle cœur,
Dont je ne puis être vainqueur.

PIERROT.

Jamais petit-maître à Cythère,
N'est venu pour pareille affaire.
Et quelle est donc cette cruelle?

LE PETIT-MAÎTRE.

C'est une comédienne.

PIERROT.

Il n'est pas possible! Comment vous y prenez-vous donc?

LE PETIT-MAÎTRE.

Air : *Robin, turelure lure.*

Pour m'attirer ses faveurs,
Je fais briller ma figure;
Je prodigue les douceurs.

PIERROT.

Turelure!

LE PETIT-MAÎTRE.

Contre mon destin je jure.

PIERROT.

Robin, turelure, lure.

LE PETIT-MAÎTRE.

Air : *Lon lan la, l'Amour n'y fait rien.*

Je viens conjurer l'Amour
De blesser cette friponne ;
Je viens conjurer l'Amour,
De me venger en ce jour.

PIERROT.

Lon lan la, l'Amour n'y fait rien,
Si l'argent ne sonne, sonne,
Lon lan la, l'Amour n'y fait rien,
Si l'argent ne sonne bien.

LE PETIT-MAÎTRE.

De l'argent? Oh ! je suis votre valet.

Air : *Le fameux Diogène.*

J'espérais sans finance,
Vaincre la résistance
De ma belle Catin.

PIERROT.

Votre erreur est extrême ;
Le dieu d'Amour, lui-même,
Y perdroit son latin.

LE PETIT-MAÎTRE.

Cela étant, j'y renonce.

Air : *Bannissons d'ici l'humeur noire.*

C'en est fait, je me rends justice :
Je n'étois, ma foi, qu'un oison.

Je pris ce dessein par caprice,
Je l'abandonne par raison.

(Il s'en va.)

PIERROT.

Voilà un petit-maître qui fait comme le renard.

SCÈNE X.

PIERROT, M. VIROSOLI, MAÎTRE DE PENSION.

PIERROT, à part.

Ho! ho! que vient faire ici ce visage-là?

M. VIROSOLI.

AIR : *Je reviendrai demain au soir.*

Monsieur, je viens dans ce séjour,
Pour parler à l'Amour. (*bis.*)

PIERROT.

Vous rencontrez son substitut.

M. VIROSOLI, saluant Pierrot.

Recevez mon salut. (*bis.*)

PIERROT.

AIR : *Mon père, je viens devant vous.*

Quel métier faites-vous, l'ami?

M. VIROSOLI.

J'enseigne la langue latine.
Je m'appelle Virosoli,
Homme connu par sa doctrine,
Des maître-ez-arts un des premiers;
Aussi j'ai beaucoup d'écoliers.

PIERROT.

Êtes-vous marié?

M. VIROSOLI.

Pour la seconde fois.

Air : *Et zon, zon, zon.*

J'ai de mon premier lit,
Une assez belle fille ;
Ma femme a de l'esprit,
Et passe pour gentille.

PIERROT, *riant.*

Et zon, zon, zon....

M. VIROSOLI.

Air : *Du cap de Bonne-Espérance.*

J'ai trente pensionnaires
Chez moi, tant grands que petits.

PIERROT.

Les grands sont de bons compères?

M. VIROSOLI.

Ce sont autant de bandits.
L'un de ma fille s'enflamme,
L'autre courtise ma femme ;
Et pendant ces passe-tems,
Les petits deviennent grands.

Les Sixièmes insensiblement succèdent aux Rhétoriciens.

PIERROT.

C'est le diable !

M. VIROSOLI.

Air : *Ton relon, ton ton.*

Au dieu des cœurs, je vais conter ma peine,
Et le prier d'épargner ma maison.

PIERROT.

Quoi ! vous voulez qu'il perde son aubaine !
J'entends déjà l'Amour qui vous répond :

Ton relon, ton ton,
Tontaine la tontaine;
Ton relon, ton ton,
Tontaine la tonton.

M. VIROSOLI.

Air : *Je ne suis né ni roi, ni prince.*
Mais, que faut-il donc que je fasse,
Pour couper court à ma disgrâce?

PIERROT.

Mettez dehors vos écoliers.
— Il n'est que ce remède unique —
Quand vous verrez ces ouvriers,
Tout prêts d'entrer en rhétorique.

M. VIROSOLI.

Ma foi! vous avez raison. C'est ce que je ferai. Adieu.

SCÈNE XI.

PIERROT, UNE COQUETTE.

PIERROT.

Air : *Ma belle diguedon.*
Dans ces lieux qui vous amène,
Belle digue, digue, diguedon, dondaine?

LA COQUETTE.

J'y viens voir l'malin Cupidon.

PIERROT.

Ma belle digue, digue, ma belle diguedon,
Vous a-t-il fait quelque peine,
Belle digue, digue, diguedon, dondaine?

LA COQUETTE.

Pour cela, oui!

Air : *De Jean de Vert.*

Il fait de mes traits vainqueurs,
    Trop sentir la puissance.
Ce dieu pour moi dans tous les cœurs,
    Établit la constance ;
Il perce enfin tous mes amans,
Des traits dont il blessoit au tems
    De Jean de Vert (*ter.*) en France.

PIERROT.

Air : *Faire l'amour la nuit et le jour.*

Vous êtes sur ce point,
Aux autres bien contraire.

LA COQUETTE.

Non, non, je n'aime point,
Ces gens qui veulent faire
    L'amour,
La nuit et le jour.

J'abhorre les hommes à sentiment. Vous les avez toujours pendus à votre ceinture.

PIERROT.

Que vous faut-il donc?

LA COQUETTE.

Air : *Landeriri.*

Je veux que du sein d'un amant,
L'amour sorte aussi brusquement,
    Landerirette.
Qu'il sort de celui d'un mari.

PIERROT.

Landeriri.

Je vous entends.

Air : *Quand la bergère vient des champs.*

Je vais, la belle, sur mon grais,
    Remoudre exprès

De petits traits,
Qui ne tiendront les cœurs blessés,
Dans votre chaîne,
Qu'une semaine.

LA COQUETTE.

C'en est assez.

(Elle fait une révérence et se retire.)

SCÈNE XII.

PIERROT, UN SUISSE.

LE SUISSE, faisant des esses et poussant des hoquets.

Hi! Hi! Hi!

PIERROT, à part.

Un Suisse à Cythère! quelle nouveauté! A qui en voulez-vous, mon ami?

LE SUISSE, bégayant.

A l'A.... à l'Am.... à l'Amour.

Air : *C'est à boire qu'il nous faut.*

Moi l'aime ein petite fière,
Qui n'avre point le cœur chaud,
Ein choli cabaretière.

PIERROT.

Oh! vous n'aimez point, mon trouillaud!
C'est à boire, à boire, à boire,
C'est à boire, qu'il vous faut.

LE SUISSE.

Monsir, monsir.

Air : *Boire à son tirelire lir.*

Ein petit trinqueman
Point choquer la tendresse ;   (*bis*.)

L'être bon qu'ein aman
Qui fait à son maîtresse
Très-ben la cour,
Après l'amour,
Poive à son tirelire lir,
Poive à son toureloure lour,
Poive à son tour.

PIERROT.

Mais enfin, qu'attendez-vous de l'Amour?

LE SUISSE.

Air : *Tiquetaque, tiquetin.*

Aujourd'hui chel m'adresse
A sti petit lutin.
Tiquetin,
Lui veuille à mon tigresse
Fendre le cœur mutin,
Tiquetaque, tiquetin.

PIERROT.

Sans doute il y fera brèche,
Mais il faut qu'il trempe la flèche,
Dans un broc de vin. (*bis.*)

LE SUISSE.

Oui. Vous l'avre bien dit.

PIERROT.

Je viens d'aiguiser un grand trait qui sera tout propre pour cela.

LE SUISSE.

Air : *C'est à toi, mon camarade.*

Si moi j'avre la victoire,
Quand vous venir à mon chou,
Chel vous ferai poire, poire,
Poire, poire,
Chel vous ferai poire, poire,
Poire comme ein trou,

SCÈNE XIII.

PIERROT.

J'irai vous voir quand vous serez marié.

LE SUISSE.

Air : *N'y a pas de mal à ça.*
Oh! mon petit femme,
Bien vous recevra.

PIERROT.

Mais si je l'enflamme,
Il vous en cuira.

LE SUISSE.

N'y a pas ne mal à ça.   (*bis.*)
(Il fait un faux pas et tombe.)

PIERROT, le relevant.

Allons, mon gros baril, vous avez besoin de repos. Je vais vous mener faire *schlaf* dans un de ces bosquets de myrtes. (Il emmène le Suisse.)

SCÈNE XIII.

FANCHETTE, seule.

Air : *J'étois perdue, j'étois perdue.*
J'aime en secret un rémouleur;
  Je fais l'inhumaine.
O ciel! je mourrois de douleur,
  S'il savoit ma peine.
Hélas! j'ai pensé tantôt,
  Trahir ma retenue.
(Apercevant Pierrot qui vient à elle.)
Mais, que vois-je?... C'est Pierrot!
  Je suis.... je suis perdue!

SCÈNE XIV.

FANCHETTE, PIERROT.

PIERROT.

Air : *Une jeune nonnette.*

Ai-je donc la berlue ?
Quoi, vous voici !

FANCHETTE.

En croirai-je ma vue ?
Pierrot ici !

PIERROT.

Oui, vraiment, tous deux nous voilà,
(Mettant le doigt sur le cœur.)
Vous vous sentez là.

FANCHETTE.

Qui vous dit cela ?

PIERROT, riant.

O gué, lon la,
Lanlaire,
O gué, lon la.

Vous avez beau dissimuler.

Air : *Toulerourirette.*

En fille discrète,
Dans ce lieu charmant,
Vous venez, Fanchette,
Chercher un, tourelourirette,
Chercher un, lonla, derirette,
Chercher un amant.

FANCHETTE.

Air : *Amis, sans regretter Paris.*

Oui, je vous dirai mes secrets !
Mais, qu'y venez-vous faire ?

SCENE XIV.

PIERROT.

J'y viens pour aiguiser les traits,
Du grand dieu de Cythère.

FANCHETTE.

Ah! ah!

PIERROT.

Air : *Les amours triomphans.*

Ce dieu, très-satisfait
　De mon ouvrage,
M'a fait présent d'un trait
　Pour mon usage.
La beauté qui me touche
A pour moi d'la rigueur;
Il faut qu'à la farouche,
J'en donne au travers du cœur.
Lerala, lerala, lerala la la,
　Lerala, lerala, lerala.

FANCHETTE.

Air : *Ma raison s'en va bon train.*

Peut-on demander son nom?

PIERROT.

Eh! morgué! c'est vous, Fanchon.
　Tenez vos yeux doux,
　Ces petits filoux,
Font que sur pied je sèche.
Oui, mortnonbille, c'est pour vous
Que je garde ma flèche, lonla,
　Que je garde ma flèche.

FANCHETTE.

Air : *La bonne aventure, ô gué.*

Tu n'as pas besoin de trait
　Pour moi, je t'assure.
L'Amour, Pierrot, mon poulet,
Tantôt m'a donné mon fait.

PIERROT, sautant de joie.

La bonne aventure, ô gué,
La bonne aventure !

FANCHETTE.

Air : *Quand le péril est agréable.*
As-tu pour moi même tendresse ?

PIERROT.

Je t'aime depuis plus d'un jour.

FANCHETTE.

Oh ! je veux encor que l'Amour,
D'un nouveau coup te blesse.

PIERROT.

C'est bien assez d'un, quand il est bon.

FANCHETTE.

Air : *Encore un coup, qu'en peut-il arriver ?*
Encore un coup, qu'en peut-il arriver ?
Un coup de plus te fera-t-il crever ?

(L'orchestre joue en ritournelle la moitié de l'air suivant, pour annoncer l'arrivée de l'Amour.)

FANCHETTE.

Air : *Les filles de Nanterre.*
Quels sons se font entendre
Dans ce charmant séjour ?

PIERROT.

Ah ! c'est pour nous apprendre
Qu'Amour est de retour.

(L'orchestre joue la reprise de l'air précédent.)

SCÈNE XV.

FANCHETTE, PIERROT, L'AMOUR, troupe de
pèlerins et de pèlerines.

L'AMOUR.

Air : *Dans notre village, chacun....*

Aimable jeunesse,
Chantez mes bienfaits,
Vous aurez les traits
Que demande votre tendresse.
Chantez, dansez tous,
Réjouissez-vous.

CHŒUR.

Chantons, dansons tous,
Réjouissons-nous.

(Les Pèlerins et Pèlerines forment un ballet qu'ils finissent par une danse en rond, en chantant les couplets suivants :)

BRANLE.

Air : *Vivons pour ces fillettes.*

UN PÈLERIN.

Premier couplet.

Nous ne devons présentement
Songer qu'à l'Amour seulement.
Le plaisir d'aimer est charmant.
Les autres sont sornettes,
Vivons pour les fillettes,
Vivons, vivons pour les fillettes.

CHŒUR.

Vivons pour les fillettes,
Vivons, vivons pour les fillettes.

FANCHETTE.

Deuxième couplet.

Je n'ai pu défendre mon cœur,
Contre un jeune et charmant vainqueur ;
Du dieu d'Amour le rémouleur
    Aura mes amourettes.

CHŒUR.

Vivons pour les fillettes,
Vivons, vivons pour les fillettes.

PIERROT.

Troisième couplet.

Si les coquettes de Paris,
Viennent avec leurs favoris
Voir nos danses, nos jeux, nos ris,
    Pour nous quelles recettes !
    Vivons pour ces fillettes,
Vivons, vivons pour ces fillettes.

CHŒUR.

Vivons pour ces fillettes,
Vivons, vivons pour ces fillettes.

FIN DU RÉMOULEUR D'AMOUR.

LES
COMÉDIENS CORSAIRES

PROLOGUE

Par LESAGE, FUZELIER et DORNEVAL

Représenté le 20 septembre 1726, à la foire Saint-Laurent

L'idée de ce prologue est fort heureuse et légèrement traitée. Les auteurs y critiquaient la tendance que montraient depuis quelque temps les Comédies Française et Italienne à imiter le fond et même la forme des divertissements forains. La satire y est vive et piquante ; aussi cette critique eût-elle un très-grand succès auprès du public qui blâmait avec raison la Comédie-Française de donner des pièces à ballets.

Les *Comédiens corsaires* servaient de prologue à deux pièces intitulées : *l'Obstacle favorable* et *les Amours déguisés*. Elles furent représentées d'abord sur le théâtre de l'Opéra-Comique tenu par le sieur Honoré, associé alors avec Francisque, et ensuite sur le théâtre du Palais-Royal.

PERSONNAGES

M. DESBROUTILLES, comédien-françois.
Mlle PIAULARD, comédienne-françoise.
CLICLINIA, comédienne-italienne.
SCARAMOUCHE, \
PANTALON,   } comédiens-italiens.
LE DOCTEUR,   /
PIERROT, acteur de l'Opéra-Comique.
TROUPE DE COMÉDIENS ET COMÉDIENNES, tant François qu'Italiens.
TROUPE D'ACTEURS FORAINS.

La scène se passe dans une île voisine de la côte de Provence.

LES COMÉDIENS CORSAIRES

PROLOGUE

Le théâtre représente une île voisine de la côte de Provence.

SCÈNE I.

M. DESBROUTILLES, MADEMOISELLE PIAULARD.

MADEMOISELLE PIAULARD.

Dites-moi, monsieur Desbroutilles, vous qui vous êtes mis à la tête des acteurs subalternes du Théâtre-François, dites-moi un peu quel beau projet vous oblige d'amener de Paris notre compagnie sur les côtes de Provence, dans une île qui n'est fréquentée que par des pirates?

M. DESBROUTILLES.

Mademoiselle Piaulard, si je vous avois révélé le motif de notre voyage, je vous connois, vous n'auriez jamais voulu l'entreprendre.

MADEMOISELLE PIAULARD.

Et d'où vient?...

DESBROUTILLES.

C'est que vous pensez d'une certaine façon....

MADEMOISELLE PIAULARD.

Oh! je pense, je pense que vous avez tort de me l'avoir caché.

Air : *On n'aime point dans nos forêts.*

C'est manquer à ce qui m'est dû :
Je prime dans la compagnie.
Je devrois avoir entendu
Le secret de la comédie.
On veut donc toujours m'outrager ?
Mais je saurai bien me venger.

A mon retour à Paris, je ne jouerai pas de six mois.

M. DESBROUTILLES.

Voilà de vos vengeances ordinaires.

MADEMOISELLE PIAULARD.

Je vous promets que je serai souvent enrhumée.

Air : *Quand le péril est agréable.*

Que la troupe à cela s'attende,
Dès que nous serons arrivés.

M. DESBROUTILLES.

On sait fort bien que vous avez
Des rhumes de commande.

MADEMOISELLE PIAULARD.

Je vous apprendrai à mieux me ménager que vous ne faites.

M. DESBROUTILLES.

Ma chère, calmez votre courroux.

MADEMOISELLE PIAULARD.

Il faut avouer aussi que j'ai été bien folle de me laisser équiper comme me voilà, et d'être venue jusqu'ici, sans savoir de quoi il étoit question.

M. DESBROUTILLES.

Vous êtes bien impatiente.

MADEMOISELLE PIAULARD.

Je vous réponds que vous ne gagnerez guère à me traiter de la sorte. Je rendrai vos recettes bien minces.

M. DESBROUTILLES.

Eh! Mademoiselle, vous n'en ferez rien.

MADEMOISELLE PIAULARD.

C'est une résolution que j'ai prise.

M. DESBROUTILLES.

Air : *Amis, sans regretter Paris.*
Vous en pâtiriez comme nous :
Gardez-vous de la suivre.

MADEMOISELLE PIAULARD.

Je n'attends pas, ainsi que vous,
Après cela pour vivre.

M. DESBROUTILLES.

Cela est heureux pour vous.

MADEMOISELLE PIAULARD.

Vous êtes une bande d'étourdis, qui...

M. DESBROUTILLES.

Doucement, mademoiselle Piaulard! ne nous disons pas de sottises. Nous ne sommes pas ici dans la salle de nos assemblées.

MADEMOISELLE PIAULARD.

Vous me contrariez sans cesse, vous surtout, monsieur Desbroutilles.

M. DESBROUTILLES.

Moi!

MADEMOISELLE PIAULARD.

Oui, c'est vous qui vous opposez le plus à mes sentimens, et qui gâtez l'esprit de notre jeunesse, en lui inspirant votre goût trivial pour la danse et pour la musique.

M. DESBROUTILLES.

Vous êtes furieusement prévenue contre les pièces d'agrément.

MADEMOISELLE PIAULARD.

Ne me parlez point de vos vilains agrémens. Quelque jour, je veux présenter un placet pour obtenir qu'il nous soit défendu de chanter et de danser.

M. DESBROUTILLES.

Et vous demanderez apparemment, par le même placet, un sauf-conduit pour la compagnie.

MADEMOISELLE PIAULARD.

Air : *Branle de Metz.*

Au mépris de notre gloire,
Ces petits esprits follets
Ne demandent que couplets,
Que musique. Vraiment voire,
Ils feroient, ces messieurs-là,
Si l'on vouloit les en croire,
Ils feroient, ces messieurs-là,
Danser et *Phèdre* et *Cinna*.

M. DESBROUTILLES.

Et, si l'on s'en rapportoit à vous, on donneroit *Polyeucte* tous les jours, même le mardi-gras.

MADEMOISELLE PIAULARD, déclamant.

Brisons-là. Mais enfin daignerez-vous m'apprendre
Ce que dans ces déserts vous venez entreprendre?
Parlez.

M. DESBROUTILLES.

Je ne rends point compte de mes desseins.
La troupe ignore encor mes ordres souverains;
Et quand il sera temps qu'elle en soit informée,
Vous les saurez.

MADEMOISELLE PIAULARD.

Il fait le général d'armée!
Adieu. Votre projet tantôt doit éclater.
Je crois que nous verrons la montagne enfanter.

SCÈNE II.

M. DESBROUTILLES, seul, riant.

Ah! ah! ah! ah! la bonne dame est au désespoir de ne savoir pas encore le dessein qui m'attire dans cette île.... Mais, que vois-je?... Comment, diable! des acteurs-italiens dans cet endroit-ci.... Eh! d'où sortent-ils?

SCÈNE III.

M. DESBROUTILLES, CLICLINIA, SCARAMOUCHE, PANTALON.

CLICLINIA, sans apercevoir M. Desbroutilles.

Mes enfans, promenons-nous sur le rivage pour nous dégourdir les jambes après une longue navigation.

M. DESBROUTILLES.

Serviteur à l'illustre Cliclinia.

CLICLINIA.

Eh! voilà notre ami le *signor* Desbroutilles. Qui se seroit attendu à le trouver ici!

(Ils s'embrassent.)

M. DESBROUTILLES.

Air : *La bonne aventure.*

Dans cette île votre abord
    M'est d'un bon augure.
Par quel caprice du sort
Vous trouvez-vous dans ce port?
Par quelle aventure, ô gué,
    Par quelle aventure?

CLICLINIA.

Par une aventure qui tient du prodige. La voici. Notre troupe alloit en Angleterre chercher des guinées ; les vents nous ont jetés dans la Méditerranée, où nous avons rencontré un corsaire algérien, qui nous a forcés d'aller rendre visite au Bacha..

M. DESBROUTILLES.

Air : *A la façon de Barbari.*

Par quel secours vous êtes-vous
Délivrés d'esclavage ?

CLICLINIA.

Mon cher, nous ne devons qu'à nous
Un si grand avantage.
Le Bacha, pour toute rançon,
La faridondaine, la faridondon,
N'a voulu qu'être diverti
Biribi,
A la façon de Barbari,
Mon ami.

M. DESBROUTILLES.

C'est-à-dire qu'il a voulu voir une de vos pièces ?

SCARAMOUCHE.

Si signor. Nous l'avons régalé d'oune capilotade de théâtre composée d'oun acte dans le goût italien, d'oun autre dans le goût françois, et enfin d'oun petit morceau d'opéra comique.

M. DESBROUTILLES.

Malepeste ! Vous lui avez donc donné une pièce *comico-tragico-lyrique ?* Le Bacha sans doute en a été content (1).

---

(1) Tout ce passage fut écrit pour critiquer *les Comédiens esclaves*, pièce qui avait été jouée le 10 août précédent sur le Théâtre-Italien. Dans cette pièce, une troupe de comédiens, jetés par l'orage sur les côtes du Maroc, ne savent comment faire pour

SCÈNE III.

PANTALON.

Très-content, parfaitement content, on ne peut pas plous content.

M. DESBROUTILLES.

Votre voyage a-t-il été tranquille? N'avez-vous point rencontré de flotte ennemie?

CLICLINIA.

Oh! vraiment, nous avons eu une belle peur, il y a un moment! Nous avons découvert le vaisseau de l'Opéra-Comique.

M. DESBROUTILLES.

Le vaisseau de l'Opéra-Comique! Êtes-vous bien assurés que ce soit lui?

CLICLINIA.

Très-assurés.

Air : *Voulez-vous savoir qui des deux?*

> On voyoit du plus haut des mâts
> Un Arlequin sauter en bas,
> Accompagné d'une cohorte
> De Pierrots et de Mezzetins,
> Et, pour voltiger de la sorte,
> Je ne connois que les forains.

M. DESBROUTILLES.

Sont-ils bien éloignés d'ici?

SCARAMOUCHE.

Ils ne sont pas à oun quart de lioue. Ils vont passer à la voue de cette île per se rendre à Marseille.

égayer le souverain, dont ils redoutent la cruauté. Celui-ci leur ordonne de montrer leur talent, et ils lui donnent aussitôt trois spectacles différents : une comédie italienne, une tragédie et un opéra comique.

M. DESBROUTILLES.

Voici mes camarades qui viennent. Nous allons tenir un conseil d'importance.

CLICLINIA.

Nous vous laissons donc avec eux.

M. DESBROUTILLES.

Vous ne serez point de trop, ma chère Cliclinia. Nous aurons peut-être besoin de votre secours dans l'affaire dont il s'agit. Nous méditons un coup de main qui pourra vous être utile autant qu'à nous pour le moins.

SCÈNE IV.

M. DESBROUTILLES, CLICLINIA, SCARAMOUCHE, PANTALON, TROUPE D'ACTEURS FRANÇOIS.

M. DESBROUTILLES, déclamant (1).

Approchez, mes amis. Enfin l'heure est venue
Qu'il faut que mon secret éclate à votre vue.
A mon juste dessein vous devez conspirer :
Il ne me reste plus qu'à vous le déclarer.
Depuis qu'aux Tabarins (2) les foires sont ouvertes,
Nous voyons le *préau* (3) s'enrichir de nos pertes.

---

(1) Les auteurs ont parodié ici le *Mithridate* de Racine, acte III, scène première.

(2) Tabarin, bouffon très-grossier, débitait ordinairement ses lazzis à la place Dauphine. Il était valet d'un certain Mondor, marchand de baume, et avait pour mission d'attirer la foule auprès du charlatan. Les facéties, farces et gaillardises de Tabarin, souvent imprimées, rappellent les grossièretés que le peuple se plaisait jadis à entendre.

(3) C'était ordinairement au préau de la foire que l'on avait coutume d'élever les théâtres forains.

Et là, les spectateurs, de couplets altérés.
Gobent les *mirlitons* (1) qui les ont attirés,
Ils y courent en foule entendre des sornettes.
Nous, pendant ce tems-là, nous grossissons nos dettes.
Molière et les auteurs qui l'ont suivi de près,
De nos tables jadis ont soutenu les frais ;
Mais, vous le savez tous, notre noble comique
Présentement n'est plus qu'un beau garde-boutique.
Lorsque nous le jouons, quels sont nos spectateurs?
Trente contemporains de ces fameux auteurs.
Ainsi donc, nous devons, sans tarder davantage,
Pour rappeler Paris, donner du batelage.
Si vous me demandez où nous l'irons chercher,
Amis, c'est aux forains que nous devons marcher.
Le Comique-Opéra, pour se rendre à Marseille,
Va passer par ici. Vite, qu'on appareille!
Attaquons son vaisseau, pillons tous ses effets,
Ses morceaux polissons, ses burlesques ballets.
Voilà quel est mon but.... La troupe italienne
Secondera l'effort de la troupe romaine,
A notre bâtiment joindra son brigantin,
Et nous partagerons entre nous le butin.
Il faudra, dans la suite, en faire un tel usage,
Que le Parisien, voyant le batelage,
Dans sa ville régner de l'un à l'autre bout,
Doute où sera la foire, et la trouve partout.

CHŒUR D'ACTEURS FRANÇOIS ET ITALIENS.

Air : *Vous avez raison, Laplante.*

Vous avez raison, Laplante,
Nous goûtons ce projet-là, larira.
A bien remplir votre attente,
Tout le monde est préparé, lariré.
Flon, flon, flon, larirette.
Gai, gai, gai, lariré.

(1) Les mauvais vers, la poésie commune, vulgaire, employée par les pierrots et les paillasses qui charment le public avide des spectacles forains.

SCÈNE V.

LES ACTEURS DE LA SCÈNE PRÉCÉDENTE; LE DOCTEUR.

LE DOCTEUR.

Air : *Aux armes, camarades!*

Aux armes, camarades!
L'ennemi n'est pas loin :
Courons au forain.
Aux armes, camarades!
Ayons tous le sabre à la main.

M. DESBROUTILLES.

Aux joueurs de parades,
Allons avec fureur ;
Par bonnes canonnades,
Donnons leur des aubades.
Par vives mousquetades,
Glaçons-les de terreur.

TOUS, en s'en allant.

Aux armes, camarades!
L'ennemi n'est pas loin.
Courons au forain
Ayons tous le sabre à la main.

SCÈNE VI.

MADEMOISELLE PIAULARD, seule, riant.

Ah! ah! ah! ah! ah!
(Déclamant.)
Voilà donc le projet de monsieur Desbroutilles!
Il veut nous enrichir de dépouilles gentilles!

Ah! qu'il fera beau voir des visages romains
Divertir le public sous des masques forains!

Grâce au Ciel, je ne trempe point dans une entreprise dont l'heureux succès ne peut que nous déshonorer. (Le bruit du canon se fait entendre, et l'on voit paroître le vaisseau de l'Opéra-Comique.) Mais on se bat. J'entends l'artillerie.... Je vois les vaisseaux s'aborder. (On voit deux vaisseaux qui viennent à l'abordage.)

SCÈNE VII.

MADEMOISELLE PIAULARD, TROUPE DE COMÉDIENS FRANÇOIS ET ITALIENS DANS UN VAISSEAU, TROUPE DE FORAINS DANS UN AUTRE VAISSEAU.

Les comédiens français et italiens, le sabre levé, sautent sur le vaisseau des forains, les prennent au collet et chantent :

CHŒUR.

AIR : *Parodie d'Alceste.*

Massacrons, noyons cette race!
Le forain commence à plier.
  Main basse! (*ter.*)

CHŒUR DE FORAINS.

  Quartier! (*ter.*)

PIERROT.

Je suis ton prisonnier.
  Quartier! (*ter.*)
   (Les vaisseaux disparoissent.)

MADEMOISELLE PIAULARD, seule.

Il me paroit que nos gens ont l'avantage. Retirons-nous. Ne soyons pas témoin des transports de joie que vont faire éclater ici les indignes vainqueurs.

   (Elle s'en va.)

SCÈNE VIII.

Les deux troupes françoise et italienne amènent en triomphe les forains enchaînés. L'orchestre joue une marche. Les comédiens françois et italiens s'avancent en deux files, ayant à leur tête un comédien habillé à la romaine et un Pantalon, qui portent sur une civière les ballets de l'Opéra-Comique.

CHŒUR DE COMÉDIENS.

Air : *Triomphez, charmante reine.*

Triomphons, pillons la foire,
Triomphons de ses acteurs ;
Pillons aussi tous ses auteurs :
A notre gain immolons notre gloire.

M. DESBROUTILLES.

Allons, monsieur Pierrot, vous qui êtes le chef d'escadre de l'Opéra-Comique, approchez qu'on vous fouille. Vidons ici vos poches.

PIERROT, *pendant qu'on le fouille.*

Quelle avidité !

Air : *Ton humeur est, Cathereine.*

Faut-il, monsieur Desbroutilles,
Qu'en vrai Cartouche marin,
Vous nous preniez des guenilles
Qui sont notre gagne-pain !
Ma foi, messieurs les corsaires,
Il est bien honteux à vous,
Pour rétablir vos affaires,
De piller gens comme nous.

UN COMÉDIEN-FRANÇOIS.

Voyons ce qu'il y a dans cette valise.

(*On ouvre une valise, d'où l'on tire successivement un habit d'Arlequin et un habit de Crispin.*)

UNE COMÉDIENNE-FRANÇOISE.

Je me saisis de cet habit. Je veux paroître en Arlequin sur la scène françoise (1).

M. DESBROUTILLES.

Prends, mon enfant, prends. Je te ferai exprès un rôle pour cela.

LA COMÉDIENNE-FRANÇOISE.

Air : *Du haut en bas.*

RONDEAU.

D'un Arlequin,
Oui, je me sens assez hardie;
D'un Arlequin,
Pour endosser le casaquin.

PIERRUT.

A coup sûr, vous plairez, ma mie,
Si vous avez l'effronterie
D'un Arlequin.

CLICLINIA.

Qu'est-ce que c'est que cela ? Voici un habit de Crispin.

M. DESBROUTILLES.

Les forains nous ont volé celui-là.

CLICLINIA.

Je veux m'en emparer.

Air : *Que Dieu bénisse la besogne.*

Je veux m'habiller en Crispin.

---

(1) Allusion à *la Françoise Italienne*, comédie en un acte de Legrand, représentée le 5 novembre 1725, sur le Théâtre-Français. Dans cette pièce, la fille de Legrand joua sous l'habit d'*Arlequin*, et imita avec beaucoup d'art l'excellent Thomassin du Théâtre-Italien. Armand y remplit le rôle de *Pantalon*.

PIERROT.

N'exécutez pas ce dessein.
L'habit de Crispin ne sied mie
A des actrices d'Italie (1).

M. DESBROUTILLES, *examinant un ballot.*

Que renferme ce ballot-là? (Il lit l'étiquette.) *Opéra-Comique.* Ventrebleu! voici le trésor! Ouvrons. (Il en tire deux ou trois cahiers et lit:) *Le Roi de Cocagne, les Paniers, le Triomphe du Tems, l'Impromptu de la Folie* (2). Cela sera bon pour nous.

(1) Les comédiens-italiens, voyant que les comédiens-français venaient d'introduire sur leur théâtre un *Arlequin,* un *Pantalon* et une *Violette,* voulurent en avoir raison. Ils donnèrent donc une pièce intitulée l'*Italienne Françoise,* pour l'opposer à la *Françoise Italienne* de Legrand, et ils y firent paraître un *Crispin;* mais cette riposte n'eut aucun succès. Romagnési en composa aussitôt une autre, *le Retour de la Tragédie,* qui fut mieux accueillie. L'auteur y critiquait encore les comédiens-français qui n'avaient pas craint de faire paraître *Arlequin* sur leur scène.

(2) Ces diverses pièces étaient toutes de Marc-Antoine Legrand, acteur de la Comédie-Française, qui les avait faites dans le but d'enlever les spectateurs aux théâtres de la foire. Elles comprenaient, en effet, comme celles que l'on représentait sur les théâtres forains, des intermèdes de chant, des ballets et des divertissements dont Quinault avait composé la musique. La première, *le Roi de Cocagne,* avait été jouée à la Comédie-Française, le 31 décembre 1718. La seconde, *les Paniers,* dont la première représentation avait eu lieu le 25 février 1723, était une critique de cette mode ridicule et incommode prise par les femmes de soutenir leurs robes avec des jupons garnis de baleines; mais cette critique n'empêcha nullement l'usage des paniers, qui atteignirent même une ampleur et une dimension extraordinaires. *Le Triomphe du Tems,* joué le 18 octobre 1725, était composé d'un prologue et de trois petites pièces en un acte, lesquelles représentaient le Temps passé, le Temps présent et le Temps futur. Ce spectacle n'ayant pas eu tout le succès qu'on espérait, fut remplacé, quelques jours après, dès le 5 novembre 1725, par *l'Impromptu de la Folie.* C'était un ambigu comique, lequel comprenait un prologue et deux comédies. La première avait pour titre : *les Nouveaux débarqués;* la seconde, intitulée *la Françoise Italienne,* était celle dont nous venons de parler plus haut.

SCÈNE VIII

CLICLINIA.

Et moi, je retiens ce ballot de parodies d'opéras. Cela appartient de droit aux comédiens-italiens.

PIERROT, déclamant deux vers parodiés de *Phèdre* (1).

Leur appartient de droit! Dieux! qui les connoissez,
Sont-ce leurs belles voix que vous récompensez?

M. DESBROUTILLES.

Oh! oh! Qu'est-ce que ceci? *L'Obstacle favorable*, pièce d'intrigue en un acte.... Voilà encore pour nous.... Voyons celle-ci : *Les Amours déguisés*, pièce....

CLICLINIA.

Ah! c'est une parodie. Donnez-la moi.

PIERROT.

Non, non, ce n'est pas une parodie. Le titre vous a trompée.

M. DESBROUTILLES.

Croyez-moi, *signora*. Ne nous contentons point de prendre les pièces de l'Opéra-Comique, il faut tout à l'heure obliger nos captifs à en représenter quelques-unes devant nous, afin que nous puissions attraper leur goût; car, diable! la sauce vaut encore mieux que le poisson.

PIERROT.

Comment, jarnonbille! ce n'est donc point assez de nous voler nos marchandises, vous voulez que nous vous apprenions à les débiter!

M. DESBROUTILLES.

Il le faut. Nous ne vous laisserons la vie qu'à ce prix-là.

---

(1)   Dieux, qui la connoissez,
Est-ce donc sa vertu que vous récompensez?
(Acte II, scène VI.)

PIERROT.

Mais nous ne sommes pas à présent en humeur de....

CLICLINIA, lui mettant un pistolet sur la gorge.

Oh! parbleu! En humeur ou non, faites ce qu'on vous dit, ou je vous brûle la cervelle.

PIERROT.

Air : *Je ne suis né ni roi ni prince.*

Je ne fais plus de résistance;
Je cède à votre violence.
Nous allons jouer devant vous,
Seulement pour vous satisfaire;
Car vous jouerez tout comme nous,
En jouant à votre ordinaire.

M. DESBROUTILLES.

Commencez par *l'Obstacle favorable*.... (A ses camarades.) Mes amis, pendant qu'ils vont s'y préparer, réjouissons-nous de leur ruine, et célébrons notre victoire.

(On danse.)

VAUDEVILLE.

Air : *De monsieur l'Abbé.*

Premier couplet.

Pourquoi tant de soins se donner
Pour procurer son avantage?
Lorsque l'on permet le pillage,
Pourquoi s'amuser à gagner?
Il est bien plus court de se faire
Un franc corsaire.

Second couplet.

En finance, c'est une erreur
Que d'être scrupuleux à prendre;
La fortune fuit l'âme tendre,
Et, pour obtenir sa faveur,
Il est bien plus court de se faire
Un franc corsaire.

SCÈNE VIII.

Troisième couplet.

Quand, par des soupirs trop constans,
On veut fléchir une cruelle,
On sèche, on languit auprès d'elle.
Pour voir couler de doux instans,
Il est bien plus court de se faire
  Un franc corsaire.

Quatrième couplet.

Pourquoi travailler à creuser
Quelque idée heureuse et nouvelle,
Lorsque l'on voit la bagatelle.
Quoique rebattue, amuser?
Il est bien plus court de se faire
  Un franc corsaire.

Cinquième couplet.

Barbons, qui voguez lentement
Sur le golfe de la Tendresse,
Vous avez par trop de foiblesse.
Vous ne prendrez rien sûrement.
D'un vieillard on a peine à faire
  Un bon corsaire.

Sixième couplet.

Messieurs, notre petit vaisseau
Craint ici de faire naufrage.
Rassurez-nous contre l'orage.
Quand il vous plaît, le tems est beau.
Quand le public est trop sévère,
  C'est un corsaire.

FIN DU PROLOGUE.

LES AMOURS DÉGUISÉS

PIÈCE EN UN ACTE

Par LESAGE et DORNEVAL

Représentée à la foire Saint-Laurent, le 20 septembre 1726

Il est nécessaire de remarquer ici que jadis on ne se disputait pas, comme de nos jours, la possession d'un titre. Nous pourrions citer cent exemples à l'appui de ce que nous disons. Pour *les Amours déguisés* seulement, nous trouvons, sous ce titre, un ballet composé par le président de Périgny, musique de Lully, qui fut représenté, le 13 février 1664, par les acteurs de l'Hôtel de Bourgogne. Un autre ballet lyrique en trois actes, portant également le même titre, fut représenté sur le théâtre de l'Opéra, le 22 août 1713 : il avait été composé, pour les paroles, par Fuzelier, et, pour la musique, par Bourgeois, qui était tout à la fois excellent chanteur à l'Opéra et bon musicien.

On reprit ce ballet à l'époque même où l'on jouait *les Amours déguisés* de Lesage et Dorneval au théâtre de la foire. Mais cette dernière pièce n'était nullement, comme on pourrait le croire, une parodie de l'opéra. C'était une idée neuve, assez bien rendue, et qui certainement justifiait beaucoup mieux son titre que le ballet lyrique de Fuzelier et Bourgeois.

Les acteurs qui jouèrent étaient ceux de l'Opéra-Comique du sieur Honoré, associé avec Francisque, revenu de la province à Paris depuis 1722. Les associés occupaient alors l'ancienne loge du chevalier Pellegrin, où les comédiens-italiens avaient représenté pendant trois ans diverses pièces avec assez peu de succès.

PERSONNAGES

MIRTIS, nymphe de la suite d'Hébé.
Deux petits Amours.
ARLEQUIN, aide de camp de Mercure, et ancien valet de Léandre.
LÉANDRE, lieutenant d'infanterie.
COLETTE, amante et cousine de Léandre.
MADAME DOUCET, riche veuve.
MADEMOISELLE RAFFINOT, précieuse.
FARINETTE, boulangère, Pierrot.
M. PIÉ-DE-MOUCHE, procureur.
Un Tabellion, oncle de Colette.
Un Suisse.
Troupe d'Amours et de Plaisirs.
Troupe d'Amans de toutes les nations.

La scène se passe dans l'île de Cythère.

LES
AMOURS DÉGUISÉS

PIÈCE EN UN ACTE

Le théâtre représente l'île de Cythère.

SCÈNE I.

MIRTIS, seule.

Air : *Oh! oh! ah! ah!*

Que de peuples divers
Dans ces heureux climats!
Les champs en sont couverts.
Que j'entends de fracas!
Oh, oh! ah, ah!
Hé, comment donc? Pourquoi cela?
J'aperçois un petit Amour qui va m'en éclaircir.

SCÈNE II.

MIRTIS, un Amour.

MIRTIS, appelant.

St, st! Venez ici, petit garçon. Apprenez-moi quelle cérémonie rassemble à Cythère cent peuples différens.

L'AMOUR.

Air : *Tu croyois, en aimant Colette.*

Eh! qui donc êtes-vous, ma chère,
Vous qui, dans ce charmant séjour,

D'une façon si familière,
Osez aborder un Amour?

MIRTIS.

Air : *Bannissons d'ici l'humeur noire.*

Nymphe d'Hébé, sa cour aisée
M'offre les momens les plus doux ;
Et je dois être apprivoisée
Avec des oiseaux comme vous.

L'AMOUR.

Vous avez raison. Puisque vous êtes de la suite d'Hébé, nous ne devons pas vous effaroucher, et vous méritez la conversation d'un Amour. Sachez donc, gentille nymphe, que Vénus a ordonné une revue générale de tous les amans. Vous voyez là-bas les vaisseaux sur lesquels nous les avons amenés ici.

MIRTIS.

Air : *Du cap de Bonne-Espérance.*

Vous aurez de la cohue.

L'AMOUR.

C'est de quoi je suis charmé.

MIRTIS.

Pour cette grande revue
Quel commissaire est nommé ?

L'AMOUR.

Vénus a choisi Mercure.

MIRTIS.

C'est bien choisir, je vous jure.
Le patron des confidens
Doit se connoître en amans.

Mais comment peut-il examiner toutes les troupes qui sont sous les étendards de Cupidon ?

L'AMOUR.

Oh! il est soulagé par des aides de camp qu'il a distribués dans tous les postes et dans tous les quartiers de cette île. Ho çà, jeune nymphe, de quel régiment êtes-vous?

MIRTIS.

Je n'ai point encore de parti pris.

L'AMOUR.

Tant mieux.

Air : *Marche françoise.*

Entrez, ma mignonne,
Dans mon régiment.
Aux belles je donne
Mon engagement.
Vous êtes de taille
A vous enrôler,
Et d'une bataille
A vous démêler.

SCÈNE III.

MIRTIS, PREMIER AMOUR, DEUXIÈME AMOUR.

DEUXIÈME AMOUR, au premier.

Air : *Amis, sans regretter Paris.*

Je m'oppose à l'engagement
Que vous prétendez faire.
La nymphe avec moi, sûrement,
Fera mieux son affaire.

PREMIER AMOUR, au second.

Air : *Vaudeville des Tours du Carnaval.*

Dans notre régiment,
Patapan,
On fait mieux l'exercice.

DEUXIÈME AMOUR.

Vous n'êtes, mon ami,
Biribi,
Qu'un Amour de milice.

PREMIER AMOUR.

Air : *Quel plaisir de voir Claudine.*

Rendez-nous plus de justice
Et modérez vos transports ;
En fait d'amour, la milice
L'emporte sur les vieux corps.

MIRTIS.

Vous avez beau vous vanter tous deux, vous n'avez pas l'air, l'un et l'autre, d'avoir seulement fait votre première campagne.

Air : *J'offre ici mon savoir-faire.*

Dans un cœur, pour faire brèche,
Vous n'êtes que des apprentis.
Je vous crois encor trop petits
Pour bien décocher une flèche.

DEUXIÈME AMOUR.

C'est ce qui vous trompe. Tel que vous me voyez, on ne me marche pas sur le pied impunément.

MIRTIS.

Diantre !

PREMIER AMOUR.

Il ne faut pas non plus m'échauffer les oreilles.

MIRTIS.

Oh ! oh !

PREMIER AMOUR.

Air : *Petit Boudrillon.*

Aussitôt je dégaîne.

SCÈNE III.

MIRTIS.

Ah! quel petit dragon!
Boudrillon!

DEUXIÈME AMOUR.

La résistance est vaine.
Contre mon aiguillon.

MIRTIS.

Boudrillon!
Petit Boudrillon.
Boudrillon, dondaine,
Petit Boudrillon,
Boudrillon, dondon.

PREMIER AMOUR.

Tous mes exploits sont des prodiges. J'ai dépouillé, par exemple, cent sénateurs de leurs robes.

Air : *Qu'on apporte bouteille.*

Morbleu, je les oblige
A quitter, tous les jours,
Leurs longs rabats.

DEUXIÈME AMOUR.

Le beau prodige!
Moi, j'en fais quitter de plus courts.

PREMIER AMOUR.

Il y a bien là de quoi vous applaudir! Ces rabats courts le plus souvent ne tiennent à rien. Mais laissons-là toutes ces prouesses communes qui doivent mettre pavillon bas devant celle que j'ai faite ces jours passés.

DEUXIÈME AMOUR.

Voyons donc ce que c'est.

PREMIER AMOUR.

Air : *Je ne suis né ni roi ni prince.*

J'ai rendu sensible et constante
Une divinité chantante.

MIRTIS.

Pour ceci, ce n'est pas un jeu.

PREMIER AMOUR.

Un riche loueur de carrosses
En secret, la vient, depuis peu,
D'épouser en quinzièmes noces.

SCÈNE IV.

MIRTIS, LES DEUX AMOURS, ARLEQUIN.

ARLEQUIN, se parlant à lui-même.

O la belle revue! la belle revue! Ceux qui disent que l'Amour n'a point d'armée n'ont pas feuilleté les galantes pages d'Ovide Nason. Ce précepteur d'amour, plus habile que celui de la rue Françoise (1), dit en termes exprès :

Militat omnis amans, et habet sua castra Cupido (2).

(Apercevant les deux Amours.)

Mais que vois-je?... Que faites-vous donc ici, messieurs les Amours?

---

(1) C'était dans la rue Françoise, aboutissant d'un côté à la rue Pavée, et, de l'autre, à la rue Mauconseil, que se trouvait l'entrée principale de l'Hôtel de Bourgogne, où les comédiens-italiens donnaient leurs représentations. — On jouait alors sur ce théâtre *l'Amour précepteur*, comédie en trois actes, ornée d'un divertissement, de chants et de danses. Cette pièce, représentée pour la première fois le 25 juillet 1726, était de Thomas-Simon Gueulette, avocat au parlement. Quoique bien accueillie du public, elle ne put cependant être jouée que huit fois, et l'on tenta vainement de la remettre au théâtre en 1749.

(2) Tout amant est soldat et l'amour a son camp.
(Ovide. *Les Amours*. Liv. I. Élég. IX.)

PREMIER AMOUR.

Nous n'avons pas de compte à vous rendre.

ARLEQUIN.

Comment, ventrebleu! vous n'avez pas de compte à me rendre! Devez-vous ignorer que je suis un des aides de camp de Mercure? Retirez-vous sans répliquer; autrement je ferai voir aujourd'hui dans le camp deux Amours sur le cheval de bois.

(Les deux Amours s'enfuient.)

MIRTIS.

Comme vous les régalez!

ARLEQUIN.

Et vous, la belle, si vous me raisonnez, je vais vous mettre au corps de garde.

MIRTIS, à part, se sauvant.

Mercure a pris là un aide de camp bien brutal.

SCÈNE V.

ARLEQUIN, seul.

On m'a dit que Léandre, mon ancien maître, étoit ici. Je lui serai peut-être utile. Je le souhaite de tout mon cœur, car je lui ai des obligations qu'il ignore. Je me suis souvent servi de son linge, et quelquefois de son argent. Allons le chercher pour m'acquitter. Je suis un homme rare, moi; j'aime à payer mes dettes.

Air : *Quand le péril est agréable.*

Je veux lui témoigner mon zèle...
Mais quelqu'un porte ici ses pas.
Partons, ne nous amusons pas,
    Quand l'honneur nous appelle.

SCÈNE VI.

COLETTE, le TABELLION, son oncle.

COLETTE.

Je vous suis bien obligée, mon oncle, de ne m'avoir pas abandonnée dans le voyage que les Amours me forcent de faire ici, sans que je sache pourquoi.

LE TABELLION.

Foi de tabellion, je n'en sais rien non plus.

COLETTE.

Air : *Non, non, je ne me connois guère.*

Non, non, je ne le connois guère,
Cet enfant qui règne à Cythère.

LE TABELLION.

Ce petit dieu n'est qu'un vaurien.
Oh ! pour moi, je le connois bien.
Il m'a joué de bons tours.

COLETTE.

Cela est vrai. Tenez, par exemple, il n'a jamais voulu vous donner le cœur de ma tante.

LE TABELLION.

Tu as raison, Colette. Ta tante, avant notre mariage, a bien fait la rétive.

COLETTE.

Air : *Je suis la fleur des garçons du village.*

Elle fuyoit votre ardeur méprisée,
Sans la payer d'aucun retour.

LE TABELLION.

Oui, mais je l'ai bravement épousée,
En dépit d'elle et de l'Amour.

COLETTE.

Le receveur de la dame de notre village a eu bien mal au cœur de ce mariage-là.

LE TABELLION.

Oui, parbleu. Il m'en a voulu pendant quelques jours ; mais heureusement le tems l'a guéri. Il s'est fait une raison. Il m'accable d'amitiés, et ne sauroit passer un jour sans venir chez moi.

COLETTE.

C'est un bon enfant ; il ne garde point de rancune.

LE TABELLION.

Mais, dis-moi un peu, ma nièce, puisque les Amours t'ont forcée de venir à leur revue, il faut bien qu'ils aient quelque hypothèque sur ta personne.

COLETTE.

Aucune... Je suis trop prévenue contre eux.

AIR : *Je me ris, je me ris, je me ris d'eux.*

 Souvent je vois des amans,
  Qui se parlent de tendresse ;
 Ils ont peu d'heureux momens,
  Ils se querellent sans cesse.
 Je me ris, je me ris, je me ris d'eux :
  L'amour est une faiblesse.
 Je me ris, je me ris, je me ris d'eux :
  L'amitié borne mes vœux.

LE TABELLION.

C'est fort bien fait à toi. L'amitié vaut mieux que l'amour. C'est sans doute pour Lisette que tu gardes ta bonne amitié ?

COLETTE.

Oui, j'aime fort Lisette..... mais il me semble que j'aime encore davantage mon cousin Léandre.

LE TABELLION, branlant la tête.

Hon ! hon !

COLETTE.

Oh ! ne croyez pas pour cela que j'aie de l'amour pour lui.

LE TABELLION.

Mais pourquoi as-tu plus d'amitié pour lui que pour elle ?

COLETTE.

Je n'en sais rien.

LE TABELLION.

Je le devine bien, moi. C'est que Léandre est un jeune officier, lieutenant de sa compagnie, qui a un plumet rouge, une cocarde blanche. Oh ! dame ! tout cela échauffe bien l'amitié dans le cœur d'une fille.

COLETTE.

Air : *Attendez à demain, mon voisin.*

Il est vrai que je l'aime
Comme on aime un cousin.

LE TABELLION.

Il en use de même
Pour couvrir son dessein.
Ah ! morbleu qu'il est fin
Le cousin !
Ah ! morbleu, qu'il est fin.

COLETTE.

Vous vous trompez, mon oncle.

LE TABELLION.

Air : *Voulez-vous savoir qui des deux ?*

Lorsqu'on veut, sans lui faire peur,
Avoir le bail d'un jeune cœur,
Comme on craint que, pour cette affaire,
Il ne demande caution,

L'amour est l'adjudicataire
Et l'amitié le prête-nom.

COLETTE.

Vous vous trompez, vous dis-je. Léandre ne dissimule point son ardeur.

LE TABELLION.

C'est donc toi qui caches la tienne. Mais, ma pauvre Colette, tes finesses sont cousues de fil blanc.

Air : *Je passe la nuit et le jour.*

Quand, près de toi, ce beau cousin,
En petit-maître se trémousse,
Comment reçois-tu ce badin ?

COLETTE.

Hé, mais vraiment, je le repousse.

LE TABELLION.

Tu le repousses plaisamment !
Tu t'y prends si nonchalamment,
Si doucement, si mollement,
Qu'il y revient à tout moment.

COLETTE.

Ah ! mon oncle, que vous expliquez mal la manière dont je reçois les airs familiers de Léandre !

Air : *Comme un coucou que l'amour presse.*

Devez-vous, sur des apparences,
Juger que je l'aime, en effet ?
Ce sont de petites licences
Que le cousinage permet.

LE TABELLION.

Je veux bien croire que je m'abuse. Mais il faut avouer que l'amour de ton cousin fait bien ses orges (1) avec ta bonne amitié.

---

(1) Locution familière et populaire pour dire que l'on fait bien ses affaires en quelque chose. Elle est tirée de ce que faire ses orges signifie, en propre, faire la moisson des orges.

COLETTE.

Allons. Le commissaire de la revue nous fera voir tantôt qui de nous deux est dans l'erreur.

(Ils s'en vont.)

SCÈNE VII.

LÉANDRE, ARLEQUIN.

LÉANDRE.

J'aperçois ma chère Colette. Suivons-la. Je veux pratiquer auprès d'elle l'artifice que tu me conseilles d'employer.

ARLEQUIN.

Non. Vous prendriez mal votre temps, puisque son oncle est avec elle ; mais dès que vous la trouverez seule, je vous réponds qu'en usant de ma recette, vous l'obligerez à se démasquer. Car enfin, suivant votre rapport, vous êtes plus heureux que vous ne croyez l'être.

Air : *J'entends déjà le bruit des armes.*

>Avec l'objet qui sait vous plaire,
>Vous ne plaidez que pour un nom.
>Son cœur, bizarrement sévère,
>Refuse à votre passion
>Le titre de pensionnaire ;
>Mais vous touchez la pension.

LÉANDRE.

Je ne sais si ta conjecture...

ARLEQUIN.

Vous ne connoissez pas encore l'Amour, quoique vous soyez fort amoureux. C'est un petit rusé qui emprunte toutes sortes de déguisements, pour entrer dans des cœurs qui le mettroient à la porte, s'il se présentoit sans masque.

Air : *L'autre jour j'aperçus en songe.*

Il se masque en Reconnoissance,
En Estime il se travestit,
Il prend de la Pitié l'habit,
Et les traits de la Bienveillance ;
La Haine même quelquefois
Lui prête son affreux minois.

Mais allez épier le moment où vous pourrez entretenir Colette en particulier.

LÉANDRE.

Adieu, jusqu'à tantôt.

SCÈNE VIII.

ARLEQUIN, Mme DOUCET.

MADAME DOUCET.

Je ne conçois pas ce que l'Amour peut avoir à démêler avec madame Doucet qui, sans contredit, est la femme de Paris la plus édifiante.

ARLEQUIN.

Où est donc cette édifiante madame Doucet ?

MADAME DOUCET.

Vous la voyez.

Air : *Comme un coucou que l'amour presse.*

Je suis fort riche douairière.

ARLEQUIN.

A votre air, je m'en aperçois.

MADAME DOUCET.

Pour une femme régulière,
Le Marais ne cite que moi.

ARLEQUIN.

Je vous en fais mon compliment.

MADAME DOUCET.

Air : *Quel plaisir d'aimer sans contrainte!*

Ah ! peut-on traîner à Cythère,
Femme si droite, si sévère !

ARLEQUIN.

Votre petit cœur n'est, je gage,
Pas si prude que le visage.

MADAME DOUCET.

Vous n'êtes pas bon physionomiste.

Air : *Lanturlu.*

Je fuis l'esclavage
Du dieu des Amours ;
Dans un doux veuvage,
Je passe mes jours.

ARLEQUIN.

C'est être bien sage.

MADAME DOUCET.

Je n'aime que la vertu.

ARLEQUIN.

Lanturlu, lanturlu, lanturelu.
(A part.)
Voici quelque amour hypocrite.

MADAME DOUCET.

J'ai surtout une extrême sensibilité pour les malheurs d'autrui. J'ai retiré chez moi Damis, jeune homme aimable et vertueux, qui étoit dans une indigence... Il n'avoit pas d'habit.

ARLEQUIN.

Air : *Ah! quel plaisir, lorsqu'après mille alarmes.*

Ah ! quel plaisir de couvrir la misère
D'un jouvenceau sans argent et tout nu !

SCÈNE VIII.

MADAME DOUCET.

Le pauvre enfant manquoit du nécessaire.

ARLEQUIN.

Il a chez vous trouvé du superflu.

MADAME DOUCET.

Je le rencontrai chez une vieille dame de mes amies, dont il alloit implorer le crédit pour avoir un emploi. Dans l'abattement où le mettoit sa mauvaise fortune, il avoit un air triste, mais touchant : de longs cheveux blonds négligés, mais beaux. Enfin, c'étoit une belle fleur qui séchoit sur pied, faute de suc alimentaire.

ARLEQUIN.

Vous arrivâtes là, comme une pluie après trois mois de sécheresse.

MADAME DOUCET, *déclamant.*

Voilà comme Damis vint s'offrir à ma vue.
Je l'avoûrai, d'abord mon âme en fut émue,
Et ma vertu frémit de cette émotion ;
Mais voyant que c'étoit pure compassion,
Aussitôt je formai le dessein charitable
De tendre à ce jeune homme une main secourable.

ARLEQUIN.

C'est une belle chose que la pitié.

MADAME DOUCET.

Je l'emmenai chez moi, je le fis mon intendant, et je n'ai pas sujet de m'en repentir.

Air : *Faire l'amour la nuit et le jour.*

 Cet aimable blondin
 Donne à son ministère
 Les heures du matin,
 Et s'occupe à me faire
  Sa cour
 Le reste du jour.

ARLEQUIN.

Et vous recueillez avec usure le fruit de votre pitié.

MADAME DOUCET.

Vous badinez, je pense.

ARLEQUIN.

Oh ! je n'ai garde, en vérité,
Et votre régularité
Lon lon la, derirette,
M'inspire un respect infini.
Lon lon la, deriri.

Allez, madame la pitoyable, allez à la revue. Vous n'y serez pas de trop.

MADAME DOUCET.

L'imbécile ! Il prend ma pitié pour un amour déguisé.

SCÈNE IX.

ARLEQUIN, UN SUISSE ivre.

ARLEQUIN.

Que vois-je ! un Suisse à la revue des Amours.

LE SUISSE, chancelant.

Air : *Mirlababibobette.*

L'être ein brave amant que ty voi,
Mirlapapipopette,
Par mon foi. (Il fait un rot.)
Moi soupirer à la franquette
Mirlapapi, sarlapapo, mirlapapipopette,
Sarlapaporita (Montrant son cœur.)
Moi, blessé là.

SCÈNE IX.

ARLEQUIN, lui portant le doigt sur le front.

C'est plus haut, mon camarade, c'est plus haut.

LE SUISSE, se touchant le front.

Air : *Talalerire.*

Sti tête de raison porvue,
Savoir conservir son sens-froid ;
Et por briller dans la revue,
Moi l'être ici venu tout droit.

ARLEQUIN.

Tout droit ! Cela vous plaît à dire.

ENSEMBLE.

Talaleri, talaleri, talalerire.

ARLEQUIN.

Air : *La cabaretière.*

Sachons quel beau feu vous anime.

LE SUISSE.

Ch'aime Monmoiselle Catin.

ARLEQUIN.

C'est que son nom finit en *in*,
Et qu'il rime, rime, rime,
C'est que son nom finit en *in*,
Et qu'il rime avec le vin.

LE SUISSE.

Parti, par ma foi, vous l'être coquenard, Monsir.

ARLEQUIN.

Moi goguenard ! Je considère trop les tendres amans.

LE SUISSE.

Air : *Lampons.*

Rien n'égalir mon l'ardeur. (*bis.*)
Ch'avre là-dedans eiñ cœur, (*bis.*)
De la première cuvée. (Il fait encore un rot.)

ARLEQUIN, à part.

Son ardeur est envinée.

(Haut.)

Lampons, lampons.

LE SUISSE.

Camarade, lampons.

ARLEQUIN.

Voilà, sans doute, votre air favori. Mais dites-moi un peu, quel métier fait cette mademoiselle Catin, que vous aimez si délicatement?

LE SUISSE.

Monmoiselle Catin, l'être cin fameuse caparetière.

ARLEQUIN.

Une vendeuse de capres? une épicière?

LE SUISSE.

Hé non, Monsir, vous n'entendre pas moi. Catin tenir cin taverne à l'Porcherons.

ARLEQUIN.

Ah! je vous entends! C'est une fameuse cabaretière de guinguette.

LE SUISSE.

Ja, ia.

Air: *O reguingué, ô lon lan la!*

Moi, va chez elle assitûment. (*bis.*)

ARLEQUIN.

Il y paroit assurément.

LE SUISSE.

O requinqué, ô lon lon la!
Ses chambres sont mes calleries.

ARLEQUIN.

Ses caves sont vos Tuileries.

SCÈNE IX.

(A part.)

Cet honnête Suisse croit aimer la maîtresse du cabaret, et il n'en aime que les tonneaux. Ceci n'est pas un amour déguisé, c'est une ivrognerie masquée.

LE SUISSE.

Air : *Les feuillantines.*

Moi, che l'aime, en vérité,
 Son beauté,
Qui n'être point frelaté,
De sti fille si cholie,
Ch'en boirai (*bis*) chusqu'à la lie.

ARLEQUIN.

Ma foi, camarade Suisse, dispensez-vous de vous présenter à la revue des Amours. Vous y seriez reçu comme un frelon dans un essaim d'abeilles. D'ailleurs, je vous avertis qu'il n'y a point là de cantine. Cupidon ne veut pas qu'on y boive du vin.

LE SUISSE, étonné.

Air . *Allons à la guinguette.*

 Quoi? sti liqueur
L'être ici défendue !
 Moi, point de cœur
D'allir à ton revue.
Ritourne à l'Porcherons,
 Allons, allons,
Allons à sti quinquette, allons !

(Il s'en va en faisant des esses.)

ARLEQUIN.

Voilà un Suisse bien conditionné. Le digne amant... Bacchus peut à juste titre revendiquer ses soupirs.

SCÈNE X.

ARLEQUIN, Mlle RAFFINOT.

MADEMOISELLE RAFFINOT.

Oh! pour cela, rien n'est plus disgracieux.

ARLEQUIN.

Vous vous plaignez des Amours, apparemment.

MADEMOISELLE RAFFINOT.

Oui. Leur procédé est singulièrement tyrannique. Quoi! Mademoiselle Raffinot, fille teinte de sagesse et propriétaire de sa liberté, se verra livrée à la discrétion de l'audace de ces petits étourdis!

ARLEQUIN, à part.

Voici, ce me semble, une précieuse ridicule. (Haut.) Qui êtes-vous, Mademoiselle?

MADEMOISELLE RAFFINOT.

Air : *J'ai fait souvent résonner ma musette.*

Je suis l'appui du style énigmatique
Qui fait le beau des modernes écrits.

ARLEQUIN.

Ah! vous donnez dans le Néologique,
Autrement dit l'argot des beaux-esprits.

MADEMOISELLE RAFFINOT.

Que voulez-vous dire, mon ami, par votre argot? Il faut que vous soyez partagé d'un esprit bien agreste et bien infortuné, pour vous permettre l'ironie sur un style qui met vos lumières en échec et qui passe la borne de vos conceptions.

ARLEQUIN.

C'est ce qui vous trompe, mademoiselle Raffinot. J'ai

été deux ans garçon dans un café où l'on ne crachoit que Phœbus. Là, les génies de la grande espèce ont fait sortir mon esprit de sa coquille, et je puis dire qu'en les écoutant, j'ai perçu les émoluments de mon attention.

MADEMOISELLE RAFFINOT.

Mais, vraiment, vous m'en montrez déjà un bel échantillon.

ARLEQUIN.

Mais venons au fait. Pourquoi les Amours vous ont-ils amenée ici ?

MADEMOISELLE RAFFINOT.

C'est ce que j'ignore. J'étois dans ma bibliothèque, où mon esprit, par la voiture de mes yeux, faisoit le voyage du Monde de la Lune.

AIR : *Ramonez-ci, ramonez-là.*

Pendant que j'étois à faire
Ce voyage sédentaire,
Les Amours m'ont prise, hélas !
L'un par ici, l'autre par là,
La, la, la ;
Et me voici dans leurs États.

ARLEQUIN.

Il faut bien qu'ils vous soupçonnent de vous être coiffée de quelqu'un.

MADEMOISELLE RAFFINOT.

Ah ! je vois ce que c'est ! Dorimon, mon beau voisin, homme qui a donné beaucoup d'éducation à son esprit, vient souvent s'enfermer avec moi dans mon cabinet.

ARLEQUIN, à part.

Nous y voilà.

MADEMOISELLE RAFFINOT.

Nous y faisons des collections de termes nouveaux,

que forgent tous les jours, sur l'enclume du bon goût, les Génies conséquens et lumineux.

ARLEQUIN.

Fort bien... Poursuivez.

MADEMOISELLE RAFFINOT.

Comme la personne de Dorimon est un faisceau de grâces nobles et imposantes, et que j'ai, sans vanité sur les agrémens, un visage assez disciplinable, les Amours se seront imaginés que nous sommes tombés amoureux l'un de l'autre.

ARLEQUIN.

Tomber amoureux ! Oh ! pour celui-là, je ne l'avois pas encore entendu.

MADEMOISELLE RAFFINOT.

Eh ! oui ! tomber amoureux. Ne dit-on pas tomber malade ? Or, comme l'amour est une maladie, on doit dire tomber amoureux, et tomber en amour, comme tomber en apoplexie.

ARLEQUIN.

Laissons-là le terme, et revenons à Dorimon.

AIR : *Si l'on menoit à la guerre.*

Il paroît, ma bonne dame,
Qu'avec ce joli mortel,
Vous abandonnez votre âme
A son geste naturel.

C'est-à-dire, en bon françois, que je crois que vous avez de l'amour pour lui.

MADEMOISELLE RAFFINOT.

Non, je n'en ai point. Cela est décidé. Il est bien vrai qu'un sentiment d'estime vif et délicat nous uniformise l'un à l'autre.

AIR : *Eh ! ne vous estimez pas tant !*

Nous nous estimons fortement.

SCÈNE X.

ARLEQUIN.

Eh ! ne vous estimez pas tant !

MADEMOISELLE RAFFINOT.

Au point que pour nous un moment
D'éloignement est un tourment.

ARLEQUIN.

Eh ! vous zeste, zeste, zeste,
Eh ! ne vous estimez pas tant !

Tudieu ! voilà un sentiment d'estime à vingt-quatre carats !

FIN DE L'AIR : *Monsieur Charlot.*

Qu'il est joli !
Qu'il est gentil !
A l'Amour il ressemble,
On diroit que c'est lui.

MADEMOISELLE RAFFINOT.

Allez, mon cher, vous jugez mal de la figure de mes sentimens. La lorgnette de votre pénétration est trouble.

ARLEQUIN.

Tirez, tirez, madame la précieuse ! Les Amours vous feront bien voir que vous jouissez frauduleusement de leurs biens.

MADEMOISELLE RAFFINOT, en colère.

Vous êtes un insolent. Si les femmes portoient à leur côté un fardeau secourable, je vous le passerois au travers du corps. (Elle se retire.)

ARLEQUIN.

Quelle amazone de Parnasse !... Il vaudroit mieux qu'elle eût à la tête un fardeau de bon sens.

SCÈNE XI.

ARLEQUIN, FARINETTE, BOULANGÈRE
représentée par Pierrot.

FARINETTE, à la cantonnade.

Vous êtes des mal avisés d'en agir de la sorte avec madame Farinette. Voyez donc ces pestes d'Amours !

Air : *Est-ce ainsi qu'on prend les belles ?*

Je vous couperai les ailes.
Je me vengerai, ma foi !
Pour me mettre en leurs nacelles,
Trois se sont jetés sur moi.
Est-ce ainsi qu'on prend les belles ?
Lon lon la, ô gué, lon la.

ARLEQUIN, à part.

Oh ! oh ! voici une grosse boulangère bien fâchée. (Haut.) Remettez-vous, ma poule d'Inde.

FARINETTE.

Air : *Réveillez-vous belle endormie.*

Les Amours sont de sottes bêtes !
Je ne suis point de leur gibier.

ARLEQUIN, à part.

Oh ! par ma foi, si vous en êtes,
Je ne serai pas braconnier.

FARINETTE.

Air : *Landeriri.*

Que me veut-on dans ce séjour ?
Je n'ai jamais senti d'amour.

ARLEQUIN.

Landeriretè.

SCÈNE XI.

FARINETTE.

Pas même pour feu mon mari.

ARLEQUIN.

Landeriri.

FARINETTE.

Air : *N'aurai-je jamais un amant ?*

Je ne veux point avoir d'amant ;
J'ai tout ce qu'il me faut. Si j'en voulois, vraiment,
J'en trouverois fort aisément,
    Car toutes en ont,
    Et la Madelon,
    Et la Jeanneton,
    Et la Margoton.
    J'ai mon tirelire
    Boutifire.
Vironfla, si quelque sire
    Vient me raisonner... er,
    Je sais que lui donner.

(Elle donne, par démonstration, un soufflet à Arlequin.)

ARLEQUIN, *portant la main à sa joue.*

Doucement, madame Farinette ! Je ne vous dis mot, et n'ai encore envie de vous en conter.

FARINETTE.

Trédame ! vous êtes bien dégoûté ! Je suis pourtant la perle de Gonesse.

ARLEQUIN.

Vous êtes une perle furieusement ronde.

FARINETTE.

Que dites-vous de ces fripons d'Amours qui m'ont entraînée ici ?

ARLEQUIN.

Apparemment qu'ils sont fondés en raison.

FARINETTE.

Ils disent comme ça que je suis embéguinée de Thomas, mon mitron ; et pourtant je n'ai que de la reconnoissance pour lui.

ARLEQUIN.

Et sur quoi soupçonnent-ils cela ?

FARINETTE.

Que sais-je, moi ? C'est peut-être parce que je lui chante tous les matins :

Air : *Ah ! Thomas, réveille-toi.*

C'est trop longtems dormir, ma foi,
   Ah ! Thomas, réveille-toi,
Je te donnerai de l'emploi.
Ah ! Thomas, réveille, réveille,
   Ah ! Thomas, réveille-toi.

ARLEQUIN.

C'est sans doute un joli garçon que ce Thomas-là ?

FARINETTE.

Oh ! dame, oui !

Air : *Hé, dru, dru, dru.*

C'est un petit brunet trapu,
   A la fleur de son âge.
Il fait le gros et le menu,
   Lui seul dans mon ménage.
     Hé, dru, dru, dru !
   Je n'en ai jamais vu
   De si rude à l'ouvrage.

ARLEQUIN.

Je vous en félicite.

FARINETTE.

Air : *Il va son train.*

Il blute sa farine,
Dès la pointe du jour,

SCÈNE XI.

Pétrit, fait la cuisine,
Et met la pâte au four,
Mon gros Thomas
N'est jamais las ;
Il va son train
Soir et matin.

ARLEQUIN.

Oh! diable! madame Farinette, c'est un trésor que ce mitron-là! Vous ne pouvez avoir trop de reconnoissance pour un si bon ouvrier.

FARINETTE.

Aussi en ai-je, et de la plus fine encore. Je le traite à bouche que veux-tu. Il est chez moi à même de tout.

ARLEQUIN.

Mais s'il prenoit envie à quelque boulangère de vous souffler l'infatigable Thomas, que diroit à cela votre reconnoissance ?

FARINETTE.

Oh! je l'étranglerais, la chienne !

ARLEQUIN.

Sans doute à cause du profit qu'il vous fait dans votre boutique ?

FARINETTE.

Non, ce n'est point l'intérêt qui me mène.

Air : *Je n'saurois*,

J'aimerois mieux aller nue,
Et coucher même sans draps,
Que de bons écus cousue
Et vivre sans Thomas.
Je n'saurois
Perdre ce garçon de vue :
J'en mourrois.

ARLEQUIN.

Oui-dà! Eh bien, madame Farinette, donnez-vous la peine de vous rendre au camp. Votre reconnoissance est d'une pâte à devoir être enfournée dans les registres de Cythère.

FARINETTE.

J'y vais ; mais nous verrons beau jeu.

SCÈNE XII.

ARLEQUIN, M. PIÉ-DE-MOUCHE, procureur.

M. PIÉ-DE-MOUCHE, en colère.

Air : *O reguingué, ô lon tan la.*

Je ne souffrirai pas ceci :
Je vais en plaider, Dieu merci.
Je puis former ma plainte ici,
Car je crois qu'on trouve à Cythère
Plus d'un honnête commissaire.

ARLEQUIN.

Air : *De quoi vous plaignez-vous?*

De quoi vous plaignez-vous ?

M. PIÉ-DE-MOUCHE.

Je leur en dirai de belles.

ARLEQUIN.

Air : *De quoi vous plaignez-vous?*

De quoi vous plaignez-vous ?

M. PIÉ-DE-MOUCHE.

C'est de certains filous,
Armés de flèches cruelles,
En main portant des brandons,
Et sur le dos des ailes ;
Oh ! les maîtres fripons !

SCÈNE XII.

ARLEQUIN.

Comment, diable ! Vous voulez intenter un procès aux Amours !

M. PIÉ-DE-MOUCHE.

Sans doute. Je suis la partie et le procureur.

ARLEQUIN.

Votre affaire n'en ira pas mieux.

M. PIÉ-DE-MOUCHE.

Je m'appelle maître Jean-Giles Pié-de-Mouche. Mon nom est fort célèbre dans les greffes du Palais.

Air : *Nos plaisirs seront peu durables.*

Les Manceaux briguent mes services.
Des Normands, presque aussi malins,
J'ai toujours été les délices.

ARLEQUIN.

Et la terreur des orphelins.

M. PIÉ-DE-MOUCHE.

Air : *Laire la, laire lan laire.*

Dans ces lieux je viens à regret.

ARLEQUIN.

Y venez-vous mettre en décret
Le château du dieu de Cythère ?

M. PIÉ-DE-MOUCHE.

Laire la laire lan laire,
Laire la, laire lan la.

Voici pourquoi je comparois à l'interrogatoire de la revue des Amours ? C'est sur un avenir signifié par eux à ma femme. Je viens le revendiquer comme n'étant pas de la compétence du bailli de Cythère. Il est bien vrai que madame Pié-de-Mouche m'aime ; mais l'amour conjugal n'est pas justiciable de l'amour galant, quoi qu'il s'empare souvent de l'usufruit de ses biens.

ARLEQUIN.

Mais, monsieur Pié-de-Mouche, êtes-vous bien assuré que l'amour conjugal soit le seul amour qui appointe les affaires de madame Pié-de-Mouche?

M. PIÉ-DE-MOUCHE.

Révoquez vos soupçons diffamatoires, mon ami. Ma femme est fort retirée. Point de bal pour elle, point de promenade, point de spectacle.

ARLEQUIN.

Ah! que dites-vous là!

M. PIÉ-DE-MOUCHE.

Point même de quadrille.

ARLEQUIN.

Mais cela n'est pas possible.

M. PIÉ-DE-MOUCHE.

AIR : *Ma raison s'en va bon train.*

Elle vit fort simplement ;
Elle se met proprement,
  Mais modestement,
  Très-bourgeoisement,
Et n'est point orgueilleuse.
On ne la prendroit pas, vraiment,
  Pour un procureuse,
  Lon la,
Pour une procureuse.

ARLEQUIN.

Oh! diable! Tout cela suppose une femme gonflée de vertu. (A part.) Les Amours auraient-ils fait un pas de clerc?

M. PIÉ-DE-MOUCHE.

Ma femme fait tout son bonheur
De suivre les lois de l'honneur ;
Elle n'en passe point les bornes.

SCÈNE XII.

ARLEQUIN.

Seroit-il possible, en effet,
Que vous n'eussiez point d'autres cornes
Que celles de votre bonnet?

M. PIÉ-DE-MOUCHE.

C'est de quoi je puis me flatter. Entre nous, je ne connois point à madame Pié-de-Mouche d'autre passion, après l'amour qu'elle a pour moi, que la haine qu'elle porte à mon maître-clerc.

ARLEQUIN.

Comment? Elle hait votre maître-clerc!

M. PIÉ-DE-MOUCHE.

AIR : *Robin, turelure, lure.*

Toujours après ce garçon,
Elle tempête, elle jure ;
Le tourmente sans raison.

ARLEQUIN.

Turelure.

M. PIÉ-DE-MOUCHE.

Il souffre tout sans murmure.

ARLEQUIN.

Robin, turelure, lure.

M. PIÉ-DE-MOUCHE.

J'ai beau la prier de le laisser en repos, elle le persécute sans cesse. C'est une femme insupportable là-dessus.

AIR : *Ahi! ahi! ahi! Jeannette.*

Je n'ai pu jusqu'aujourd'hui
En réformer les manières.
Elle a, par rapport à lui,
Chassé quatre cuisinières.

ARLEQUIN.

Ahi! ahi! ahi!

M. PIÉ-DE-MOUCHE.

Qui n'étoient point fières.

ARLEQUIN.

Jean Gille, ahi! ahi! ahi!

Parbleu! il faut que madame Pié-de-Mouche ait bien de l'aversion pour ce clerc-là.

M. PIÉ-DE-MOUCHE.

Cela n'est pas concevable. J'ai voulu, plus d'une fois, par considération pour ma femme, me défaire de lui; mais elle s'y est toujours opposée, en me disant : Non, mon ami, je ne veux point absolument que pour l'amour de moi, vous chassiez un homme qui fait bien vos affaires. Je sacrifie ma haine à votre utilité.

ARLEQUIN.

Vous avez là une femme de tête, monsieur Pié-de-Mouche.

M. PIÉ-DE-MOUCHE.

Je vous en réponds. Elle est d'une politique... Croiriez-vous que, malgré l'aversion qu'elle a pour ce clerc, elle lui sert ce qu'il y a de meilleur sur la table?

ARLEQUIN.

Ah! quelle haine!

M. PIÉ-DE-MOUCHE.

Après cela qu'on vienne me dire que les Amours sont bien fondés dans la sommation qu'ils ont faite à ma femme.

ARLEQUIN.

Ils ont mal expliqué son aversion.

M. PIÉ-DE-MOUCHE.

Oh! je leur montrerai bien leur bec jaune, à ces pe=

tits drôles-là ! Je leur apprendrai à se jouer à un procureur. Je leur ferai manger en frais jusqu'à leurs flèches et leurs carquois.

ARLEQUIN.

Air : *Jean-Gille.*

Ah ! modérez votre bile
Jean-Gille.
Gille, joli Jean.
Chez vous en mari docile,
Jean-Gille,
Gille, joli Gille,
Gille, joli Jean,
Joli Jean, Jean-Gille
Retournez-vous en.

M. PIÉ-DE-MOUCHE.

Pourquoi cela ?

ARLEQUIN.

Peut-être qu'en ce moment madame Pié-de-Mouche étrangle votre maître-clerc, à force de le haïr.

(Il lui montre les cornes.)

M. PIÉ-DE-MOUCHE.

Vous êtes un mauvais plaisant.

ARLEQUIN.

Et vous un... coucou.

(Le procureur veut maltraiter Arlequin, qui le chasse à coups de batte.)

SCÈNE XIII.

ARLEQUIN, LÉANDRE.

ARLEQUIN.

Eh bien, l'artifice a-t-il réussi auprès de votre belle cousine ?

LÉANDRE.

Je n'ai pu la rencontrer encore... mais cela est heureux, je la vois qui s'approche. Elle est seule.

ARLEQUIN.

Je vous laisse avec elle. Profitez de l'occasion. Pendant ce tems-là, je vais voir si tout est prêt pour notre revue.

SCÈNE XIV.

LÉANDRE, COLETTE.

LÉANDRE.

Comment donc, ma cousine ! vous à Cythère ?

COLETTE.

Air : *Qui veut se mettre en ménage.*

J'en suis moi-même étonnée,
Et je ne sais pas pourquoi
Les Amours m'ont amenée
Dans cette île, malgré moi.
Fort sujets à se méprendre,
Ont-ils cru, ces petits fous,
Qu'on ne pouvoit se défendre
D'un amant fait comme vous ?

LÉANDRE.

Ils auroient tort ; et ils n'ont pas effectivement raison de vouloir que vous paroissiez à leur revue, vous qui n'êtes sensible aux soupirs d'aucun amant, et qui voyez sans pitié jusqu'à votre cousin mourir d'amour pour vous.

COLETTE.

De grâce, Léandre, ne me parlez plus sur ce ton-là.

LÉANDRE.

Air : *De mon pot, je vous en réponds.*

Quoi, sans cesse à mon ardeur
Opposer la rigueur !

SCÈNE XIV.

COLETTE.

Vous me verrez toujours la même.
Si vous voulez que je vous aime
D'amitié, je vous en réponds ;
Mais de l'amour, non, non.

LÉANDRE.

Ah ! c'en est trop, cruelle ! Vous me poussez à bout. Eh bien...

Air : *Vous me l'avez dit, souvenez-vous-en.*

Votre ordre est exécuté :
Je reprends ma liberté.
Je ne suis, dans ce moment,
Puisqu'il ne faut plus être votre amant,
Je ne suis, dans ce moment,
Que votre ami seulement.

COLETTE.

J'en suis ravie.

LÉANDRE.

Non, que votre ami, au pied de la lettre.

COLETTE.

A la bonne heure.

LÉANDRE, avec agitation.

J'ai déjà gagné sur moi de n'avoir pour vous qu'une simple, qu'une tranquille amitié.

COLETTE.

C'est fort bien fait.

LÉANDRE.

Je ferai encore mieux. Je vais porter à une autre la tendresse que j'avois pour vous.

COLETTE.

A vous permis.

LÉANDRE.

Air : *Nanon dormoit sur la verte fougère.*

De mon amour
Vous triomphez, Colette,
Et, dès ce jour,
De la jeune Lisette
Je deviendrai l'amant.

COLETTE, saisie.

J'en ai... j'en ai... j'en ai... bien du plaisir, vraiment.

LÉANDRE.

Adieu. Je vais chercher mes nouvelles amours.

(Il fait trois ou quatre pas, comme pour s'en aller.)

COLETTE.

Bon voyage... (Elle rêve un moment et rappelle Léandre.) Mais, attendez, Léandre, attendez.

LÉANDRE, revenant.

Qu'y a-t-il ?

COLETTE.

Cela ne doit pas vous empêcher d'être mon ami, au moins.

LÉANDRE.

Vraiment, non. Je n'ai pas dessein de cesser de l'être.

(Il fait encore quelques pas comme pour se retirer.)

COLETTE, après avoir rêvé, le rappelle encore.

Mon cousin, encore un mot.

LÉANDRE, froidement.

Que vous plaît-il ?

COLETTE, troublée.

Je ne sais plus ce que je voulois vous dire... Ah ! voici ce que c'est. Promettez-moi que vous serez toujours plus attaché à Colette par votre amitié qu'à Lisette par votre amour. Je vous demande cela, au moins.

LÉANDRE.

Vous exigez de moi une chose impossible. L'amour est une passion impérieuse qui veut occuper la première place.

COLETTE.

Air : *Vous m'entendez bien.*

Puisque vous le prenez par là,
Mon cousin, Colette fera
Ce qu'il faut qu'elle fasse...

LÉANDRE.

Eh bien !

COLETTE.

Pour avoir cette place... (Elle lui tend la main.)
Vous m'entendez bien.

LÉANDRE, lui baisant la main.

Ah ! ma chère Colette, vous l'avez toujours eue et vous ne la perdrez jamais.

SCÈNE XV.

LÉANDRE, COLETTE, ARLEQUIN.

ARLEQUIN.

A quel chapitre en êtes-vous, mes enfans ?

LÉANDRE.

Au chapitre de l'Amour déguisé en Amitié.

ARLEQUIN.

A la bonne heure ! Bravo !

COLETTE.

Que j'étois folle d'attribuer à la simple amitié tout ce que je sentois pour Léandre.

Air : *Ce sont les Amours.*

L'amitié peut-elle
Faire naître en nous
Des plaisirs si doux,
Une ardeur si belle ?
Ce sont les Amours
Qui font les beaux jours.

TOUS TROIS.

Ce sont les Amours
Qui font les beaux jours.

(On entend dans le lointain un son confus de plusieurs instrumens.)

ARLEQUIN.

Voici les Amours qui se préparent à faire leur revue. Ils vont débuter par des chants et des danses. C'est ordinairement par là que commence et se termine l'exercice des Amours.

SCÈNE XVI.

LÉANDRE, COLETTE, ARLEQUIN, Troupe d'Amans de toutes les nations, Troupe d'Amours et de Plaisirs.

On danse, après quoi on chante le vaudeville.

Air : *De monsieur l'abbé.*

Premier couplet.

A l'enfant de Vénus,
Quand ses traits sont connus,
On refuse la porte.
Contre lui l'on s'emporte.
L'aspect de Cupidon,
Effarouche un tendron ;
Mais qu'il emprunte un nom,
Une allure, un jargon,

SCÈNE XVI.

Le cœur le plus fantasque
  Trouve l'Amour,
 Toure loure lour,
Fort joli sous le masque.

Deuxième couplet.

Qu'un jeune cavalier,
Sur un ton d'écolier,
Cajole sa voisine,
On lui fera la mine.
Quand le drôle plus fin,
Lui dit d'un ton badin :
Rions soir et matin,
Je suis un bon voisin ;
Ne craignez point de frasque.
  Ah ! que l'Amour,
  Toure loure lour,
Est joli sous le masque.

Troisième couplet.

Un objet innocent
Fuit un blondin pressant,
Et se plaint à sa mère
De ce qu'on veut lui plaire.
Mais qu'un cousin bouffon
S'y prenne sans façon,
La belle sans soupçon,
Cousine outre raison.
Son cœur va comme un Basque.
  Ah ! que l'Amour,
  Toure loure lour,
Est joli sous le masque.

Quatrième couplet.

Le guerrier en amour,
Marche au bruit du tambour,
Et souvent son audace
Lui fait manquer la place ;

Mais un abbé discret,
Sans dire son secret,
Va doucement au fait ;
Et le petit collet
L'emporte sur le casque.
 Ah! que l'Amour,
 Toure loure lour,
Est joli sous le masque.

Cinquième couplet.

Les antiques galans,
Muguets à cheveux blancs,
Ont beau cacher leurs nuques
Sous de noires perruques ;
On souffre le barbon
Qui lâche le teston ;
Mais lorsque le grison
Ne soutient d'aucun don
L'offre d'un cœur trop flasque,
 Ma foi l'Amour,
 Toure loure lour,
N'est pas beau sous le masque.

Sixième couplet, aux spectateurs.

Que votre jugement
Nous traite doucement.
Messieurs, votre indulgence
Est notre récompense.
Si nos auteurs peureux,
Par un succès heureux,
Voyoient combler leurs vœux,
Si ce jour dangereux
S'achève sans bourrasque
 Ah ! dès ce jour,
 Toure loure lour,
Ils lèveront le masque.

FIN.

ACHMET ET ALMANZINE

PIÈCE EN TROIS ACTES

Par LESAGE et DORNEVAL

Représentée à la Foire Saint-Laurent le 30 juin 1728.

Cette pièce eut un très-grand succès, et on se hâta de la reprendre le 9 février 1729, à la foire Saint-Germain suivante.

Fuzelier, le collaborateur habituel de Lesage et de Dorneval, avait écrit les couplets des trois divertissements, et Gillier en avait composé la musique.

On rapporte, à propos d'*Achmet et Almanzine,* un fait assez curieux. A l'une des reprises de cet opéra comique, on l'avait annoncé sur l'affiche de la foire Saint-Laurent pour le 8 septembre, jour de la Nativité de la Vierge ; mais, par respect pour cette fête, le directeur, Devienne, qui était juif pourtant, voulut que son théâtre fût fermé ce jour-là, comme aux autres fêtes de la Sainte-Vierge. Il fit annoncer par un acteur, au cours de la représentation, que la pièce ne serait pas jouée le lendemain, mais seulement le 9 septembre.

C'est depuis ce temps qu'il n'y eut plus de spectacle à la foire, le jour de la Nativité de la Vierge, non par ordre de police, mais par imitation d'abord : l'usage a eu ensuite force de loi.

PERSONNAGES

SOLIMAN, empereur des Turcs.
AMULAKI, grand vizir.
ACHMET, fils d'Amulaki.
ATTALIDE, fille d'Amulaki.
ALMANZINE, esclave achetée pour Soliman.
ZÉLICA, esclave achetée pour Achmet.
ALI, chef des eunuques du sérail.
ZERBIN, eunuque,
ROXANE, sultane.
ARROYA, autre sultane.
PIERROT, confident du grand vizir.
ARLEQUIN, pêcheur.
USBECK, marchand d'esclaves.
ESCLAVES DU GRAND VIZIR.
PÊCHEURS ET PÊCHEUSES.
TROUPE DE MASQUES.

La scène se passe à Constantinople,
d'abord dans la maison du grand vizir et ensuite au sérail.

ACHMET ET ALMANZINE

PIÈCE EN TROIS ACTES

ACTE PREMIER

Le théâtre représente un péristyle de la maison du grand vizir.

SCÈNE I.

AMULAKI, ACHMET, PIERROT.

AMULAKI, à Achmet.
Air : *De la ceinture.*

O mon fils !

ACHMET.

Qu'avez-vous, seigneur ?

AMULAKI.

Je viens de quitter Sa Hautesse.....

ACHMET.

Eh bien ?

PIERROT.

Ouvrez-nous votre cœur.

AMULAKI.

Je suis accablé de tristesse.

ACHMET, à part.

Que va-t-il nous apprendre ?

AMULAKI.

Hélas !

PIERROT.

Qu'y a-t-il donc, seigneur Amulaki?

Air : *Voulez-vous savoir qui des deux?*

Peut-on savoir quel déplaisir
Trouble l'esprit du grand vizir?

ACHMET.

Quelqu'un par de mauvais offices,
Cherche-t-il à vous perdre?

AMULAKI.

Non.

PIERROT.

Veut-on pour prix de vos services
Vous donner le maudit cordon?

AMULAKI.

Achmet, plaignez votre malheureux père. Il y a quelques jours que j'eus l'imprudence de vanter, devant le sultan, la beauté d'Attalide, votre sœur. Ce jeune prince s'en est souvenu, et voici ce qu'il vient de me dire :

Air : *L'autre jour, j'aperçus en songe.*

Apprends le désir qui m'agite :
Ta fille occupe Soliman.
Amène-la moi... Ton sultan
En veut faire sa favorite.

ACHMET.

Je ne vois là que du bonheur.

PIERROT.

Mais il vous fait bien de l'honneur.

AMULAKI.

Ahi!

PIERROT.

De quoi vous plaignez-vous?

ACTE I, SCÈNE I.

Air : *De quoi vous plaignez-vous ?*

Le chef des musulmans
Vous choisit pour son beau-père.
Votre fille a vingt ans
Ne perdez point de tems.
Elle va devenir mère
D'une douzaine d'Infans.
Jarni ! laissez-la faire
De petits Solimans.

ACHMET.

Effectivement ; ma sœur peut-elle avoir une destinée plus glorieuse ?

AMULAKI.

Je sais qu'elle ne peut jamais aspirer à un plus grand honneur ; mais je ne la verrai plus.

Air : *Pour passer doucement la vie.*

Mon fils, je suis un tendre père ;
J'affectionne votre sœur.
M'ôter une fille si chère,
C'est vouloir m'arracher le cœur.

PIERROT.

Air : *Je n'sçaurois... j'en mourrois...*

C'est avoir trop de tendresse.
Entre nous, vous avez tort.

AMULAKI.

Je conviens de ma faiblesse.

ACHMET.

Faites sur vous un effort.

AMULAKI.

Je n'sçaurois.

PIERROT.

Satisfaites Sa Hautesse.

AMULAKI.

J'en mourrois.

ACHMET.

Air : *Comment faire ?*

Ah ! puisqu'il y va de vos jours,
Que, pour en prolonger le cours,
Ma sœur vous est si nécessaire,
Gardez-la !

AMULAKI.

J'ai beau le vouloir,
Si le sultan la veut avoir,
Comment faire ?

ACHMET.

Air : *Pour faire honneur à la noce.*

Seigneur, la chose est aisée.
Il ne faut plus vous attrister.
Vous n'avez qu'à lui présenter
Une Attalide supposée.

PIERROT.

Oui, la chose est fort aisée.
Cessez de vous déconforter.

AMULAKI.

Mais où trouver dans le moment une fille qui puisse justifier le portrait que je lui ai fait de votre sœur ?

ACHMET.

C'est ce qui ne doit point vous embarrasser. Nous avons, à deux pas d'ici, le fameux Usbeck, marchand d'esclaves. Nous trouverons chez lui ce qu'il nous faut.

PIERROT.

Je crois que oui.

Air : *Commère, j'ai un bon mari.*

C'est la perle des marchands, (*bis.*)
Des seigneurs les plus friands,

Il a la chalandise ;
Car le drôle eut de tout tems
De belle marchandise.

AMULAKI.

Eh bien ! vas lui dire qu'il m'amène la plus aimable de ses esclaves.

PIERROT, s'en allant.

J'y cours.

SCÈNE II.

AMULAKI, ACHMET.

AMULAKI.

Mais, mon fils, je veux que nous ayons le bonheur de trouver une esclave que nous puissions faire passer pour votre sœur... Je ne suis pas sans inquiétude sur cette supposition.

ACHMET.

Qui peut vous inquiéter ?

AMULAKI.

Ne voyez-vous pas bien qu'il faudra que nous fassions connoître à cette esclave l'artifice que nous employons... Peut-être que son indiscrétion...

ACHMET.

Oh ! ne craignez point cela. Quand vous l'aurez instruite de vos intentions, vous verrez qu'elle sera flattée de l'honneur de passer pour la fille du grand vizir.

AIR : *Quand le péril est agréable.*

L'esclave fût-elle adorable,
Je doute fort que ses beaux yeux,
Près du sultan la servent mieux
Que ce nom favorable.

Elle aura donc autant d'intérêt que vous à garder le secret.

AMULAKI.

Autre difficulté. Il se répandra bientôt dans Constantinople que ma fille est au sérail. Mes domestiques sauront le contraire, et tout se découvrira.

ACHMET.

Vous n'avez qu'à envoyer vos esclaves à votre maison de plaisance, en prendre de nouveaux et faire passer, dans l'esprit de ceux-ci, Attalide pour votre nièce.

AMULAKI.

Oui-dà. Nous préviendrons là-dessus votre sœur.

ACHMET.

Sans doute ; mais il ne faut pas lui en dire la raison, ni qu'elle sache que votre affection pour elle va jusqu'à la refuser au sultan.

AMULAKI.

Pourquoi cela ?

ACHMET.

Air : *Amis, sans regretter Paris.*

C'est qu'il me semble que ma sœur,
De cette confidence,
Pourroit avoir plus de douleur,
Que de reconnoissance.

AMULAKI.

Non, non ! je connois mieux que vous Attalide. Hélas ! la pauvre enfant ne demande pas mieux que de passer ses jours avec son père.

ACHMET.

Air : *Je le crois bien.... je n'en crois rien.*

Qu'une fillette soit contente,
Près d'un bon papa qu'elle enchante,
Je le crois bien ;

Mais qu'à l'hymen elle préfère
Un long célibat chez son père,
Je n'en crois rien.

AMULAKI.

Eh bien, eh bien, soit! Nous garderons là-dessus le silence.

SCÈNE III.

AMULAKI, ACHMET, PIERROT.

PIERROT, accourant.

Vivat! vivat! Voici le marchand d'esclaves qui me suit.

Air : *Je ne vous ai vu qu'un petit moment.*

Jarnicoton! que nous sommes chanceux!
Ce marchand en amène deux.
Mais ce sont des filles,
Qui sont si gentilles!
Je ne les ai vu' qu'un petit moment,
Et je me sens tout je ne sais comment.

AMULAKI, riant.

Ah! ah! ah! ah!

ACHMET.

Pierrot prend feu d'abord.

PIERROT.

Air : *A Paris y a trois filles.*

Elles ont pris, ventrebille!
Le cœur à Pierrot.
Le cœur à Pierrot sautille,
Le cœur à Pierrot frétille.
Le cœur à Pierrot.

SCÈNE IV.

AMULAKI, ACHMET, PIERROT, USBECK, Marchand d'esclaves, ALMANZINE et ZÉLICA, Esclaves.

USBECK.

Seigneur, j'accours à vos ordres avec la fleur de mon magasin. Au lieu d'une esclave que vous m'avez demandée, je vous en amène deux, qui peuvent se disputer l'honneur de votre choix.

PIERROT, à part.

Qu'elles sont ragoûtantes !

USBECK, aux deux esclaves.

Air : *Allons gai...*

Approchez, Almanzine,
Avancez, Zélica.

A Amulaki.

Que votre œil examine
Ces deux esclaves-là.

Aux deux esclaves qui sont tristes.

Allons gai,
D'un air gai.

ACHMET, à part, regardant Almanzine, qui le regarde aussi.

Qu'elle a d'attraits !

AMULAKI, à Usbeck.

Elles sont belles ; mais elles ont l'air bien triste.

USBECK.

C'est un effet de leur esclavage.

PIERROT.

Ce n'est pas ça.

Air : *Menuet de monsieur de Grandval.*

De l'air chagrin de ces deux belles
Je vois le sujet.

ACTE I, SCÈNE IV

AMULAKI.

Dis-le nous.

PIERROT, à Amulaki.

Peut-être s'imaginent-elles
Que vous les achetez pour vous.

(Aux deux esclaves.)

Mais consolez-vous, mes charmantes. C'est pour un jeune gaillard qu'on vous fait venir.

Almanzine et Zélica prennent un air gai et jettent un tendre regard sur Achmet. Pierrot, qui s'en aperçoit, dit tout bas à Achmet :

Elles vous regardent, elles croient que c'est vous.

AMULAKI, à son fils.

Achmet, voyons si votre goût et le mien s'accordent. Laquelle des deux prendriez-vous ?

Almanzine jette des regards passionnés sur Achmet.

ACHMET.

AIR : *A l'ombre de ce vert bocage.*

Elles sont l'une et l'autre aimables.
Celle que je ne prendrois pas,
Dans vos regards plus favorables,
Pourroit voir primer ses appas.

PIERROT, les regardant l'une après l'autre.

Oh ! pour moi, je rendrois les armes....
Non.....Oui, j'adresserois mes vœux....
Elles brillent de tant de charmes,
Que je les voudrois toutes deux.

ACHMET, à part.

Almanzine me charme.

AMULAKI.

Il est vrai qu'on peut être embarrassé.

AIR : *Tu croyois, en aimant Colette.*

Mais enfin, je me détermine

Montrant Almanzine.

Et je m'arrête à celle-ci.

ACHMET, à part.

O ciel ! il choisit Almanzine !

PIERROT, à Amulaki.

Seigneur, vous avez bien choisi.

ACHMET, à part, fort agité.

Tâchons de l'engager à prendre l'autre.

AMULAKI, à Almanzine.

Venez, mignonne, je vais vous conduire à ma fille, pour....

ACHMET, à son père, le retenant.

Attendez, mon père, que je vous fasse observer....

AMULAKI.

Quoi ?

ACHMET.

Vous n'avez pas, ce me semble, bien considéré sa compagne.

AMULAKI.

Oh ! que si !

ACHMET, en montrant Zélica.

Tenez, regardez-la sans prévention.

Air : *Et zon, zon, zon.*

Quel feu brille en ses yeux !
Quelle bouche riante !
Il n'est point sous les cieux,
De beauté plus touchante.

PIERROT, à Amulaki.

Et zon, zon, zon,
C'est la plus avenante.
Et zon, zon, zon.
Votre fils a raison.

Zélica devient gaie ; et Almanzine marque, pendant tout le reste de la scène, un grand mécontentement.

ACTE I, SCENE IV.

AMULAKI.

Je conviens qu'elle a des charmes, mais j'en reviens toujours à Almanzine.

ACHMET, regardant Almanzine d'un air dédaigneux.

Air : *Un certain je ne sais quoi.*

Pour celle-là, plus je la vois,
　Moins elle m'intéresse.
Son regard a de la rudesse.

AMULAKI.

Oh bien ! elle me plaît à moi.
J'y trouve un certain je ne sais qu'est-ce.
J'y trouve un certain je ne sais quoi.

PIERROT.

Et moi aussi.

ACHMET, à part.

Que je suis malheureux !

Haut à son père.

Air : *Dedans nos bois, il y a un hermite.*

Rendez, seigneur, plus de justice à l'autre ;
Elle a bien plus d'appas.

AMULAKI.

Non, non, mon goût est plus sûr que le vôtre :
Je n'en démordrai pas.

ACHMET.

Pour Zélica, souffrez que je m'obstine.

AMULAKI.

Je veux Almanzine, moi;
Je veux Almanzine.

ACHMET.

Air : *Baise-moi donc, me disoit Blaise.*

Mais, cependant, je crois, mon père...

AMULAKI, l'interrompant.

Mon fils *(bis)*, je veux me satisfaire.
Cessez de me contre-carrer.

PIERROT.

Si c'étoit moi, vaille que vaille,
Ma foi, je les ferois tirer
Toutes deux à la courte paille.

AMULAKI, à son fils.

Allez, Achmet, allez faire partir tous nos esclaves pour ma maison de plaisance. (A Usbeck.) Vous, patron, faites-moi venir tous ceux que vous pouvez avoir à vendre. Je veux les acheter pour remplacer ceux que j'éloigne.

ACHMET, à part, en regardant, d'un air triste, Almanzine qui ne daigne plus jeter les yeux sur lui.

Air : *Ne m'entendez-vous pas ?*

Qui peut te retenir ?
Fuis plutôt, misérable,
Cette esclave adorable,
Et, de ton souvenir,
Tâche de la bannir.

Il se retire.

SCÈNE V.

AMULAKI, ALMANZINE, ZÉLICA, PIERROT.

AMULAKI.

Venez, Almanzine, je vais vous conduire dans l'appartement d'Attalide. Elle vous donnera un ajustement convenable aux vues que j'ai sur votre personne.

ALMANZINE.

Air : *Du cap de Bonne-Espérance.*
Seigneur, que voulez-vous faire ?
Vous voyez qu'à votre fils
J'ai le malheur de déplaire.
Nous serions mal assortis.

AMULAKI.

La fortune vous apprête
Une plus belle conquête.
Vous saurez, dans un instant,
Le bonheur qui vous attend.

PIERROT.

Oh! dame! nous vous bassinons un bon lit.

AMULAKI.

Et vous, Zélica, puisque vous avez charmé mon fils, je veux vous unir avec lui.

ZÉLICA.

Air : *Les feuillantines.*
Oh ciel! quel est mon bonheur!
    Oh! seigneur,
Méritai-je cet honneur!

PIERROT.

Oui, vous méritez, Madame,
Qu'Achmet vous *(bis)* prenne pour femme.

AMULAKI, à Zélica.

Suivez-moi. Je vais vous faire donner un appartement séparé.

<small>Il emmène Almanzine, Zélica les suit.</small>

SCÈNE VI.

PIERROT, seul.

Pardi ! voilà deux femelles bien heureuses, surtout Almanzine. Elle va remplir la place de notre jeune maîtresse. Ah ! si Attalide savoit ce qui se passe, et que son père vînt lui dire : Ma fille, c'est que je vous aime trop pour me résoudre à vous éloigner de ma vue.

Air : *Ma pinte et ma mie, ô gué.*

Elle répondroit, je crois,
La pauvre petite :
De tant d'amitié pour moi
Papa, je vous quitte.
Menez-moi droit au sultan ;
J'aime mieux de Soliman
Être favorite,
O gué
Être favorite.

Mais quelle espèce d'homme vient ici ?

SCÈNE VII.

PIERROT, ARLEQUIN.

ARLEQUIN, à part.

Voyons à qui je m'adresserai pour avoir des nouvelles de... (*Apercevant Pierrot.*) Mais le voilà lui-même !

PIERROT, à part.

Voici un drôle qui ressemble à Arlequin comme deux gouttes d'encre.

ARLEQUIN, courant embrasser Pierrot.

Eh ! bonjour Pierrot, mon ami. C'est toi que je cherche.

PIERROT.

Arlequin à Constantinople !

Air : *O regingué, ô lon lan la.*

Que de te voir je suis surpris !
Hé ! je te croyois à Paris,
O regingué, ô lon lan la !
Rasant toujours dans la boutique,
Où j'allois porter ma pratique.

ARLEQUIN.

J'y serois encore, mon cher, sans certaine petite aventure de perruques égarées. Mon maître m'en voulut rendre responsable. Nous eûmes là-dessus une vive contestation. Nous prîmes pour arbitre le lieutenant-criminel qui, pour prévenir toute voie de fait entre les parties, voulut nous séparer. Il condamna mon maître à demeurer dans sa boutique, et m'envoya, moi, à Marseille, par la voiture de la Tournelle (1).

PIERROT, faisant l'action de ramer.

Et avez-vous été longtems à Marseille ?

ARLEQUIN.

Cinq ans, ma foi. Après quoi, je m'embarquai sur un

---

(1) C'est-à-dire par la voiture qui partait du château de la Tournelle, situé à l'extrémité du quai de ce nom, près de la porte Saint-Bernard. C'était à la Tournelle que, depuis 1632, l'on gardait très-étroitement les galériens, jusqu'à leur départ pour Brest, Toulon ou Marseille. D'abord ils y vécurent seulement des aumônes publiques ; mais, en 1639, un bienfaiteur anonyme laissa en mourant six mille livres de rente, pour aider à nourrir et à soigner les condamnés. Cet exemple ne tarda pas à être suivi, et bientôt le revenu de la Tournelle put suffire à tous les besoins des pauvres condamnés aux galères. Quand on avait un nombre suffisant de ces condamnés, on vidait les prisons ; en enchaînant ces malheureux les uns à la suite des autres, on formait ainsi ce qu'on appelait *la chaîne*, que l'on conduisait avec une forte escorte d'archers, soit à Marseille, soit vers toute autre ville du littoral, pour le service des galères du roi.

vaisseau marchand, en qualité de barbier major, et je vins chercher fortune en cette ville.

PIERROT.

La mienne est déjà bien avancée.

Air : *Les cordons bleus.*

Tu sauras qu'à Paris, dans le tems
Que j'étois sur la scène lyrique,
Je connus de bons mahométans,
Amateurs de françoise musique.
M'ayant fort vanté ce pays-ci,
   Ces gens m'emmenèrent
   Et me présentèrent
Au fameux vizir Amulaki,
Dont ma belle voix fait le favori.

ARLEQUIN.

C'est ce que j'ai appris tantôt d'un de nos François. Je viens t'en féliciter, et t'apprendre en même tems que, si tu t'es poussé par la voix, moi je me suis poussé par la figure.

PIERROT.

Comment cela ?

ARLEQUIN.

Air : *Quand la mer Rouge apparut.*

De la veuve d'un pêcheur,
   Fringante et badine,
Ayant amorcé le cœur,
   Par ma bonne mine,
Et de plus pris le turban,
Chez elle, depuis un an,
   Je suis le pi, pi,
   Je suis le lo, lo,
Le pi, pi, le lo, lo,
   Je suis le pilote
   De sa galiote.

PIERROT.

Je m'en réjouis, mon enfant.

ARLEQUIN.

Je pêche ordinairement le long des murs du sérail, sous un grand balcon que l'on voit au bout d'une galerie, et où il vient souvent des sultanes et quelquefois le grand seigneur.

PIERROT.

La pêche est donc bonne dans cet endroit-là?

ARLEQUIN.

Malepeste! si elle est bonne! J'y pêche de l'or, des perles et des diamans.

PIERROT.

Quel conte me fais-tu là?

ARLEQUIN.

Je te parle sérieusement; et je vais te dire de quelle manière je me suis mis en possession de cette pêcherie.

Air : *Du Banquet des sept sages.*

> Un soir, au clair de la lune,
> En préparant mes filets,
> Satisfait de ma fortune,
> Je chantois quelques couplets,
> Des *Mirliton*, des *Lanlaire*,
> Des *Flon-flon*, des *Lanturelu*,
> Et des *Vogue la galère*,
> Lorsque je me crus perdu.

PIERROT.

Qu'arriva-t-il donc?

ARLEQUIN.

J'entendis tout à coup de grands éclats de rire, qui partoient du balcon. Ouf! Aussitôt je me tais, et, plein de frayeur, je prends mes rames, et me mets en devoir de tirer promptement mes chausses de cet endroit-là.

PIERROT.

Et toi, fin !...

ARLEQUIN.

Mais une grosse voix se fit entendre (c'étoit celle du sultan), qui me dit : Demeure, pêcheur, demeure ! continue à nous réjouir. Moi, je recommençai et croyant encore mieux faire,

Air : *Ah ! Robin, tais-toi !*

En rossignol d'Arcadie,
J'entonne un dolent morceau
D'un bel opéra nouveau ;
Mais une femme me crie :
Ah ! pêcheur, tais toi !
Et fi, fi, et fi, fi,
Finis, je t'en prie,
Ton air de convoi.

PIERROT.

Tu repris bien vite tes vaudevilles ?

ARLEQUIN.

Bien entendu. Et quand j'eus achevé de chanter, pouf ! il tomba dans mon bateau une bourse pleine.

PIERROT.

Tête-bille !

ARLEQUIN.

Dès le lendemain, je retourne au même endroit ; je chante des Brunettes...

PIERROT.

Et pouf !

ARLEQUIN.

Oui, j'entendis tomber à mes pieds un paquet.

PIERROT.

Il y avoit dedans ?...

ARLEQUIN.

Un billet doux adressé à un jeune seigneur musulman, avec un collier de perles et un diamant... pour le discret porteur.

PIERROT.

Fort bien. Ah! voilà donc comme vous pêchez vos perles! Cela est bon.

ARLEQUIN.

Ce qu'il y a de meilleur encore, c'est que Soliman prend plaisir à m'entretenir quelquefois. A telles enseignes, qu'il m'a ordonné ce matin d'assembler ce soir tous nos pêcheurs et leurs femmes, pour chanter et danser sur le rivage, à la vue de son balcon.

PIERROT.

C'est apparemment une fête qu'il veut donner à ses sultanes. Mais j'aperçois mon maître qui vient. Nous sommes un peu en affaires, aujourd'hui. Sans adieu.

ARLEQUIN.

Nous nous reverrons.

PIERROT.

Je l'espère.

AIR : *N'y a pas de mal à ça.*

Et même, en cachette,
Quand il te plaira,
Malgré ton prophète,
L'on sirotera.

ARLEQUIN.

N'y a pas de mal à ça. (*bis.*)

SCÈNE VIII.

AMULAKI, ALMANZINE, parée; ATTALIDE, PIERROT.

AMULAKI, à sa fille.

Attalide, je suis content du soin que vous avez pris de parer cette aimable esclave. Vous pouvez rentrer dans votre appartement.

ATTALIDE, après avoir embrassé Almanzine.

Air : *Joconde.*

Ma belle, allez vous présenter
Aux yeux de Sa Hautesse.
Allez, vous pouvez vous flatter
De gagner sa tendresse.

ALMANZINE.

Je n'ose écouter cet espoir;
Mon orgueil trop timide,
Me dit qu'il me faudroit avoir
Les charmes d'Attalide.

Attalide se retire

SCÈNE IX.

AMULAKI, ALMANZINE, PIERROT.

AMULAKI.

Vous êtes trop modeste, Almanzine.

Air : *Quand Iris prend plaisir à boire.*

A vos yeux rien n'est comparable.
Est-il un objet plus aimable ?
Les Amours volent sur vos pas.

ALMANZINE.

Le beau garçon qui vous doit la naissance,
Juge autrement de mes appas.
Si je l'en crois, je ne dois pas
Compter beaucoup (*bis*) sur leur puissance.

AMULAKI.

Bon! C'est bien à mon fils qu'il faut s'en rapporter là-dessus.

Air : *Ah! vraiment, je n'y connois rien.*
Non, non, il ne s'y connoît guère.

PIERROT.

L'œil de son vieux routier de père
Est plus connoisseur que le sien.

AMULAKI.

Ah! vraiment, je m'y connois bien.

Venez donc, que je vous conduise au sérail; et souvenez-vous toujours que vous représentez la fille du grand vizir.

ALMANZINE, fièrement.

Ne craignez rien. Je n'ai pas été moins bien élevée que votre fille.

Air : *Que de bourgeois viennent à l'aventure.*
Je soutiendrai fort bien son personnage,
Par mon maintien comme par mon langage;
Mais
Je n'aurai pas l'avantage
D'en offrir tous les attraits.

PIERROT.

Des attraits! Vous en avez plus qu'il n'en faut pour embrelucoquer le grand seigneur. Je suis sûr qu'en vous voyant, il va s'écrier :

Ah! mon Dieu! quelle joli'fille
L'on m'amène ici.

Amulaki sort pour conduire Almanzine au sérail.

SCÈNE X.

PIERROT, seul.

Voilà notre affaire dans le sac, de ce côté-là. Allons présentement trouver le seigneur Achmet pour lui apprendre que son père lui fait présent de l'autre esclave... Mais le voici... Il paroît bien pensif. Il ne s'attend pas à la bonne nouvelle que j'ai à lui annoncer.

SCÈNE XI.

PIERROT, ACHMET.

PIERROT.

Air : *La bonne aventure, ô gué!*

PIERROT.

Tirez de ma belle humeur
 Un heureux augure.
J'allois vous chercher, seigneur...
J'admire votre bonheur...
 La bonne aventure
 O gué,
 La bonne aventure.

ACHMET, froidement.

Qu'y a-t-il donc?

PIERROT.

Votre père, sitôt que vous avez été parti, a fait des réflexions sur la beauté de Zélica.

ACHMET, joyeusement.

Eh bien?

ACTE I, SCÈNE XI.

PIERROT.

Vous lui avez tant vanté les perfections de cette esclave, ses yeux fripons, son air gaillard, que, tout d'un coup, il l'a choisie et arrêtée.

ACHMET, transporté.

Que m'apprends-tu, mon ami ?

PIERROT.

Je savois bien que cette nouvelle vous feroit grand plaisir.

ACHMET.

Air : *Renonce à ta folle envie.*

Ah ! que mon âme est ravie
De cet heureux incident,
Mon enfant.

PIERROT.

Au sultan, de votre mie,
On ne fera point présent.
Par la vertu, tu, tu, tu, tu, tu de ma vie,
Il n'en croquera que d'une dent.

ACHMET.

Comment donc, Pierrot, tu as pénétré mes sentimens secrets ?

PIERROT.

Eh, pardi ! cela étoit bien difficile à deviner !

ACHMET.

Ne perdons point de tems. Allons de ce pas chez le marchand acheter cette aimable esclave.

PIERROT.

Le bonhomme vous a prévenu. Admirez la bonté paternelle. Il a arrêté Almanzine et Zélica, l'une pour vous, l'autre pour le sultan.

ACHMET.

Air : *Non, non, il n'est point de si joli nom.*

Eh quoi ? mon père lui-même
D'Almanzine me fait don !
Pierrot, ma joie extrême...

PIERROT.

Mais, vous vous trompez de nom...

ACHMET.

Non, non,
Désabuse-toi, mon garçon :
C'est Almanzine que j'aime.

PIERROT.

Non, non,
C'est Zélica, c'est le trognon
Que vous trouvez plus mignon.

ACHMET, alarmé.

Que dis-tu ?

PIERROT.

Oui, votre père vous garde Zélica, celle à qui vous avez donné la préférence, et il vient de conduire l'autre au sérail.

ACHMET, poussant un grand cri.

O Dieu !

Air : *Bouchez, naïades, vos fontaines.*

Cette nouvelle m'assassine !
Pour jamais je perds Almanzine !

PIERROT.

Almanzine, vous m'étonnez.
Tantôt (je n'y puis rien comprendre),
Si vous vous en ressouvenez,
Vous en avez dit pis que pendre.

ACTE I, SCÈNE XI.

ACHMET.

Ah ! mon ami, tu connois peu l'amour et les ruses qu'il emploie pour arriver à ses fins. Si je me suis déclaré en faveur de Zélica, c'est que je voulois engager mon père à la choisir pour le sultan.

PIERROT.

Oh ! oh ! voilà donc pourquoi Almanzine vous paroissoit avoir l'air grimaud et les yeux loup-garou ! Qui diantre eût pensé que vous disiez cela par malice ?

ACHMET.

Air : *Il est tems que je me venge.*

Quand je tenois ce langage,
Quand j'offensois ses appas,
Mon cœur, en secret, hélas !
Expioit bien cet outrage !

PIERROT.

Le projet était fort bon.
Par ma foi, c'est grand dommage
Que notre obstiné barbon
N'ait pas gobé l'hameçon.

ACHMET.

Je ne la verrai plus ! Et, pour comble de tourment, je lui ai donné sujet de croire que je la méprise. Je ne puis la détromper. Elle doit bien me haïr.

PIERROT.

Oh ! je ne doute pas qu'Almanzine ne soit enragée contre vous. Mais qu'est-ce que cela fait ! Allez, consolez-vous, seigneur Achmet.

Air : *Voyelles modernes.*

Vous avez pour maîtresse
La belle Zélica, a, a, a.
Laissez à Sa Hautesse
Courtiser celle-la, a, a, a.

Pour en perdre la mémoire
D'un peu d'eau de l'oubli,
. Biribi
Il faut boire. (*bis.*)

ACHMET.

Non, je ne pourrai jamais oublier Almanzine.

PIERROT.

Ah! ah! je vois déjà revenir le grand vizir. Qu'auroit-il donc? Il paroît bien agité.

SCÈNE XII.

ACHMET, PIERROT, AMULAKI.

AMULAKI.

Air : *Monsieur La Palisse est mort.*
Quel chagrin dans mes vieux ans!

PIERROT.

Quoi donc? encor des alarmes!

ACHMET.

Expliquez-vous.

AMULAKI.

Mes enfans,
A mes pleurs mêlez vos larmes.

PIERROT.

Dites-nous donc vite ce qu'il y a de nouveau.

AMULAKI.

Tout est perdu! Almanzine n'a pas...

ACHMET, l'interrompant.

Est-ce qu'elle n'auroit pas plu à Soliman?

ACTE I, SCÈNE XII.

AMULAKI.

Il en a été charmé. Mais, qui auroit pu prévoir ce fatal revers? Ali, le chef des eunuques, mon plus grand ennemi, étoit présent quand nous avons paru devant le sultan. Il a reconnu Almanzine pour la fille du dernier bacha de Babylone, dont il a été l'esclave, et il l'a déclaré à Sa Hautesse.

ACHMET.

Qu'entends-je !

PIERROT.

Quel guignon !

AMULAKI.

Aussitôt les yeux de ce monarque se sont enflammés de colère. Il m'a lancé un regard furieux, et m'a dit :

AIR : *Le fameux Diogène.*

Qu'as-tu fait, misérable !
Qui t'auroit cru capable
De tromper ton sultan ?
D'un ministre infidèle,
La mort la plus cruelle
Va venger Soliman.

ACHMET, à part.

Quelle affreuse situation !

PIERROT.

Vous nous faites trembler.

AMULAKI.

Frappé de ces paroles comme d'un coup de foudre, je suis tombé à ses pieds, pour implorer sa clémence... Hélas ! Seigneur, lui ai-je dit, pardonnez cet artifice à un père affligé, qui n'a pu se résoudre à se priver d'une fille qui fait toute la consolation de sa vieillesse.

PIERROT.

Ce discours l'a attendri.

AMULAKI.

Nullement... Et il alloit ordonner mon supplice, si la généreuse Almanzine n'eût intercédé pour moi.

Air : *Je ne suis pas si diable*.

D'une voix adoucie,
Alors il a repris :
Je lui donne la vie,
Mais qu'il sache à quel prix.
Pour punir le perfide,
Je veux, d'un vil travail,
Occuper Attalide
Dans mon sérail.

Je prétends, a-t-il ajouté, qu'elle soit l'esclave des esclaves, et je ne veux jamais l'honorer d'un de mes regards.

PIERROT.

Hélas ! la pauvre fille
Aura le mal de tout.

AMULAKI.

Il m'a ordonné de la conduire tout à l'heure au sérail.

ACHMET, à part, rêvant.

Faudra-t-il céder à la nécessité !

AMULAKI.

Ah ! Soliman, tu ne m'as pas fait une grande grâce, en me laissant vivre !

Air : *Où êtes-vous, Birène, mon ami?*

Tu veux traiter avec indignité
Pour me punir, une fille si chère !
Tu connoitrois toute ta cruauté,
Si tu savois ce que c'est qu'être père.

PIERROT.

Cela me fend le cœur.

ACTE I, SCÈNE XII.

ACHMET, *sortant tout à coup de sa rêverie.*

Seigneur, consolez-vous. Vous avez une ressource dans mon courage.

Air : *Comme un coucou que l'amour presse.*

Je sens que Mahomet m'inspire
Un dessein pour sauver ma sœur.

AMULAKI.

Mon cher Achmet, qu'osez-vous dire !
Peut-on détourner son malheur ?

ACHMET.

Oui, mon père. J'ose vous flatter d'une si douce espérance... Il faut que nous changions d'habits, ma sœur et moi. Elle passera pour Achmet : et vous me mènerez au sérail sous le nom d'Attalide.

AMULAKI.

O ciel !

PIERROT.

Que dites-vous ?

AMULAKI.

Vous voulez vous introduire dans le sérail ? Ignorez-vous donc que c'est le plus grand de tous les crimes ? crime qu'on n'a jamais pardonné. Vous vous exposez à une mort certaine. Le sultan, devant qui vous avez quelquefois paru, vous reconnoîtra.

PIERROT.

J'en ai peur.

ACHMET.

Non. Vous venez de dire qu'il ne veut point voir ma sœur. Je puis, sans péril, sous mon déguisement, aller soutenir pour elle la vie pénible qu'on lui prépare.

PIERROT.

Cela est bien chatouilleux.

AMULAKI.

Air : *Le démon malicieux et fin.*

Ce projet, plein de témérité,
Sans effroi peut-il être écouté ?
Vous voulez, pour conserver ma fille,
Que je consente à vous perdre, mon fils.
Non, non, non, j'aime trop ma famille,
Pour que je garde Attalide à ce prix.

PIERROT.

Nous gagnerions bien au change, vraiment.

ACHMET.

Nous ne serons point séparés pour toujours. Je pourrai m'échapper à la faveur de quelqu'une de ces révolutions qui arrivent de tems en tems au sérail.

Air : *Bannissons d'ici l'humeur noire.*

Bientôt le sort en fera naître,
Où le sultan s'apaisera.
Que sais-je ? Au premier jour peut-être
A vos désirs il me rendra.

AMULAKI.

O courageux Achmet ! Dois-je abuser de cet excès de tendresse pour moi ?

ACHMET.

Ne vous opposez plus à ma résolution. Je vous en conjure à genoux:

Air : *Les trembleurs.*

De grâce, laissez-moi faire !
Ah ! si ma sœur vous est chère,
Vous ne devez plus, mon père,
A mon dessein résister.
Prévenons, en diligence,
La cruelle violence
Où, dans son impatience,
Le sultan peut se porter.

AMULAKI.

Mais, mon fils...

ACHMET.

Mais le tems est précieux. Voulez-vous attendre qu'il vienne ici des janissaires arracher de vos bras Attalide, et vous rendre ma bonne intention inutile ?

AMULAKI.

Je succombe à cette image. Je n'ai plus la force de combattre votre dessein. Venez prendre les habits de votre sœur, et lui donner les vôtres, sans lui découvrir la cause de ce déguisement.

Amulaki s'en va, mais Pierrot arrête Achmet qui veut suivre son père.

SCÈNE XIII.

ACHMET, PIERROT.

PIERROT.

Arrêtez un moment, seigneur Achmet. Je vois bien ce que vous avez envie de faire. Vous voulez tâcher de parler à Almanzine.

ACHMET.

Oui, Pierrot. Je ne puis vivre sans la détromper, et sans lui apprendre que je l'adore.

PIERROT.

C'est bien, cela... J'aime les gens de cœur.

ACHMET.

Adieu.

AIR : *Je ne suis né ni roi, ni prince.*

Vêtu des habits d'Attalide,
Je suivrai l'amour qui me guide.

PIERROT.

Puissiez-vous, sous cet attirail,
Jouer votre rôle à merveilles ;
Et, bientôt sortant du sérail,
Nous rapporter vos deux oreilles.

<small>Achmet sort. On entend une symphonie.</small>

SCÈNE XIV.

PIERROT, seul.

Mais, qu'est-ce que j'entends ?... Ah ! ah ! c'est le marchand d'esclaves qui amène ici toute sa boutique. Ils se réjouissent apparemment de l'honneur qu'ils ont d'entrer au service du grand vizir.

SCÈNE XV.

PIERROT, USBECK, Troupe d'esclaves
DES DEUX SEXES.

<small>On danse, puis on chante le vaudeville, et on danse encore après chaque couplet.</small>

VAUDEVILLE.

Air : *De monsieur Gillier.*

Premier couplet.

Lorsque d'un esclave nouveau,
Dans un ménage on fait l'emplette,
S'il va du grenier au caveau,
En un instant la course est faite.
Seul il sert mieux que trois folets :
C'est le Balai neuf des Valets.

Deuxième couplet.

Fille qui désire un époux,
Cache bien son humeur coquette ;
Son regard est timide et doux :
D'un rien sa pudeur s'inquiète.
Toutes ces petites façons,
C'est le Balai neuf des Tendrons.

Troisième couplet.

Ne vous fiez pas aux plaisirs
Que vous donne une ardeur naissante.
Soins assidus, tendres désirs,
Air soumis, humeur complaisante ;
Ce qu'on voit dans ces doux momens,
C'est le Balai neuf des Amans.

Quatrième couplet.

Ne vous fiez pas aux ardeurs
Des premiers jours de l'hyménée ;
De ses plaisirs, de ses douceurs,
La carrière est bientôt bornée.
Rien ne dure moins, à Paris,
Que le Balai neuf des Maris.

Cinquième couplet.

Pour attraper plus sûrement
Une somme un peu rondelette,
Un Gascon rend exactement
Le premier écu qu'on lui prête.
Oh ! que de bons bourgeois sont pris
Par le Balai neuf des Cousins.

FIN DU PREMIER ACTE.

ACTE DEUXIÈME

Le théâtre représente un magnifique appartement du sérail.

SCÈNE I.

SOLIMAN, ALMANZINE.

SOLIMAN.

AIR : *Les filles de Nanterre*.

Qu'avez-vous, Almanzine ?
J'en suis tout alarmé.
De ce qui vous chagrine,
Je veux être informé.

(Almanzine soupire.)

SOLIMAN.

AIR : *Nous autres bons villageois*.

En vain je vous entretiens
De ma vive et naissante flamme.
Vos yeux évitent les miens.
Parlez, expliquez-vous, Madame.
Si l'offre de mon tendre cœur
Ne peut faire votre bonheur,
Quoique vous m'ayez enchanté,
Je vous rends votre liberté.

ALMANZINE.

L'excès de mon bonheur
Fait toute ma tristesse.
En recevant l'honneur
Que me fait Sa Hautesse,
Hélas !

ACTE II, SCÈNE I.

Je crains que sa tendresse
Ne dure pas.

SOLIMAN.

Ah! ma sultane, n'écoutez point cette crainte frivole.

ALMANZINE.

Seigneur, j'ai de la peine à me rassurer. Le grand vizir vous a fait un si beau portrait de sa fille!

Air : *On ne peut, quoi que l'on fasse.*

Sur le rapport de son père,
Vous voudrez la voir quelque jour :
En la voyant, votre colère,
Pourra se tour,
Loure, loure, loure, loure, loure, lour,
Pourra se tourner en amour.

SOLIMAN.

Air : *Sois complaisant, affable, débonnaire.*

D'une houri, quand elle auroit l'image,
Je la verrois, sans devenir volage ;
Mais, puisqu'elle vous fait ombrage,
Je ne la verrai jamais.

Elle va venir. Comme vous la connoissez, je vais donner ordre qu'on vous l'amène. Je veux savoir de vous-même si son père ne me trompe point une seconde fois.

Air : *Faites boire à triple mesure.*

Pour vous laisser seule avec elle,
Soliman s'éloigne de vous ;
Mais vous le reverrez, ma belle,
Dans un moment à vos genoux.

SCÈNE II.

ALMANZINE, seule.

Air : *On n'aime point dans nos forêts.*

Enfin, je vois dans mes liens
Le souverain de cet empire.
Mes vœux devroient répondre aux siens...
Mais je me trouble, je soupire ;
Et de mon sort, quoique charmant,
Mon cœur gémit en ce moment.

C'est apparemment que je suis trop occupée du dépit d'avoir été méprisée par Achmet. Dans cette disposition, je ne puis rendre au sultan toute la justice qui lui est due. Mais ce prince est aimable, et je sens bien que je l'aimerai.

Air : *Vois-tu nos agneaux, Lisette ?*

Par un jeune téméraire
Mes appas sont outragés.
A Soliman j'ai su plaire ;
Ne sont-ils pas bien vengés ?

SCÈNE III.

ALMANZINE, ALI, chef des eunuques, amenant ACHMET et sultane voilée.

ALI.

Madame, je vous amène, par ordre du sultan, cette jeune personne. Voyez si c'est la fille du grand vizir.

Il ôte le voile à Achmet.

Est-ce là Attalide ? La reconnoissez-vous ?

ALMANZINE, étonnée.

AIR : *Réveillez-vous, belle endormie.*

O ciel ! ma surprise est extrême !

ALI.

Eh bien, que dirai-je au sultan ?

ALMANZINE.

Dites-lui... que c'est elle-même.
Allez retrouver Soliman.

Laissez-moi Attalide pour un instant. Je voudrois lui parler en liberté.

SCÈNE IV.

ALMANZINE, ACHMET.

ACHMET, se jetant aux pieds d'Almanzine.

AIR : *Dans un couvent bien heureux.*

Quoi ! de ma témérité,
Oubliant mon injustice,
Vous voulez être complice !
Quelle générosité !
Pouvez-vous, ô cœur de reine !
Pour moi vous mettre en danger ?
Est-ce ainsi que votre haine
Prend plaisir à se venger ?

ALMANZINE.

AIR : *Quand on a prononcé ce malheureux oui.*

Je n'ai pas cru devoir écouter ma colère
Contre un fils qui s'immole au repos de son père.
Votre vertu, malgré le péril que je cours,
A su m'intéresser à conserver vos jours.

ACHMET.

N'attribuez pas à ma vertu ce qui n'est qu'un effet de mon désespoir. Mon père est dans la même erreur que vous.

Air : *Petits oiseaux, rassurez-vous.*

Il est charmé de mon bon cœur.
Il croit qu'en fils et frère tendre,
Au sérail je ne viens me rendre
Que pour lui conserver ma sœur.
C'est l'amour et sa violence
Qui m'ont conduit dans ces terribles lieux ;
Et bien loin d'y venir offenser vos beaux yeux,
Hélas ! j'y viens pleurer l'effet de leur puissance.

ALMANZINE.

Vous n'y pensez pas. Vous oubliez que je suis cette même esclave en qui vous avez trouvé tant de défauts.

Air : *Petite brunette aux yeux doux.*

Se peut-il qu'un cœur amoureux
Insulte l'objet qui l'engage,
Par mille discours dédaigneux ?

ACHMET.

Oui, c'est quelquefois son langage.

Air : *Vous voir Chloris, et vous aimer.*

Voir vos appas, en être épris,
Ce fut pour moi la même chose :
Et si j'en rabaissai le prix,
Mon amour seul en fut la cause.
Voir vos appas, en être épris,
Ce fut pour moi la même chose.

Quand je préférois les charmes de Zélica aux vôtres, ce n'étoit que pour obliger mon père à la choisir pour Soliman.

ALMANZINE, à part.

Hélas !

ACHMET.

Mais enfin, le malheur que je voulois prévenir est arrivé. Je ne puis plus vous enlever au sultan ; et quand je le pourrois, votre cœur sans doute n'y consentiroit pas.

ALMANZINE, à part.

Fatale destinée !

ACHMET.

Air : *Par hasard, sur la fougère.*

Aussi d'aucune espérance,
Je ne flatte mon amour ;
Je n'attends que l'assistance
De la mort, dans ce séjour.
Du trépas l'image affreuse,
Pour moi n'a rien que de doux,
Puisque ma flamme amoureuse
N'est plus un secret pour vous.

ALMANZINE.

Air : *Les Triolets.*

Deviez-vous me tirer d'erreur !
J'aurois passé des jours tranquilles.
Vous allez faire mon malheur.
Deviez-vous me tirer d'erreur !
Le sultan, pour gagner mon cœur,
Va prendre des soins inutiles.
Deviez-vous me tirer d'erreur :
J'aurois passé des jours tranquilles !

ACHMET.

Air : *Iris, devenez plus sage.*

Grands Dieux ! est-il donc possible
Qu'Achmet à ses tendres ardeurs,
    Ait su vous rendre sensible ?

ALMANZINE.

Ne le voit-il pas à mes pleurs ?

ACHMET.

Vous m'aimez ?

ALMANZINE.

Plus que moi-même.

ACHMET.

Est-il un mortel plus heureux !
Quoi ! vous m'aimez !

ALMANZINE.

Je vous aime.
Nous sommes à plaindre tous deux.

ACHMET.

Non, non, belle Almanzine. Ce que vous m'apprenez change bien la face de nos affaires. L'espérance tout à coup vient ranimer mon courage. Je me flatte de pouvoir bientôt vous tirer du sérail.

ALMANZINE.

Ciel ! cela se pourroit-il ?

ACHMET.

Oui. Mon père est adoré des troupes. Je l'engagerai, par une lettre, à exciter un soulèvement, à la faveur duquel nous nous sauverons tous deux.

ALMANZINE.

Quoi ! vous croyez que le grand vizir voudra bien...

ACHMET.

N'en doutez pas. Sa tendresse pour moi peut aller jusque-là. Mais, en attendant, j'appréhende une chose.

ALMANZINE.

Que redoutez-vous ?

ACHMET.

Air : *Je ne suis né ni roi, ni prince.*
Je crains la flamme violente

ACTE II, SCÈNE V.

D'un maître que votre œil enchante.
Il peut vouloir...

ALMANZINE.

Ne craignez rien.
Reposez-vous sur ma prudence.
Allez, allez, je saurai bien
Lui faire prendre patience.

ACHMET.

Ah ! si cela est, je réponds du reste.

ALMANZINE.

Air : *Ne fais point tant la tigresse.*
Cette flatteuse espérance
Dissipe tout mon souci.

ACHMET.

Livrons-nous à l'espérance
De sortir bientôt d'ici.

ALMANZINE.

Dans cette agréable attente,
Vivons tous deux, cher amant.
Goûtons la douceur charmante
De nous voir à tout moment.

Ils répètent ensemble les deux derniers vers.

ALMANZINE.

Voici le sultan... Entrez dans ce cabinet.

SCÈNE V.

ALMANZINE, SOLIMAN, ALI.

SOLIMAN.

Eh bien ! Almanzine, vous venez donc d'entretenir la fille d'Amulaki ?

ALMANZINE.

Oui, seigneur.

SOLIMAN.

Air : *Hélas! ce fut sa faute.*
A-t-elle de vives douleurs ? (*bis.*)
Sent-elle bien tous ses malheurs ?

ALMANZINE.

Elle en est abattue.

SOLIMAN.

Vous avez vu couler ses pleurs ?

ALMANZINE.

J'en suis encore émue. (*bis.*)

SOLIMAN.

Où est-elle ?

ALMANZINE.

Je viens de la faire entrer dans mon cabinet, pour la soustraire à vos regards.

SOLIMAN.

Vous avez bien fait. (A Ali.) Ali, vas la prendre, et la mène à l'endroit où sont les esclaves qui remplissent les derniers devoirs du sérail.

ALMANZINE, émue, à Ali, le retenant.

Attendez, Ali ! (A Soliman) Ah ! seigneur, que voulez-vous faire ?

SOLIMAN, surpris.

Comment ?

ALMANZINE.

J'abuserois de vos bontés, et j'aurois bien de l'imprudence d'exiger cela de vous... Je ne prétends point dérober un coupable à votre justice. Vous avez sujet d'être irrité contre Amulaki... Il ne faut pas que sa faute reste impunie.

ALI.

Elle a raison.

SOLIMAN.

Et de quelle manière voulez-vous donc le punir?

ALMANZINE.

En retenant sa fille auprès de moi, pour quelque tems seulement. Le chagrin qu'il aura de ne la point voir vous vengera bien de sa désobéissance.

SOLIMAN.

Si cela vous fait plaisir, je consens qu'elle vous tienne compagnie.

Soliman fait un signe. Ali se retire d'un air mécontent.

SCÈNE VI.

ALMANZINE, SOLIMAN.

ALMANZINE.

Air : *Je l'aime, je l'aime.*

Attalide a de la douceur. (*bis.*)
Bien plus tendrement qu'une sœur,
Je l'aime, je l'aime.
Elle paroît, seigneur,
M'aimer de même.

SOLIMAN.

A la bonne heure. Mais elle se regardera toujours ici comme une esclave, et je crois qu'elle s'ennuiera bientôt avec vous.

ALMANZINE.

Air : *J'avois, Lisette, un billet doux.*

C'est mon affaire,
Et je prétends

Fort bien lui faire
Passer son tems.
Nous broderons, et nous ferons des nœuds
Pour votre usage.
Nous travaillerons toutes deux
Au même ouvrage. (*bis*.)

SOLIMAN.

Eh bien ! je viendrai quelquefois vous voir travailler l'une et l'autre.

Air : *C'est le prince d'Orange.*

Je me flatte d'avance
D'être de votre écot.

ALMANZINE.

Oh ! je vous en dispense !
Vous y seriez... j'en crains la conséquence,
Vous y seriez de trop.

SOLIMAN.

D'où vient donc ?

ALMANZINE.

Vous oubliez déjà le serment que vous avez fait de ne jamais voir Attalide.

SOLIMAN.

Air : *Diable-Zot !*

Pardonnez-moi, je m'en souviens ;
Mais vos appas, belle Almanzine,
Ne doivent pas craindre les siens.
Sa beauté, fût-elle divine,
Ne sauroit rompre mes liens.

ALMANZINE.

Ne m'en dites pas davantage.
Croyez-vous mon cœur assez sot,
Pour se fier à ce langage ?
Diable zot !

Je n'exposerai point Attalide à vos regards. Comptez
là-dessus.

SOLIMAN, riant.

Air : *Talalerire.*

De quelle terreur occupée...

ALMANZINE, l'interrompant

Non, non, vous ne la verrez pas.
Je n'y serai point attrapée.
Dès que nous entendrons vos pas,
Je prétends qu'elle se retire,
Talaleri, talaleri, talalerire.

SOLIMAN.

Air : *Sur les bords d'une fontaine.*

Ce transport jaloux m'enchante.
Je vois que je suis aimé.
Belle Almanzine, ce plaisir augmente
L'ardeur (*bis*) dont je suis enflammé.

SCÈNE VII.

SOLIMAN, ALMANZINE, ZERBIN.

ZERBIN.

Seigneur, il vient de se présenter à la porte du sérail
une grosse femme qui se désole, qui se désespère.

SOLIMAN.

Qui est-elle ?

ZERBIN.

Elle se dit la nourrice d'Attalide ; elle demande
qu'on l'enferme avec sa maîtresse.

Air : *Tique, tique, taque et lon, lon, la.*

Elle fait grand carillon, (*bis.*)
Et menace tout de bon,

Si l'on ne permet qu'elle entre,
Tique, tique, taque, et lon lon la,
De se donner dans le ventre
D'un couteau pointu qu'elle a.

SOLIMAN.

Almanzine, je veux vous donner encore cette preuve de la considération que j'ai pour tout ce qui vous est cher. Je veux bien qu'Attalide ait sa nourrice auprès d'elle. (A Zerbin.) Qu'on laisse entrer cette bonne femme. (A Almanzine.) Sans adieu. Je vais voir en quel état sont les préparatifs d'une fête de pêcheurs que j'ai ordonnée ce matin, et dont nous prendrons tous deux le plaisir.

SCÈNE VIII.

ALMANZINE, ACHMET.

ALMANZINE, appelant.

Venez, Achmet, venez !... Vous avez entendu notre conversation.

ACHMET.

Tout entière.

ALMANZINE.

Qu'en dites-vous ?

Air : *Mon père, je viens devant vous.*

N'ai-je pas bien su ménager
L'intérêt de notre tendresse ?

ACHMET.

Pour nous tirer de ce danger,
Il ne falloit pas moins d'adresse ;
Mais nous allons peut-être, hélas !
Nous voir dans un autre embarras.

J'ignore ce que c'est que cette femme qui se dit la nourrice d'Attalide. Il y a longtemps que ma sœur a perdu la sienne.

ALMANZINE.

Cela me cause de nouvelles alarmes.

ACHMET.

Je vous avoue que cela m'inquiète aussi. Je n'y comprends rien.

ALMANZINE.

La voici, apparemment.

SCÈNE IX.

ALMANZINE, ACHMET, PIERROT en nourrice.

PIERROT, dans le lointain.

Air : *Lurelu.*

Ma chère Attalidette,
Dans quel endroit es-tu ?
Lurelu.
Viens recevoir, poulette,
Celle qui t'allaita.
Larela,
Lurelu, larela, lirette,
Ah ! ma foi, la voilà.

ACHMET.

Eh ! c'est toi, Pierrot ! Ah ! que tu nous a mis en peine. Quelle extravagance ! Pourquoi as-tu hasardé un pas si dangereux ?

PIERROT.

Par amitié pour vous. Je venois, sous ce déguisement, vous aider à supporter la rude besogne où je vous croyois condamné dans les cuisines du sérail.

Air : *Ma raison s'en va bon train.*

Mais je me suis fort trompé ;
Et je vous trouve occupé
D'un plus doux emploi,
Qui n'a rien, je croi,
Qui puisse vous déplaire.
Je m'imagine que, sans moi,
Vous pourrez bien le faire,
Lon la,
Vous pourrez bien le faire.

ACHMET.

Oui, mon ami. Grâce aux bontés d'Almanzine, mon déguisement a réussi ; et le sultan, à sa prière, veut bien que je demeure auprès d'elle.

PIERROT.

Je vous en félicite. Vous êtes deux bonnes pâtes d'enfans.

Air : *Perrette, étant dessus l'herbette.*

Par la jarni ! c'est grand dommage
Que vous soyez tous deux en cage.
Vous me paroissez fort contens ;
Mais vous le seriez davantage,
Si vous aviez la clé des champs.

ALMANZINE.

J'espère que nous ne serons pas ici toute notre vie, et que nous trouverons peut-être bientôt un expédient pour nous échapper.

PIERROT.

Pourquoi non ? Tout est possible à une paire d'amoureux... Veulent-ils prendre la poudre d'escampette ?

Air : *Les proverbes.*

Au-devant d'eux, les murs se démolissent ;
On voit les eaux tarir ou se glacer ;
Les plus hauts monts tout à coup s'aplanissent,
Afin de les laisser passer.

ACTE II, SCÈNE IX.

ACHMET.

Cela est fort bien ; mais je crains que tu ne sois venu ici pour nous porter malheur.

PIERROT.

D'où vient ?...

ACHMET.

Je te connois d'une humeur qui me fait trembler. Tu te verras sans cesse avec de jolies filles ; tu pourras oublier que tu es dans le sérail.

PIERROT.

Nenni, nenni.

ALMANZINE.

Ne t'y joue pas.

PIERROT.

Dormez en repos, sur ce point.

ACHMET.

Sois bien circonspect avec ces beautés.

PIERROT.

Que cela ne vous inquiète point.

ALMANZINE.

Air : *Je passe la nuit et le jour.*

Détourne d'elles tes regards,
Prends garde qu'elles ne t'enchantent.

ACHMET.

Tu sais qu'ici, de toutes parts,
Des précipices se présentent.

PIERROT.

D'accord, mais j'ai trop de bon sens,
Pour me laisser tomber dedans.
   Tomber dedans, (*bis.*)
Pour me laisser tomber dedans.

ACHMET.

Tant mieux.

ALMANZINE.

Défie-toi toujours de ta foiblesse.

PIERROT.

Ce n'est pas là ce que j'appréhende. J'ai bien une autre alarme.

ACHMET.

Quoi ?

PIERROT.

Vous connoissez les grands. Ils ont parfois des fantaisies musquées.

Air : *Ahi, ahi, ahi, Jeannette.*

Si le grand seigneur, poussé
Par un amoureux caprice,
Venoit, d'un air empressé....
Me faire offre de service.
 Ahi, ahi, ahi,
Ahi, ahi, ahi, nourrice !
Nourrice, ahi, ahi, ahi !

ALMANZINE, riant.

Ah ! ah ! ah !

ACHMET.

Oh ! je te réponds de la retenue du sultan.

ALMANZINE.

Paix ! J'entends Soliman qui s'approche. Achmet, rentrez vite dans le cabinet.

Achmet se retire.

PIERROT.

Ne faut-il pas aussi que je me cache, moi ?

ALMANZINE.

Au contraire, il est de la bienséance que tu paroisses aujourd'hui devant lui.

ACTE II, SCÈNE X.

PIERROT.

Le voici ! Quel maître sire !

SCÈNE X.

ALMANZINE, PIERROT, SOLIMAN.

SOLIMAN.

Venez, ma sultane. Je vais vous conduire au bout de la galerie de votre appartement. Vous verrez du balcon le divertissement que j'ai ordonné. (Apercevant Pierrot.) Ah ! voilà donc la nourrice d'Attalide.

Pierrot lui fait une profonde révérence.

ALMANZINE.

Oui, seigneur. Elle vous attendoit pour vous remercier de la bonté que vous avez de la souffrir auprès de sa maîtresse.

SOLIMAN.

Air : *Si vous avez par hasard.*

Mais, comment, cette dondon
Est fraîche comme un gardon !

PIERROT.

Seigneur, vous voulez rire.

SOLIMAN.

Elle a fort bonne façon.

PIERROT.

Cela vous plaît à dire.

Oh ! ma foi, mon tems est passé. Mais il falloit me voir, quand je donnois le téton à la fille du grand vizir.

Air : *Quitte ta houlette.*

J'étois grassouillette,
J'avois la peau blanchette,

J'étois grassouillette ;
J'étois un ortolan ;
Une tamponne,
Une friponne,
D'humeur bouffonne,
Une maman
Digne d'amuser un sultan.

SOLIMAN.

Vous en avez encore de beaux restes, nourrice. (A Almanzine, en lui donnant la main.) Elle est gaillarde : elle vous réjouira.

ALMANZINE.

Nous comptons bien là-dessus.

SCÈNE XI.

PIERROT, seul.

Oh ça! mon ami, bride en main. Tu vas rencontrer, à chaque pas, de gentilles créatures. Que les doigts ne te démangent point, je te prie.

Air : *Menuet de monsieur de Grandval.*

Garde-toi bien, Pierrot, bon drille,
De chiffonner un falbala.
Tu n'es pas ici, ventre-bille !
Dans un magasin d'Opéra.

Suivons le sultan. Allons prendre part à la fête.
(Il suit le sultan.)

Le théâtre change et représente, dans l'enfoncement, un mur du sérail, dont le pied est battu par les flots de la mer. Au haut de ce mur est un balcon, où l'on voit Soliman, Almanzine, et Pierrot derrière eux. Le devant représente un rivage, où se tient la fête des pêcheurs.

SCÈNE XII.

SOLIMAN, ALMANZINE, PIERROT, dans le balcon ;
ARLEQUIN, Troupe de pêcheurs et de pêcheuses sur le rivage.

On danse après chaque couplet.

VAUDEVILLE.

Air : *De monsieur Gillier.*

Premier couplet.

Qu'on vous présente une liqueur,
D'un goût piquant, d'un goût flatteur,
 La malepeste !
 Zeste, zeste, zeste,
 Dans le moment,
Vous sablez cela très-gaîment.
Si la boisson est insipide,
 Qu'elle se vide
 Lentement !
 Oh ! vraiment voire !
C'est la mer à boire.

Deuxième couplet.

Dans la ville, rencontrez-vous
Un jeune objet, galant et doux ?
 La malepeste !
 Zeste, zeste, zeste !
 Dans le moment,
Vous sablez cela très-gaîment ;
Mais si la belle est du village,
 Qu'elle s'engage
 Lentement ! etc.

Troisième couplet.

Cajolez, après un festin,
Le tendron qui chérit le vin.

La malepeste !
Zeste, zeste, zeste.
Dans le moment,
Vous sablez cela très-gaîment ;
Mais, avant la table, silence !
L'amour avance
Lentement ! etc.

Quatrième couplet.

Lorsque l'hymen, jeunes maris,
De vos feux vous livre le prix,
La malepeste !
Zeste, zeste, zeste !
Dans le moment,
Vous sablez cela très-gaîment ;
Mais, vieux époux, que votre flamme
Réchauffe une âme
Lentement !
Oh ! vraiment voire !
C'est la mer à boire.

FIN DU DEUXIÈME ACTE.

ACTE TROISIÈME.

Le théâtre représente les jardins du sérail avec un pavillon dans le fond.

SCÈNE I.

ACHMET, ALMANZINE, un mouchoir à la main.

ACHMET.

Air : *L'autre nuit j'aperçus en songe.*

Ah ! que venez-vous de m'apprendre ?
Le sultan, pressé de ses feux,
Dès cette nuit veut être heureux !

ALMANZINE.

En vain, je voudrai me défendre ;
Il croira me faire sa cour,
En se livrant à son amour.

ACHMET.

L'horrible conjoncture !

ALMANZINE.

Comme j'ai flatté sa passion, sa délicatesse ne se fera point un scrupule de vaincre ma résistance par la force.

ACHMET.

C'en est fait ; vous allez combler ses vœux !

ALMANZINE.

Air : *L'autre jour, ma Chloris.*

Ce soupçon m'offense.
Sachez que j'ai dessein,
S'il me fait violence,
De me percer le sein.

Je perdrai plutôt le jour,
Que de trahir notre amour.

ACHMET.

Air : *L'amour est ma maladie.*

A votre dessein funeste,
Mon désespoir applaudit.
C'est le seul parti qui reste
A l'amour qui nous unit.
Délivrons-nous d'esclavage ;
A Soliman faisons voir
Que nous avons un courage
Qui surpasse son pouvoir.

ALMANZINE.

Air : *Contre un engagement.*

Quand mon cœur se promet
Des jours dignes d'envie,
Faut-il donc, cher Achmet,
Que je vous sois ravie !
Dieux ! quelle tyrannie !
O sort trop inconstant !
Le bonheur de ma vie
N'a duré qu'un instant.

SCÈNE II.

ACHMET, ALMANZINE, PIERROT.

PIERROT.

De la joie ! de la joie ! Il y'a une heure que je vous cherche pour...

Air : *Que Dieu bénisse la besogne.*

Mais quoi ? vous avez l'air boudeux.
Que diantre avez-vous donc tous deux ?
A vous voir l'un et l'autre, il semble
Que vous soyez las d'être ensemble.

ACTE III, SCÈNE II.

ALMANZINE, soupirant.

Ouf!

ACHMET.

Air : *J'ai passé deux jours sans vous voir.*

Nous sommes perdus, mon enfant !
Pour nous plus d'espérance.

PIERROT.

Le grand seigneur a-t-il eu vent
De notre manigance ?

ACHMET.

Je perds Almanzine, ce soir !

PIERROT.

Elle a donc reçu le mouchoir ?

ACHMET.

C'est ce qui nous désespère.

PIERROT.

Air : *Attends donc, Colin, tu me blesses.*

Éloignez de vous la tristesse.
Dans ces lieux vous ne serez pas longtems.
Ah ! ah ! ah ! je prétends
Vous enlever à Sa Hautesse.
Ah ! ah ! ah ! je prétends
Vous sauver dans quelques instans.

ACHMET.

Ah ! Pierrot, es-tu fou ?
La chose n'est pas possible.
Ah ! Pierrot, es-tu fou ?
Comment sortir, et par où ?

PIERROT.

Non, non, non, seigneur Achmet,
Vous verrez que mon projet
Est infaillible.

ACHMET et ALMANZINE.

Ah ! Pierrot, es-tu fou ?
Comment sortir, et par où ?

PIERROT.

Donnez-vous la patience de m'écouter... Après la fête que le sultan a donnée tantôt, je suis demeuré seul au balcon, d'où j'ai aperçu un pêcheur de mon pays et de ma connoissance, nommé Arlequin. Je l'ai appelé.

Air : *Pierrot revenant du moulin.*

A ma voix, il m'a reconnu   (*bis.*)
Et m'a crié comme un perdu :
    Pierrot !
J'ai dit : Paix ! ne dis mot ;
Ne nomme point Pierrot.

Arlequin, ai-je fait tout bas, veux-tu faire ta fortune ? — Belle demande, de quoi s'agit-il ? — La nuit approche, lui ai-je dit. Vas vite chercher une échelle et des cordes, et reviens sous ce balcon. Je ne t'en dis pas davantage. Mais peut-on compter sur ta parole ? Voici ce qu'il m'a répondu :

Air : *Amis, sans regretter Paris.*

Me prends-tu donc pour un coquin ?
    Oui, mon cher, ou je meure,
Tu retrouveras Arlequin,
    Ici dans un quart d'heure.

ALMANZINE.

O ciel ! puis-je croire ce que j'entends ?

ACHMET.

Bon ! ce pêcheur fera des réflexions : il ne reviendra pas.

PIERROT.

Vraiment ! il est déjà revenu, et m'a tendu, avec une longue perche, une échelle de cordes que je viens d'attacher aux barreaux du balcon.

ACTE III, SCÈNE III.

ALMANZINE.

Air : *N'oubliez pas votre houlette.*
Ah ! quelle heureuse découverte !
Alerte !
Sauvons-nous de ces lieux.

ACHMET.

Hélas ! nous n'en serons pas mieux !
Nous ne pouvons fuir notre perte.

ALMANZINE, prenant Achmet par la main.

Ah ! quelle heureuse découverte !
Alerte !
Sauvons-nous de ces lieux.

PIERROT.

Oui, ne perdez pas un moment. Je vais rester ici, moi, pour faire accroire au sultan que... Mais j'entends venir quelqu'un. Décampez au plus vite. (Pendant qu'Achmet et Almanzine s'éloignent.) Qui sont ces personnes qui s'avancent ? Oh ! oh ! ce sont deux filles qui prennent le frais... Elles viennent à moi. Tenons-nous bien sur nos gardes. Allons, Pierrot, de la fermeté !

SCÈNE III.

PIERROT, ROXANE, ARROYA.

ROXANE.

Air : *Blaise revenant des champs.*
Grosse gagui, dites-nous,
   N'est-ce pas vous, (*bis.*)
Qui, d'Attalide aux yeux doux,
   Êtes la nourrice ?

PIERROT.

À votre service. (*bis.*)

ARROYA, riant.

Ah! ah! ah! ah! ah!

ROXANE.

Air : *Vive Michel Nostradamus.*

De votre obligeant ministère,
Allez, je me passerai bien.

PIERROT.

Vous ne devez jurer de rien :
Je suis propre à plus d'une affaire.
Vous croyez que je ne m'entends
Qu'à bercer de petits enfans.

ARROYA.

Vous êtes une réjouie, à ce qu'il me paroît.

PIERROT.

Je vous en réponds.

Air : *Je vais toujours le même train.*

Je ris, je saute à tout moment.
Je suis toujours en mouvement ;
Et les fillettes, par ma foi,
　Se plaisent avec moi.
Je leur tiens de joyeux propos,
Je leur chante des airs nouveaux,
　Je leur parle d'amour,
　Tant que dure le jour ;
Et l'on me voit gaîment le lendemain
Recommencer le même train.

ROXANE.

Quel aimable caractère ! Sa gaieté me charme.

PIERROT, à Roxane.

Ah! petite bouchonne, que je... (A part.) Tout beau, Pierrot!

ARROYA.

De quel pays êtes-vous, ma bonne ?

ACTE III, SCÈNE III.

PIERROT.

Je suis Françoise, de la banlieue de Paris.

ROXANE.

On dit que c'est un bon pays pour les femmes.

PIERROT.

Admirable.

AIR : *Ouistanvoire.*

Dans ce beau territoire,
Elles gouvernent tout ;
Et les hommes se font gloire
De suivre leur, ouistanvoire,
De suivre leur tire,
Lira lire,
De suivre leur goût.

ROXANE.

AIR : *Ah ! qu'il fait bon là !*

Heureuses mortelles !
O pays charmant !

ARROYA.

Ce climat, des belles
Est donc l'élément !

PIERROT.

C'est à qui pourra leur faire,
Laire, lon lan la,
Les yeux doux et bonne chère.

ROXANE et ARROYA, ensemble.

Ah ! qu'il fait bon la !

PIERROT, à Arroya.

Il ne feroit pas moins bon ici, si l'on vouloit, car je suis un... (A part, se donnant un soufflet.) Taisez-vous, Pierrot !

ROXANE.

Mais les hommes de France ont la réputation d'être bien volages.

PIERROT.

Ce n'est pas sans sujet.

Air : *Ma mère, mariez-moi.*

Rarement un cœur françois
File l'amour plus d'un mois ;
Mais devient-il inconstant !
Sa maîtresse sait le payer comptant ;
Mais devient-il inconstant !
Sa maîtresse en fait autant.

ARROYA.

Cela est bon pour les filles ; mais je crois que les femmes n'ont pas si beau jeu.

PIERROT.

Oh ! elles ont bien d'autres franchises. Une femme jouit d'une entière liberté.

Air : *Le maître fou que voilà !*

Souvent on la courtise
Aux yeux de son époux ;
Si le grimaud s'avise
D'en paroître un peu jaloux,
Tout le monde s'écrie :
Ah ! ah !
La plaisante manie,
Le maître fou que voilà !

ROXANE.

Air : *O reguingué, ô lon lan la.*

Pour avoir de ces bons maris,
Que ne sommes-nous à Paris ?

PIERROT.

O reguingué, ô lon lan la !
Vous y seriez bien plus heureuses,
N'y fussiez-vous que procureuses.

Il n'y a pas jusqu'aux villageoises qui ne se ressentent de la bonté du terroir.

ACTE III, SCÈNE III.

Air : *Il faut, pour bien faire l'amour.*

On voit sans cesse, sur leurs pas,
Guillot, Colinet ou Lucas,
Qui sont tour à tour leurs amans.
　Nos moindres paysannes
Ne voudroient pas donner leur tems
　Pour celui des sultanes.

ARROYA.

Elles ont bien raison.

PIERROT.

Je vais vous dire une chanson de mon village qui vous fera voir la vie joyeuse que mènent les paysans avec leurs femmes.

Air : *Je nous gaussons, etc.*

Je nous gaussons de l'air du tems,
Michelle et moi, moi et Michelle.
Qu'il pleuve, qu'il vente ou qu'il gèle,
Je prenons nos contentemens.
Pour nous réchauffer la poitreine,
Je boutons pinte sur chopeine ;
Et pis, quand je sommes bien saoûs,
　Oh dam ! je badinons,
　Et pis je folâtrons,
　Et pis je nous baisons !
Enfin, tant y a que je rions,
　　Comme des fous.　(*bis.*)

ROXANE.

Chut ! Voici de la lumière. Soliman vient ici... Adieu, nourrice.

PIERROT, seul.

Le cœur me bat. Retirons-nous un moment pour nous remettre, et nous préparer à jouer notre rôle.

SCÈNE IV.

SOLIMAN, ALI.

SOLIMAN.

Que dis-tu, Ali, de la résistance d'Almanzine ?

ALI.

Air : *Une fille sans un ami.*

Je dis que, dans son tendre cœur,
Contre la sévère pudeur,
Le folâtre amour lutte ;
Et qu'il ne tient qu'à vous, seigneur,
De finir la dispute.

SOLIMAN.

Air : *Oh! que si!... Ah! que nenni!*

Oui, mais je crois, mon cher Ali,
Qu'elle ne sera pas contente
De mon ardeur trop pressante.

ALI.

Oh! que si!

SOLIMAN.

Je vais de cette inhumaine
Augmenter pour moi la haine.

ALI.

Oh! que nenni!

SOLIMAN.

Ah! si tu avois vu tantôt jusqu'à quel point elle s'est révoltée contre mon impatience! Quel torrent de larmes elle a répandu!

ALI.

Air : *Branle de Metz.*

Vous connoissez mal la belle.
Ses pleurs doivent vous flatter.

Elle ne veut résister
Que pour mieux vous coiffer d'elle.
Elle irrite vos désirs,
En vous paroissant cruelle ;
Elle irrite vos désirs,
Pour redoubler vos plaisirs.

SOLIMAN.

Tu me rassures, mon ami. Je vais donc céder à mes transports. Je cours, je vole chez Almanzine.

(En ce moment on entend les cris de Pierrot.)

Mais que signifient ces cris que nous entendons ?

SCÈNE V.

SOLIMAN, ALI, PIERROT.

PIERROT, dans le lointain.

Air : *Le long de ce rivage.*

Quel sujet de tristesse !
O jour malencontreux !
Pour Soliman, quel coup affreux !
Que dira Sa Hautesse,
Apprenant le sort malheureux
De sa pauvre maîtresse ?

SOLIMAN.

Qu'y a-t-il donc, nourrice ?

PIERROT. (Il court comme un fou de tous les côtés, sans faire semblant de voir ni d'entendre le sultan.)

Hélas ! comment puis-je être encore en vie, après ce que je viens de voir de mes deux yeux !

SOLIMAN.

Quel sujet as-tu de t'affliger ainsi ?

PIERROT.

Ah ! ah ! ah ! je n'en puis plus !

ALI, arrêtant Pierrot.

Mais, ma bonne, vous ne prenez pas garde que le sultan vous parle.

PIERROT.

Je vous demande excuse, mon bon seigneur. Tenez, c'est que je suis comme une troublée... Je ne vois pas ce que j'aperçois.

SOLIMAN.

Explique-toi.

PIERROT.

Almanzine... Ahi!... Attalide... Ouf!

SOLIMAN.

Eh bien, Almanzine?

PIERROT.

Elles se sont toutes deux... Je ne sais comment vous dire cela.

SOLIMAN.

AIR : *Paris est en grand deuil.*

Finis donc, si tu veux.

PIERROT.

Ces dames, toutes deux,
De douleur transportées,
Souvenir trop amer!
Du balcon dans la mer
Se sont précipitées.

SOLIMAN.

O dieux! quelle nouvelle!

ALI.

Cela se peut-il croire!

SOLIMAN.

Mais sachons pourquoi elles se sont portées à cette cruelle extrémité.

ACTE III, SCÈNE V.

PIERROT.

Almanzine est allée avec Attalide au balcon, où je les ai suivies. Almanzine pleuroit à chaudes larmes, en disant : Ah ! le méchant sultan !

Air : *O reguingué, ô lon, lan, la.*

> Nous allons le voir arriver,
> Il vient pour me faire enlever.
> La peste le puisse crever !
> Mais j'aime mieux perdre la vie
> Que de contenter son envie.

SOLIMAN.

Ciel !

PIERROT.

Et moi, a dit Attalide, plutôt que de me voir ici captive le reste de mes jours, je suis prête à me donner la mort. Eh bien ! mourons tout à l'heure, lui a dit Almanzine.

Air : *Très-volontiers, mon père.*

> J'approuve ce dessein,
> Lui réplique Attalide ;
> Jetons-nous dans le sein
> De la plaine liquide.
> L'autre répond soudain :
> Très-volontiers (*bis*), ma chère.
> Dans ce lieu-ci,
> Jetons-nous-y
> La tête la première.

Aussitôt dit, aussitôt fait. Almanzine d'un côté... Pon !... Attalide de l'autre... Pouf !

SOLIMAN.

Quelle fureur !

ALI.

Cela est surprenant.

PIERROT.

Elles ont fait leur coup si brusquement, que je n'ai pu les retenir.

SOLIMAN.

Mon malheur se peut-il concevoir !

PIERROT.

J'ai eu d'abord envie de me jeter dans l'eau après Attalide, ma chère nourriture; mais je me suis trouvée si saisie, que je n'en ai pas eu la force.

SOLIMAN.

Air : *Le vin a des charmes puissants.*

Ingrate Almanzine, ton cœur
M'a donc trouvé bien détestable,
Puisqu'aux transports de mon ardeur
La mort te parut préférable !

SCÈNE VI.

SOLIMAN, ALI, PIERROT, ZERBIN.

ZERBIN.

La ronde vient d'arrêter, sur le rivage, un pêcheur conduisant deux femmes du sérail qui se sauvaient.

PIERROT, à part.

Ah ! me voilà flambé !

SOLIMAN.

Que me dis-tu, Zerbin ?

ALI.

Qu'entends-je ?

ZERBIN.

On a détaché un homme pour venir annoncer ici cette nouvelle.

ALI.

C'est Almanzine et Attalide.

SOLIMAN.

Quelle audace! (A Pierrot.) Malheureuse! tu m'as fait un faux rapport.

PIERROT, se troublant.

Non, je vous jure, foi d'honnête femme... Mais, c'est qu'apparemment... Oui dà... quelque pêcheur les aura secourues... Ce n'est pas ma faute.

ALI, au sultan.

Voyez comme elle se trouble.

PIERROT.

AIR : *Je ne suis pas assez beau.*

Les voyant flotter sur l'eau,
Oh! oh!
Le pêcheur en diligence
Leur a mené son bateau.

ALI, se moquant.

Oh! oh!

PIERROT.

Mais j'y vois de l'apparence.
Leur panier a tant de circonférence, (1)

---

(1) C'est principalement dans les annales dramatiques qu'il faut chercher les vestiges des modes du temps passé. Lesage, Fuzelier, Legrand et quelques autres écrivains critiquaient surtout les paniers à l'époque où l'on jouait *Achmet et Almanzine*. Les paniers n'étaient autre chose que les vertugadins du XVIe siècle ressuscités, mais avec plus d'ampleur. « Ce sont, disait le *Nouvelliste universel* du 21 août 1724, des cloches de toile que les femmes portent sous leurs jupes, et dont leurs pieds semblent être les battants. » Incommodes dans les rues, incommodes dans les carrosses, incommodes à table et dans les salons, les paniers étaient surtout incommodes pour les personnes qui les portaient, car les femmes ne pouvaient marcher en compagnie sans être ridicules, et elles ne pouvaient non plus ni s'asseoir, ni monter, ni descendre, sans faire des grimaces qui dénotaient presque toujours la gêne et souvent la souffrance.

Qu'il leur peut fort bien, je pense,
Avoir servi de radeau.

PIERROT et ALI.

Oh! oh! oh!

ALI, au sultan.

Donnez-vous dans ce panneau?

SOLIMAN.

La scélérate! Tu vas recevoir le digne salaire de ta fourberie.

PIERROT, se jetant aux pieds de Soliman.

Air : *Nanon dormoit.*

Pardonnez-moi,
Seigneur, je suis coupable ;
Mais, par ma foi,
Je suis bien excusable.
Je vais de bout en bout,
Je vais (*ter*) vous informer de tout.

SOLIMAN.

Eh bien, parle. Mais sois sincère, si tu veux exciter ma pitié.

PIERROT, précipitamment.

Vous saurez donc que, ce matin, lorsqu'on a amené Almanzine chez le grand vizir, Achmet son fils s'est d'abord amouraché d'elle, et elle de lui.

SOLIMAN.

Ah! voilà donc la cause de sa résistance.

PIERROT.

Amulaki est venu vous la présenter. Achmet, ne pouvant se passer de la voir, et sachant que le vizir n'étoit pas bien aise qu'Attalide fût ici, s'est servi de l'occasion pour faire consentir son père à une ruse qui lui est venue dans l'esprit.

ACTE III, SCÈNE VII.

ALI.

Fort bien.

PIERROT.

Le galant, voyant qu'on ne laisse entrer dans le sérail que des femelles, a pris le parti de.....

SOLIMAN, l'interrompant.

Je t'entends. Il a pris le parti de t'envoyer pour disposer l'enlèvement.

PIERROT.

Mais, seigneur, je veux vous dire qu'il a pris le parti de.....

SOLIMAN, l'interrompant encore.

C'est assez. Retire-toi.

Pierrot se retire. Soliman fait quelques pas en rêvant. Ali et Zerbin sont dans l'attente de la résolution qu'il va prendre. Il sort de sa rêverie et dit à Zerbin :

Zerbin, vas porter mes ordres à l'aga. Dis-lui qu'il se rende avec trente janissaires chez Amulaki, et qu'il m'amène tout à l'heure ce vizir et son fils.

SCÈNE VII.

SOLIMAN, ALI.

ALI.

AIR : *Malheureuse journée.*

La détestable race !
O ciel ! vit-on jamais
Une pareille audace !
Les coupables sujets !
Je frémis, par avance,
Des tourmens rigoureux
Qu'une juste vengeance
Garde à ces malheureux.

SOLIMAN.

Mets-toi à ma place.

Air : *Le démon malicieux et fin.*

Parle, Ali. De toi quel traitement
Recevroient l'ingrate et son amant?

ALI.

Mon rival, ainsi que sa maîtresse,
N'éprouveroient qu'un léger châtiment.
De l'amour excusant la foiblesse,
Je les ferois étrangler seulement.

SOLIMAN.

Air : *Mathurin, mon compère.*

Et dis-moi quel supplice,
Trop équitable Ali,
Pourroit de ta justice,
Attendre Amulaki.

ALI.

Pour le punir de sa double offense,
Puisque vous m'ordonnez de parler,
Je croirois montrer trop de clémence,
Si je ne le faisois qu'empaler.

SOLIMAN.

Dans mon premier mouvement, peu s'en est fallu que je n'aie été aussi cruel que toi. Mais la justice et la raison m'ont parlé pour ces infortunés. Je ne vois plus en eux des coupables.

Air : *La jeune abbesse de ce lieu.*

Je ne vois dans Amulaki
Qu'un père à qui sa fille est chère;
Et dans Achmet qu'un étourdi,
Qu'un fol amour rend téméraire.
D'Almanzine, hélas! j'aurois le cœur,
S'il n'eût brûlé d'une autre ardeur.

ALI.

Et pourquoi donc, seigneur, les envoyez-vous chercher avec main-forte ?

SOLIMAN.

C'est de peur qu'ils ne se dérobent par la fuite aux bontés qu'ils n'ont garde de s'imaginer que j'ai pour eux.

Air : *Vaudeville du nouveau monde.*

Je me fais un secret plaisir
De rendre Attalide au vizir,
A son fils l'objet qui l'engage.

ALI.

Mais, seigneur, vous ne savez pas
Jusqu'à quel point tous ces ingrats
Peuvent vous avoir fait outrage.

SOLIMAN.

Et que peuvent-ils avoir fait de plus ?

ALI.

Je ne sais ; mais il me vient un affreux soupçon.

SOLIMAN.

Quoi ?

ALI.

Rappelez-vous toutes les instances qu'Almanzine vous a faites pour vous obliger à laisser auprès d'elle Attalide. Souvenez-vous que la perfide, par une feinte jalousie, vous a toujours empêché de voir la fille du vizir.. Cela m'est suspect... Ne seroit-ce point Achmet lui-même sous les habits de sa sœur ?

SOLIMAN.

Que me fais-tu penser ?

ALI.

Son père peut lui avoir suggéré cet artifice.

SOLIMAN.

Air : *Le grondeur.*

S'ils avoient eu l'insolence
De former un tel dessein,
A ma juste violence
Je ne mettrois aucun frein.
Oui, dans ma fureur extrême,
J'aurois bientôt inventé
Des châtimens, dont toi-même
Tu serois épouvanté.

Mais, non, tu te trompes. Ils ne sauroient avoir poussé l'audace jusque-là.

ALI.

Je n'en sais rien.

SOLIMAN.

Voici Zerbin. Nous allons être éclaircis de tout.

SCÈNE VIII.

SOLIMAN, ALI, ZERBIN.

ZERBIN.

Le vizir Amulaki ne s'est point trouvé chez lui. Mais pendant qu'une partie de mes janissaires l'est allée chercher, je vous amène son fils Achmet que vous voyez.

En même temps Attalide entre habillée en homme, ses cheveux cachés sous son turban. Zerbin se retire en s'inclinant.

SCÈNE IX.

SOLIMAN, ALI, ATTALIDE, sous les habits d'Achmet.

SOLIMAN.

Je te l'ai bien dit, Ali. Voici Achmet. Reconnois l'injustice de tes soupçons.

Pendant que Soliman parle à Ali, Attalide se prosterne en entrant, et le sultan ne jette les yeux sur elle que quand elle est courbée. Il lui adresse la parole :

Air : *Je ne veux point sortir de mon caveau.*

Remettez-vous, bannissez la terreur ;
Heureux Achmet, que rien ne vous chagrine.
Remettez-vous, bannissez la terreur ;
Je ne suis plus contre vous en fureur.
Loin de vouloir traverser votre ardeur,
Je vous fais don moi-même d'Almanzine.
Vous me devrez votre bonheur.

(Il la relève en achevant le couplet.)

ATTALIDE.

Air : *Attendez, à demain au soir.*

Dans l'erreur mon habit vous met.
  Je ne suis point Achmet,   (*bis.*)
Et vous voyez en moi, seigneur,
  Attalide, sa sœur.   (*bis.*)

(En même temps, elle ôte son turban et laisse tomber ses longs cheveux sur ses épaules.)

SOLIMAN.

Dieux ! quelle est ma surprise !

ALI.

En voici bien d'une autre.

SOLIMAN.

Vous êtes la fille d'Amulaki !

ATTALIDE.

Elle-même... Ne me demandez pas pourquoi je suis ainsi travestie.

Air : *Vous qui vous moquez par vos ris.*

D'Achmet j'ai pris l'habillement
  Par ordre de mon père.
De mes habits pareillement
  S'est revêtu mon frère.
De ce double déguisement,
  J'ignore le mystère.

ALI, au sultan qui rêve profondément.

Eh bien, seigneur, me suis-je trompé dans mes soupçons ? Vous n'en pouvez plus douter. Le vizir est l'auteur ou du moins le complice du crime de son fils. Rien ne doit plus vous parler pour eux.

SOLIMAN.

Air : *Le seigneur turc a raison.*

Mon trouble, dans ce moment,
  Est inconcevable.
Quel étrange mouvement !

ALI, à part.

Leur perte est inévitable.

SOLIMAN.

Ali !...

ALI, à part.

Je les tiens pour morts.

SOLIMAN.

Ali !...

ALI, haut.

Suivez vos transports.

SOLIMAN, montrant Attalide.

Ali !... Qu'elle est aimable !

ACTE III, SCÈNE X.

ALI.

Ah! nous y voilà! Au diable soit l'amour.

SOLIMAN, à Ali.

Vas au-devant d'Achmet et d'Almanzine. Envoie-moi seulement l'amant. Je veux épargner à sa maîtresse la confusion de paroître ici.

ALI, s'en allant.

J'enrage!

SCÈNE X.

SOLIMAN, ATTALIDE.

SOLIMAN.

Air : *Plus inconstant que l'onde et le nuage.*

De vos appas connoissez la puissance.
Votre triomphe, Attalide, est parfait.
Votre père en vain m'offense,
En vain, je vois son forfait,
Et l'insolence
Du jeune Achmet.
L'amour qui, dans mon cœur,
Subitement a pris naissance,
N'y laisse point de place à la fureur.

ATTALIDE, étonnée.

Qu'entends-je!

SOLIMAN.

Apprenez leur crime... Je vous ai demandée à votre père : il m'a produit une esclave sous votre nom. J'ai reconnu sa tromperie ; je lui ai pardonné, et il a eu la hardiesse de me tromper une seconde fois, en m'envoyant son fils sous vos habits.

ATTALIDE.

O dieux !

SOLIMAN.

Air : *Si ma Philis vient en vendange.*

Vous voyez bien que ma justice
Devroit punir leur trahison.
Votre déguisement demande leur supplice ;
Mais vos beaux yeux demandent leur pardon.

ATTALIDE, confuse.

Est-ce à moi que mon sultan, mon maître, adresse ce discours ?

SOLIMAN.

Air : *Viens, charmante Annette.*

Oui, beauté charmante.
En vous, tout m'enchante :
De vous j'ai fait choix,
Pour me donner des lois.
Régnez dans mon âme,
Partagez ma flamme :
Vous serez toujours
L'objet de mes amours.

ATTALIDE.

Hélas !

SOLIMAN.

Vous soupirez !

Air : *Quand je vous ai donné mon cœur.*

Belle Attalide, ce soupir
Alarme ma tendresse ;
Est-il causé par le plaisir,
Ou vient-il de tristesse ?
Parlez, décidez de mon sort :
Donnez-moi la vie ou la mort.

ATTALIDE.

Air : *Mon amant me serre la main.*

Eh! comment
Pourroit-on soupirer tristement,
Quand un amant
Est charmant,
Et qu'il promet d'aimer constamment.
La couronne
Du monarque ottoman
Plaît moins que sa personne.
Ce n'est point au sultan
Qu'Attalide se donne,
C'est à Soliman.

SOLIMAN, lui baisant la main.

Ah! ma reine, ces paroles achèvent mon bonheur.

SCÈNE XI.

SOLIMAN, ATTALIDE, ACHMET, ZERBIN.

ZERBIN.

Seigneur, vous voyez le fils du grand vizir.

ACHMET.

Air : *Je ne veux point troubler votre ignorance.*

Je ne viens point, en excusant mon crime,
Chercher, seigneur, à prolonger mes jours;
Mais ne prenez qu'une seule victime :
N'immolez pas l'objet de vos amours.

SOLIMAN, affectant de la sévérité.

Air : *Menuet de monsieur de Grandval.*

Son sort au tien sera semblable,
Et votre supplice est tout prêt.

(Montrant Attalide.)

Voici le juge redoutable,
Qui va prononcer votre arrêt.

ACHMET.

O ciel ! En croirai-je mes yeux ? Attalide !

ATTALIDE, à son frère.

Air : *Quand le péril est agréable.*

Du châtiment qu'on vous destine,
Je vais vous informer, Achmet...
Notre bon sultan vous permet
　　D'épouser Almanzine.

ACHMET, se jetant aux pieds de Soliman.

Quel excès de bonté ! Ah, seigneur !

Air : *Comme un coucou que l'amour presse.*

Vous contentez votre justice.
Ce trait excite dans mon cœur
Des remords qui font mon supplice,
Lorsque vous faites mon bonheur.

SOLIMAN, le relevant.

Achmet, allez rassurer Almanzine, en lui apprenant mes bontés. Allez aussi consoler votre père.

Air : *Voulez-vous savoir qui des deux ?*

Courez lui dire que ces lieux
Ne cacheront point à ses yeux
Une fille unique qu'il aime ;
Qu'il pourra la voir chaque jour
Dans les honneurs du rang suprême
Que lui destine mon amour.

(Achmet lui baise la main et se retire.)

SCÈNE XII.

SOLIMAN, ATTALIDE, ZERBIN, PIERROT, ARLEQUIN.

ARLEQUIN, dans le lointain, tenant Pierrot à la gorge.

C'est toi, maudit Pierrot, c'est toi qui m'as débauché !

PIERROT.

Eh, misérable ! dis plutôt que c'est l'intérêt. Il faut que je t'assomme.

(Il lui donne des coups de poing dans l'estomac.)

ARLEQUIN, le secouant.

Il faut que je t'étrangle !

ZERBIN, les séparant.

Mais, mais vous n'y pensez pas.

SOLIMAN.

Qu'est-ce donc que cela ?

PIERROT.

C'est un coquin fieffé.

ARLEQUIN.

C'est un maître fripon.

PIERROT.

Un pendard qui pêche, sous le balcon, les perles et les diamans de vos filles.

ARLEQUIN.

Un gaillard qui s'est mis en femme pour venir les cajoler à votre barbe.

ZERBIN.

Paix, paix, paix ! (Au sultan.) Seigneur, ordonnez leur châtiment.

SOLIMAN.

Air : *Bannissons d'ici l'humeur noire.*

Je pardonne à ces deux coupables.
Qu'on les remette en liberté.
Je ne fais point de misérables,
Le jour de ma félicité.

PIERROT.

Ah ! le brave sultan !

ARLEQUIN.

Je ne me possède pas !

Ils sautent tous deux au cou du sultan. Zerbin les éloigne.

ZERBIN.

Retirez-vous, maroufles.

SOLIMAN.

Que tout le sérail se réjouisse, et célébrons cette heureuse journée.

ZERBIN.

Ali a prévenu vos désirs. Il a préparé une mascarade pour divertir Attalide.

SOLIMAN.

Il est bon courtisan. La voici sans doute.

SCÈNE XIII.

SOLIMAN, ATTALIDE, ALI, PIERROT, ARLEQUIN,
Troupe de masques qui dansent.

VAUDEVILLE.

Air : *De monsieur Gillier.*

Premier couplet.

Un sultan d'un vizir veut en vain se venger.
  Pour le tirer de ce danger,
Il paroît un tendron, crac ! il n'est plus de faute.
  L'Amour n'ose parler. Eh, oui !
  Ma foi, quand nous comptons sans lui,
   Nous comptons sans notre hôte.

Deuxième couplet.

Si d'un objet avare Amour touche le cœur,
  Il n'est pas longtems son vainqueur.
Il paroît un caissier, crac ! le cœur on vous ôte.
  Plutus perd son enchère. Eh, oui !
  Souvent quand nous comptons sans lui,
   Nous comptons sans notre hôte.

Troisième couplet.

Souvent un fier objet annonce à notre ardeur
  L'heureuse fin de sa rigueur.
Mais ce qu'Amour promet, crac ! un hasard nous l'ôte.
  Le caprice se tait. Eh, oui !
  Belles, quand vous comptez sans lui,
   Vous comptez sans votre hôte.

Quatrième couplet.

Dans les premiers momens du bonheur conjugal,
  Vous ne craignez rien de fatal.

S'il survient un soupçon, crac! un souris nous l'ôte.
　　　Vulcain vous paroît loin. Eh, oui!
　　　Époux, quand vous comptez sans lui,
　　　　Vous comptez sans votre hôte.

　　　　Cinquième couplet.

Vieux galans, supprimez vos transports amoureux.
　　　Que sert-il de flatter vos vœux?
Dès qu'on les satisfait, crac! vous tombez en faute.
　　　Le rhume vous respecte. Eh, oui!
　　　Barbons, quand vous comptez sans lui,
　　　　Vous comptez sans votre hôte.

　　　　Sixième couplet, aux spectateurs.

Messieurs, votre suffrage est l'objet de nos vœux.
　　　Soyez indulgens pour nos jeux.
Quand nous vous déplaisons, c'est toujours notre faute.
　　　Le public est-il dupe? Eh, oui!
　　　Ma foi, quand nous comptons sans lui,
　　　　Nous comptons sans notre hôte.

FIN DU TROISIÈME ET DERNIER ACTE.

TABLE DES MATIÈRES

                                                      Pages.

Essai historique sur les Spectacles forains. 1
Les Forces de l'Amour et de la Magie, divertissement comique en trois intermèdes 57
Arlequin, roi de Serendib, pièce en trois actes, de Lesage. 73
La Ceinture de Vénus, pièce en deux actes, avec un divertissement, par Lesage 105
Le Temple du Destin, pièce en un acte, par Lesage. . . . 147
Arlequin traitant, opéra comique en trois actes, en prose et en vaudevilles, par Dorneval. 177
Les Amours de Nanterre, opéra comique en un acte, par Autreau, Lesage et Dorneval. 245
La Forêt de Dodone, pièce en un acte, par Fuzelier, Lesage et Dorneval. 287
Le Rémouleur d'Amour, pièce en un acte, par Lesage, Fuzelier et Dorneval. 319
Les Comédiens corsaires, prologue, par Lesage, Fuzelier et Dorneval. 345
Les Amours déguisés, pièce en un acte, par Lesage et Dorneval. 365
Achmet et Almanzine, pièce en trois actes, par Lesage et Dorneval. 407

Paris. — Imprimerie Motteroz, 31, rue du Dragon.

COLLECTION DES MEILLEURS OUVRAGES FRANÇAIS ET ÉTRANGERS

FORMAT GRAND IN-18 JÉSUS (DIT ANGLAIS) A 3 FR. LE VOLUME

Arioste. Roland furieux. Traduction nouvelle, par HIPPEAU, 2 vol.
Bachaumont. Mémoires secrets, notes, 1 fort vol.
Barthélemy. Némésis, 1 vol.
Beaumarchais. Mémoires, 1 vol. — Théâtre, 1 vol.
Blanchecotte. Poésies, 1 vol.
Boccace. Contes, 1 vol.
Boileau. Œuvres, 1 vol.
Bossuet. Discours, 1 vol. — Sermons choisis, 1 vol.
Bourdaloue Chefs-d'œuvre, 1 vol.
Brantôme. Vie des Dames illustres. 1 vol.
Bret. Lettres de Ninon de Lenclos, 1 vol.
Brillat-Savarin. Physiologie du goût, 1 vol.
Bussy-Rabutin. Histoire amoureuse, 2 vol.
Byron (lord). Œuvres, 4 vol.
Cent nouvelles Nouvelles (les) 1 vol.
Chasles (Ph.). La Révolution d'Angleterre, 1 vol. — L'Allemagne ancienne, 1 vol. — L'Allemagne au XIXᵉ siècle, 1 v. — Voyages, Philosophie et Beaux-Arts, 1 vol. — Portraits contemporains, 1 vol. — Encore sur les contemporains, 1 v.
Chateaubriand. Génie, 2 vol. — Les Martyrs, 1 vol. — Itinéraire, 1 vol. — Atala, René, 1 vol. — Voyages, 1 vol. — Paradis perdu, 1 vol. — Études historiques, 1 vol. — Histoire de France et les Quatre Stuarts, 1 vol. — Mélanges historiques et politiques. Vie de Rancé, 1 v.
Collin d'Harleville. Théâtre avec une introduction par Louis MOLAND, 1 vol.
Corneille. Théâtre, 1 vol.
Courier. Œuvres, 1 vol.
Créqui (Mᵐᵉ de). Souvenirs, 10 tomes brochés en 5 vol.
Cyrano de Bergerac. Histoire de la lune et du soleil, 1 vol.
Dassoucy. Ses aventures burlesques, 1 vol.
Despériers (B.). Le Cymbalum mundi, 1 vol.
Demoustier. Lettres à Émilie. 1 vol.
Descartes. Œuvres, 1 vol.
Desportes. Œuvres poétiques, 1 vol.
Diodore de Sicile. Traduction nouvelle avec notes, 4 vol.
Dupont (Pierre). Muse juvénile, vers et prose, 1 vol.
Fénelon. Œuvres choisies. — De l'existence de Dieu, 1 vol. — Dialogues sur l'éloquence. 1 vol. — Télémaque, 1 vol.
Fléchier. Oraisons, 1 vol.

Florian. Fables. Théâtre, 1 vol.
Galland. Les Mille et une nuits, 3 vol.
Gilbert. Œuvres, 1 vol.
Goethe. Faust et le second Faust, suivi d'un choix de poésies de Gœthe, Schiller, etc., traduites par GÉRARD DE NERVAL, 1 vol.
Goldsmith. Le Vicaire de Wakefield, tradition accompagnée, 1 vol.
Gresset. Œuvres, 1 vol.
Guérin et Robinet. L'Europe, 1 vol. — Russie, Pologne. 1 vol.
Hamilton. Mémoires de Gramont, 1 vol.
Héloïse et Abélard. Lettres, 1 vol.
Heptameron (L'), 1 vol.
Héricault (D'). Maximilien et le Mexique, 1 vol.
Homère. Iliade. Traduit par Dacier, 1 vol. — Odyssée, 1 v.
La Bruyère. Caractères, 1 vol.
La Fontaine. Fables, 1 vol. — Contes. 1 vol.
Lamennais. Essai sur l'indifférence, 4 vol. — Paroles d'un Croyant, etc., 1 vol. — Affaires de Rome, 1 vol. — Les Évangiles, 1 vol. — De l'Art et du Beau, 1 vol. — De la Société première, 1 vol.
La Rochefoucauld (de) Réflexions et maximes, 1 vol.
Lélut. La Phrénologie, 1 vol.
Leroux de Lincy. Livre des Proverbes, 2 vol.
Le Sage. Histoire de Gil Blas, 1 vol. — Le Diable boiteux, 1 v.
Lonlay (de). Chansons, 1 vol.
Maistre (Xavier de). Œuvres complètes, 1 vol.
Marcellus (de). Souvenirs d'Orient. 1 vol.
Marivaux. Théâtre choisi. Introduction par L. MOLAND, 1 v.
Massillon. Œuvres choisies. Petit Carême, etc. 1 vol.
Merlin Coccaie. Histoire macaronique, prototype de Rabelais, plus l'horrible bataille advenue entre les mouches et les fourmis. Avec notes. 1 vol.
Michel. Tunis. 1 vol.
Mirabeau (De). Lettres d'amour, 1 vol.
Millevoye. Œuvres. 1 vol.
Molière. Œuvres complètes, 3 vol.
Monnier (Henry). Paris et la Province, 1 vol.
Montaigne. Essais, 2 vol.
Montesquieu. L'Esprit des lois, 1 vol. — Lettres Persanes, 1 vol. — Grandeur des Romains, 1 vol.
Parny. Œuvres, 1 vol.
Pascal. Lettres à un Provincial, 1 v. — Pensées, 1 vol.

Pellico. Mes prisons, 1 vol.
Picard. Théâtres, notes, notices, par L. MOLAND, 2 vol.
Piron. Œuvres choisies, 1 vol.
Plutarque. Les Vies des Hommes illustres, 4 vol.
Quitard. L'Anthologie de l'amour, 1 vol.
Rabelais. Œuvres, 1 vol.
Racine. Théâtre, 1 vol.
Regnard. Théâtre, notes et notices, 1 v.
Régnier. Œuvres complètes, 1 vol.
Rousseau (J.-J) Les Confessions, 1 vol. — Émile, 1 vol. — La Nouvelle Héloïse, 1 vol. — Contrat social. Discours, etc., 1 vol.
St-Evremond. Œuvres, 1 vol.
St-Pierre (B. de) Paul et Virginie. 1 vol.
Scarron. Le Roman comique, 1 vol.
Sévigné. Lettres choisies.
Sorel. Histoire comique de Francion, 1 vol.
Staël (de). Corinne, 1 vol. — De l'Allemagne, 1. vol. — Delphine, 1 vol.
Sterne. Tristram Shandy. Voyage sentimental, 2 vol.
Tasse (Le). Jérusalem délivrée, 1 vol.
Théâtre de la Révolution. Charles IX. — Les Victimes cloîtrées. — L'Ami des lois. — L'Intérieur des comités révolutionnaires. — Madame Angot, avec une introduction et des notes, par M. LOUIS MOLAND, 1 vol.
Thierry. Conquête de l'Angleterre, 4 vol. — Lettres sur l'histoire de France, 1 vol. — Dix ans d'études, 1 vol. — Récits des temps mérovingiens, 2 vol. — Le Tiers état, 1 vol.
Trumelet. Français dans le désert, 1 vol.
Vadé. Œuvres. Précédées d'une notice sur sa vie et ses œuvres, par JULIEN LEMER, 1 vol.
Vallet (de Viriville). Chronique de la Pucelle, 1 vol.
Vaux-de-Vire d'Olivier Basselin, 1 vol.
Villeneuve-Bargemont. Le livre des affligés, 2 vol.
Volney. Les ruines, etc. 1 vol.
Voltaire. Théâtre, 1 vol. — Le Siècle de Louis XIV, 1 vol. — Romans, 1 vol. — Histoire de Charles XII, 1 vol. — La Henriade, 1 vol. — Lettres choisies, 2 vol.
Weckerlin. Musiciana. Anecdotes, etc. 1 vol.
Ysabeau (docteur). Le Médecin du Foyer, etc., 1 vol.

* Imp. Motteroz.

www.ingramcontent.com/pod-product-compliance
Lightning Source LLC
Chambersburg PA
CBHW060222230426
43664CB00011B/1519